Hans-Günter Behrendt (Hrsg.)

Erinnerungsorte der Bundeswehr

Personen, Ereignisse und Institutionen der soldatischen Traditionspflege

AF211122

In Erinnerung an

Karl-Otto Behrendt (1915-1990), Oberst i. G.,

der im Oktober 1953 aus russischer Kriegsgefangenschaft zurückgekehrt im Amt Blank und später im Verteidigungsministerium das Vorschriftenwesen der Bundeswehr wesentlich konzipiert hat und Mitautor zahlreicher Führungsvorschriften war.

Erinnerungsorte der Bundeswehr

Personen, Ereignisse und Institutionen der soldatischen Traditionspflege

Hans-Günter Behrendt (Hrsg.)

mit einem Vorwort von Matthias Rogg

und mit Beiträgen von
Rolf Clement, Falko Heinz, Jan Peter Behrendt, Dieter Stockfisch,
Michael Kleibömer, Ralf Zielinski, Peter Preylowski,
Heiko Woempener, Michael Schmidt, Jan Volkmann, Lars Kleine, Ulrich Staudt,
Volker Hartmann, Günter Bäumler,
Thomas Dieter Erdmann, Wolfram Noreisch und Ulrich Rapreger

2020

Carola Hartmann Miles-Verlag

Bibliografische Information der Deutschen Nationalbibliothek
Die Deutsche Nationalbibliothek verzeichnet diese Publikation in der Deutschen Nationalbibliografie; detaillierte bibliografische Daten sind im Internet über www.dnb.de abrufbar.

© 2020 Carola Hartmann Miles-Verlag, Berlin
www.miles-verlag.jimdo.com
email: miles-verlag@t-online.de

Herstellung: Books on Demand, Norderstedt

Titelbild: Bundeswehr und Hrsg.

Printed in Germany

ISBN 978-3-945861-95-0

Inhalt

Vorwort   10
Erinnerungskulturelle Zugänge zur Bundeswehr und ihrer Geschichte
Prof. Dr. phil. habil. Matthias Rogg

Übersichtskarte Erinnerungsorte   14

Einführung   15

Personen, Ereignisse und Orte

Gerhard Johann David von Scharnhorst	Bordenau	16
August Wilhelm Antonius Graf Neidhardt von Gneisenau	Schildau	18
Ludwig Leopold Gottlieb Hermann von Boyen	Creuzburg	20
Carl Philipp Gottlieb von Clausewitz	Burg	22
Helmuth Karl Bernhard von Moltke	Parchim	24
Die Stiftung des Eisernen Kreuzes	Breslau	26
Die Neue Wache	Berlin	28
Das Hambacher Fest	Hambach / Neustadt	30
Der Große Zapfenstreich	Berlin	32
Die Nationalhymne	Helgoland	34
Die Gründung der Reichsflotte	Bremerhaven	36
Der Widerstand der Matrosen	Wilhelmshaven/Kiel	38
Claus Schenk Graf von Stauffenberg	Jettingen	40
Gedenkstätte Deutscher Widerstand	Berlin	42
Das Bundeshaus	Bonn	44
Die Ermekeilkaserne	Bonn	46
Die Himmeroder Denkschrift	Himmerod	48

Die Väter der Inneren Führung	Hofgeismar, Trier, Stade	50
Das Marine-Ehrenmal	Laboe	52
Die Pariser Verträge	Paris	54
Die neuen Uniformen	Bonn	56
Die Krahnenberg-Kaserne	Andernach	58
Neubeginn der Marine	Wilhelmshaven	60
Neustart der Luftwaffe	Nörvenich	62
Die Musikkorps	Andernach	64
Der Bundeswehrverband	Munster-Lager	66
Der Wehrbeauftragte	Bonn	68
Der erste NATO-Befehlshaber	Fontainebleau	70
Öffentliches Gelöbnis	Hamburg	72
Das Iller-Unglück	Hirschdorf	74
Die Kieler Woche	Kiel	76
Die Militärseelsorge	Bonn	78
Der Beirat Innere Führung Rolf Clement	Bonn, Berlin	80
Wehrtechnik und Beschaffung	Koblenz	82
Die Gorch Fock	Kiel	84
Internationales Luftkampftraining	Decimomannu	86
Die Hardthöhe	Bonn	88
Der erste Katastropheneinsatz	Neubiberg	90
Manöver in Frankreich	Mourmelon	92
Die Traditionsnamen	Ahlhorn	94

Die Sturmflut 1962	Nordseeküste	96
Das Ehrenmal der Luftwaffe	Fürstenfeldbruck	98
Der FlaRak-Gürtel	Stadum-Lenggries	100
Der Elysée-Vertrag	Paris	102
Tiefpunkt der Menschenführung	Nagold	104
Die Truppenfahnen	Bonn	106
Die Starfighter Krise	Nörvenich	108
Das Mutterhaus des Einsatzführungsdienstes	Erndtebrück	110
Deutsch-französischer Brückenschlag	Kelheim	112
Das Ehrenmal des Deutschen Heeres Dr. Falko Heinz, Oberstleutnant d.R.	Koblenz	114
Die Stimme aus der Heimat	Andernach	116
Bedrohung und strategische Konzepte	Innerdeutsche Grenze	118
Der Zwei-plus-Vier-Vertrag	Moskau	120
Die Armee der Einheit	Strausberg	122
Kommando und Museum am historischen Ort Jan Peter Behrendt, M.A. Wiss. Oberrat	Berlin-Gatow	124
Einsatzgeschwader 1	Piacenza	126
Wandel zur Armee im Einsatz	Rajlovac	128
Der Dienst der Frauen	Luxemburg	130
Zeitungen für Soldaten	Bonn	132
Das Ehrenmal der Bundeswehr	Berlin	134
Die Wehrpflicht	Bonn / Berlin	136
Das Militärhistorische Museum	Dresden	138
Der Wald der Erinnerung	Geltow-Schwielowsee	140

Schulen und Ausbildungsstätten

Die Marineschule Mürwik — Flensburg — 142
Dieter Stockfisch, Kapitän z.S. a.D.

Das Zentrum der Heeresflugabwehr — Rendsburg — 144
Michael Kleibömer, Oberstleutnant a.D.

Die Marineunteroffizierschule — Plön — 146
Ralf Zielinski, Fregattenkapitän

Die Führungsakademie der Bundeswehr — Hamburg — 148

Die Universitäten der Bundeswehr — Hamburg, München — 150

Die Logistikschule — Garlstedt — 152

Die Schulen der gepanzerten Kampftruppe — Munster — 154

Flugzeugtechnische Ausbildung — Faßberg — 156
Peter Preylowski, Oberst a.D.

Die Offizierschule des Heeres — Dresden — 158

Das Zentrum der Heeresflieger — Bückeburg — 160

Die Sportschule der Bundeswehr — Warendorf — 162
Heiko Woempener, Oberstleutnant

Das Bundessprachenamt — Hürth — 164

Schulen der Instandsetzungstruppe — Aachen — 166

Unteroffizierschulen der Luftwaffe — Appen — 168
Michael Schmidt, Oberstabsfeldwebel

Das Zentrum Innere Führung — Koblenz — 170

Das Herz der Infanterie — Hammelburg — 172
Jan Volkmann, Hauptmann

Hochburg der Artillerie — Idar-Oberstein — 174
Lars Kleine, Oberstleutnant

Die Offizierschule der Luftwaffe — Fürstenfeldbruck — 176

Instandsetzungszentrum im Süden — Erding — 178

Die Pionierschule   München   180
Ulrich Staudt, Oberstleutnant a.D.

Die Alma Mater des Sanitätsdienstes   München   182
Dr. Volker Hartmann, Flottenarzt

Die Wiege der Fernmeldetruppe   Feldafing   184
Günter Bäumler, Major d.R.

Die Technische Ausbildung im Süden   Kaufbeuren   186

Die Heimat der Fallschirmjäger   Altenstadt   188

Zentrum der ABC-Abwehr   Sonthofen   190

Die Schule für Feldjäger und Stabsdienst   Sonthofen/Hannover   192
Dieter Thomas Erdmann, Oberstleutnant

Heeresunteroffizierschulen   Sonthofen/Delitzsch 194

Nachschub auf vier Hufen   Bad Reichenhall   196
Dr. Wolfram Noreisch, Oberfeldveterinär a.D.

Gebirgs- und Winterkampfschule   Mittenwald   198

Die Raketenschule der Luftwaffe   Fort Bliss, Texas   200

Fliegerische Ausbildung in den USA   Sheppard AFB, Texas 202
Ulrich Rapreger, Oberst a.D.

Kasernennamen der Bundeswehr
                                                                     204

Anmerkungen
                                                                     246

Abkürzungen   279

Namen und Stichworte   282

Literatur- und Quellenverzeichnis   288

Verzeichnis der Bilder und Illustrationen   292

Danksagung   293

Anhang: Der Traditionserlass 2018
                                                  294

Erinnerungskulturelle Zugänge zur Bundeswehr und ihrer Geschichte

Matthias Rogg

Erinnerungsorte boomen. Mit dem bahnbrechenden Projekt der „Les Lieux de mémoire", jener Erinnerungsorte, die das französische Kollektivgedächtnis prägen, hat Pierre Nora in den 1980er beginnend einen Prozess angestoßen, der bis heute wirkt[V1]* Nora gehörte zu den Pionieren einer neuen Betrachtung von Geschichte, nach deren Auffassung die materiellen und immateriellen Symbole, die das Kollektivgedächtnis einer Gesellschaft bestimmen, in den Mittelpunkt zu stellen seien. Diese „Geschichte zweiten Grades" fragt somit nicht in der Diktion eines Leopold von Ranke „wie es eigentlich gewesen", sondern sucht nach dem Gebrauch und der Wirkmächtigkeit von Geschichte im öffentlichen Raum und ihrer Sedimentierung in kollektiven Erinnerungen. Dafür identifiziert sie, wie es Pierre Nora vorgeschlagen hat, so genannte Herde, Knoten, Kreuzungen, Erinnerungsbojen oder Kristallisationspunkte, an denen Erinnerung kondensiert.

Fragen zu Identität, Gedächtnis und Erinnerungskultur haben seitdem - nicht allein durch die „Lieux mémoire" initiiert, aber ohne Zweifel durch sie stark befördert - eine ungebrochene Konjunktur, die sich in einer Fülle anspruchsvoller Vorhaben niedergeschlagen hat. Das Spektrum der Betrachtung reicht mittlerweile von „Erinnerungsorten der DDR" (2009)[V2], über „Europäische Erinnerungsorte" (2012)[V3], „Deutsch-Polnische Erinnerungsorte" (2012-2015)[V4], „Erinnerungsorte der Kolonialgeschichte" (2013)[V5] bis zu „Ökologischen Erinnerungsorten" (2014)[V6.] Zu den ambitioniertesten Projekten gehört ohne Zweifel das von Hagen Schulze und Etienne François herausgegebene dreibändige Werk der „Deutschen Erinnerungsorte" (2001), deren Umfang und Anspruch bis heute wegweisend ist[V7]. Bei allen Unternehmungen handelt es sich um Gemeinschaftsprojekte zahlreicher Autoren, und das mit gutem Grund. Denn die Vielschichtigkeit der hier behandelten Themen erfordert eine Multiperspektivität, die ein Einzelner kaum leisten kann.

Der Begriff des Erinnerungsortes ist fest eingebunden in den Diskurs über Erinnerungskultur (neuerdings auch vermehrt der Gedächtniskulturen) der seit den 90er Jahren zu den Leitbegriffen der Kulturgeschichtsforschung gehört[V8]. Erinnerungskultur fasst alle denkbaren Formen der bewussten Erinnerung zusammen. Dazu gehören vor allem historische Ereignisse, Personen, materielle oder immaterielle Hinterlassenschaften und Phänomene. Erinnerungskulturelle Zugriffe können empirisch-kritisch erfolgen

---

* Textnoten sind im Anschluss an die Anmerkungen auf Seite 278 aufgeführt.

und sich einer wissenschaftlichen Methode bedienen. Darüber hinaus findet erinnerungskulturelle Rezeption und Perzeption auch auf nichtwissenschaftlichem Feld statt: in privater Perspektive, emotional grundiert oder gar in ahistorischer Form. Erinnerungen können sich wandeln und ihre Deutungen, manchmal überraschend und flexibel, den veränderten historischen Rahmenbedingungen anpassen. Mit anderen Worten: während Geschichte als Wissenschaft vor allem eine Sache der Experten ist, firmiert Geschichte als Erinnerungsmoment vor allem als eine existentielle Angelegenheit des Kollektivs. In der Erweiterung gehört zur Erinnerung auch das Antonym des Vergessens, des Ausblendens und aktiven oder unbewussten Verdrängens. Der Erkenntnisgewinn liegt damit nicht nur im was und wie des Erinnerns, sondern auch im Identifizieren und Deuten der Leerstellen. Erinnerung an sich ist weder gut noch schlecht, sondern vielmehr ein notwendiger Prozess der Selbstvergewisserung. Gemeinschaften, die sich erinnern wollen und können, schaffen einen gemeinsamen Zeichenvorrat: einen kollektiven Besitz von Erinnerungen, der für ihre Identität wie ein Ferment wirkt: „Wir sind, was wir geworden sind. In unseren Erinnerungen erkennen wir, wer wir sind, was wir werden wollen und worin wir uns von anderen unterscheiden."[V9]

So wie die Kondensation, der Übergang vom gasförmigen zum flüssigen Stoff einen Kondensationskern braucht, so benötigt Erinnerung Dinglichkeit. Ohne das Konkrete, Reale, Dingliche fehlt der entscheidende Impuls, der Erinnerung wachsen lässt. Die Anknüpfungspunkte können dabei vielfältig sein. Sie reichen von allgemein bekannten, zentralen Gestalten, über wichtige Bauwerke, Denkmäler und zentrale Orte, über Symbole und Embleme, weiter über zentrale Dokumente und Texte, Bücher, Kunstwerke, Slogans, Begriffe und Musikstücke, über Institutionen, bis zu Mythen, Riten und Festen. Der große Blumenstrauß macht deutlich, dass es sich sowohl um Hinterlassenschaften materieller als auch immaterieller Natur handelt: um die Generationen überdauernden Ikonen kollektiver Erinnerung und Identität. Der große französische Literat und Gesellschaftskritiker Marcel Proust hat die Wirkmacht dieses Zusammenhangs auf den Punkt gebracht: „Erst im Gedächtnis formt sich Wirklichkeit"[V10].

Der Keim, also das „Dingliche", aus dem Erinnerungskultur erwächst und in soziale Praxis umgesetzt wird, ist der Erinnerungsort. Der Begriff des Erinnerungsortes ist komplex und wird häufig missverstanden[V11]. Er kann einen räumlich oder geographisch definierten Ort meinen, aber er kann auch als diskursive Chiffre, als Metapher in einem sozialen, politischen, kulturellen oder imaginären Raum verstanden werden. Erinnerungsorte sind so vielfältig wie die Praktiken der Erinnerung: was zum Erinnerungsort wird, erweist sich nicht durch die Zuschreibung der Historiker, sondern durch die soziale Praxis.

Alle Erinnerungsorte haben eine zentrale Bedeutung für die symbolische Repräsentation, ohne die Geschichtsdiskurse und Identitätskonstruktionen nicht funktionieren. Der Symbolgehalt eines Erinnerungsortes kann vielschichtig, mehrfach überschrieben und überladen sein. Vor allem kann er sich wandeln. Was vor zwei Generationen als sinnstiftender Erinnerungsort galt, kann heute vergessen sein. Aber auch vergessene

Erinnerungsorte können durch neue Narrative entdeckt werden. Was ein Erinnerungsort ist und wie der „funktioniert", hängt also entscheidend vom gesellschaftlichen und historischen Kontext ab und der Frage, wie Geschichtsnarrative geprägt und gepflegt werden. Erinnerungsorte funktionieren oft wie ein Steinbruch. Sie sind, Traditionsbildern ähnlich, häufig konstruiert und entkontextualisiert, weil sie einen bestimmten Zweck verfolgen, nämlich Identität zu stiften oder Alterität zu begründen.

Jedes Projekt zu Erinnerungsorten steht vor dem Dilemma der Auswahl: was gehört dazu, was nicht und vor allem warum? Ob beabsichtigt oder nicht hat jede Zusammenstellung von Erinnerungsorten immer einen kanonischen Charakter, bei dem die Auslassungen oft mehr verraten als die Zuschreibungen. So ist es auch bei den ausgesprochen verdienstvollen „Deutschen Erinnerungsorten", die so interessante Beiträge wie über die Pickelhaube, den Langemarck-Mythos oder Stalingrad enthalten. Beiträge zu Erinnerungsorten der Bundeswehr sucht man vergeblich. Das ist umso erstaunlicher, weil die Bundeswehr die einzige deutsche Armee ist, die auf eine Geschichte als Wehrpflichtarmee in der Demokratie zurückblicken kann. Keine gesamtdeutsche Streitkraft verfügt über eine längere Geschichte. Und nie waren deutsche Soldatinnen und Soldaten stärker in ein freiheitlich-demokratisches Rechtssystem eingebunden als in der Bundeswehr. Die Schlaglichter machen deutlich, dass die Bundeswehr im erinnerungskulturellen Diskurs mehr gewürdigt werden sollte. Sie ist selbst ein deutscher Erinnerungsort und sie verfügt über eigene Erinnerungsorte, an denen sich positive und negative kollektive Erfahrungen und identitätsstiftende Topoi festmachen lassen.

Das Buch „Die Erinnerungsorte der Bundeswehr" ist ein wichtiger, Mut machender Schritt um die Bundeswehr erinnerungskulturell zu entdecken[V12.] Der Inhalt widmet sich auch, aber nicht ausschließlich, den kollektiven Erinnerungsorten der Bundeswehr in der deutschen Gesellschaft. Hinzu kommen die Erinnerungsorte innerhalb der Bundeswehr, wobei die Schulen und zentralen Ausbildungseinrichtungen eine wichtige Rolle spielen. Die Bundeswehr ist eine „Ausbildungsarmee", in der lebenslanges Lernen eine Selbstverständlichkeit ist. Das wird vor allem in den Truppenschulen deutlich, die ein identitätsstiftender Fixpunkt jeder Truppengattung sind. Fast jeder Zeit- und jeder Berufssoldat hat hier seine Ausbildung begonnen, sein militärisches Handwerk gelernt und eine prägende Zeit erlebt, und die Meisten sind in ihrer Laufbahn hier mehrmals wieder zurückgekehrt. Da es nicht primär um traditionsstiftende, sondern um Erinnerungsorte geht, werden auch die dunklen Flecken in der Bundeswehrgeschichte nicht ausgespart, beispielhaft in den wichtigen Beiträgen zum Iller-Unglück, zur Nagold-Affäre und zu den Starfighter Abstürzen. Geographisch definierte Orte (auch im Ausland), Personen, Objekte, symbolhafte Handlungen, Ereignisse, Dokumente und Musikstücke und natürlich Institutionen stehen für die große Bandbreite der vorgestellten Erinnerungsorte. Eine Besonderheit besteht darin, abstrakte Erinnerungsorte immer auch mit konkreten, räumlich bestimmbaren Orten zu verknüpfen. In der Zusammenstellung manifestiert sich so ein propädeutischer Charakter, der immer wieder die Frage in den Mittelpunkt rückt: welche Erinnerungsorte haben die Geschichte und das Bild der Bundeswehr geprägt, wofür stehen sie und warum – und vor allem: welcher gemeinsame Zeichenvorrat ist ihnen zu eigen. Es lohnt sich hier genauer hinzuschauen: um das Alleinstellungsmerkmal der Bundeswehr nicht in unserer Gesellschaft aber in der deutschen Geschichte zu erkennen und zu würdigen.

Prof. Dr. phil. habil. Matthias Rogg
Oberst i.G. und Vorstand German Institute for Defence and Strategic Studies (GIDS)

Erinnerungsorte der Bundeswehr

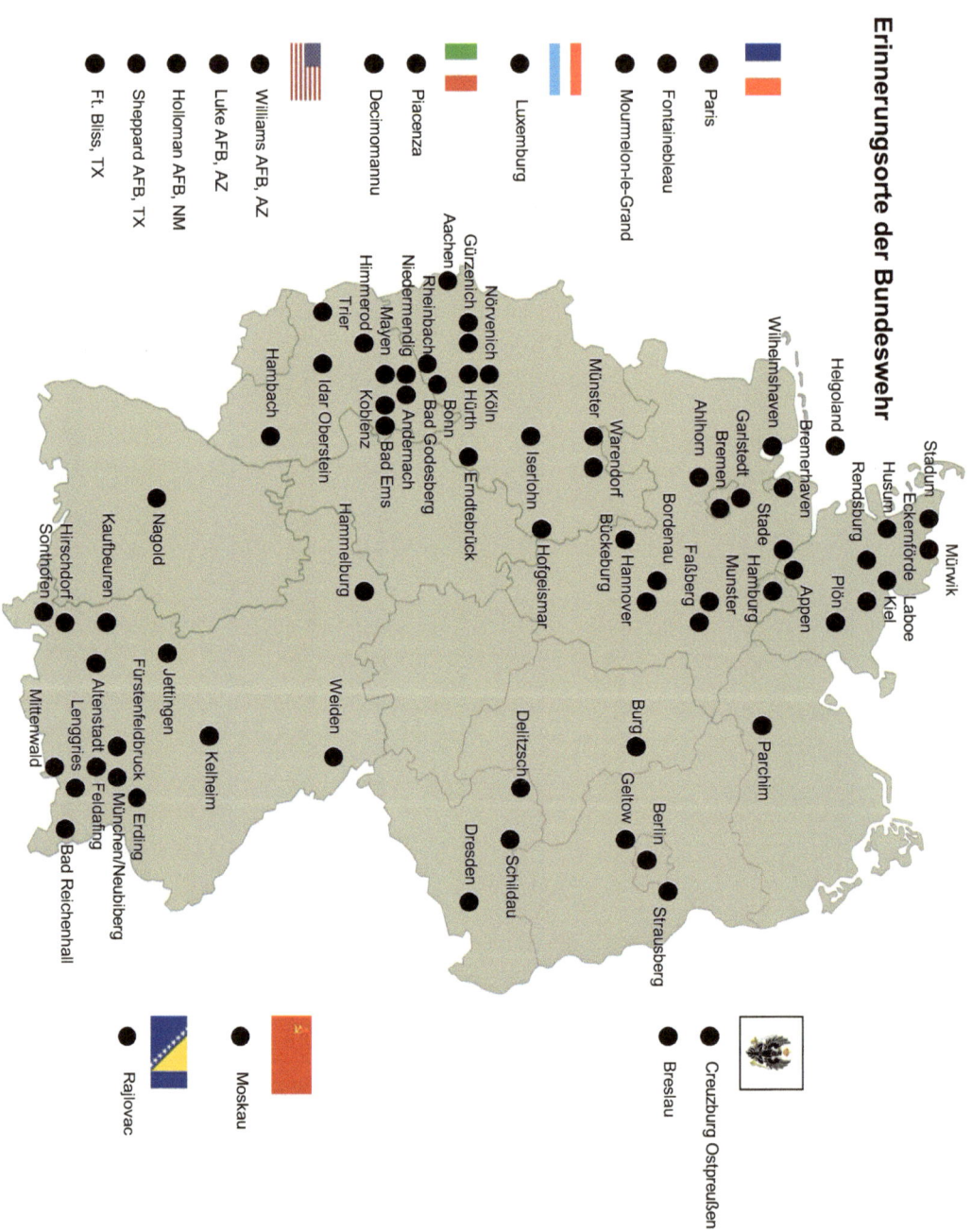

Paris

Fontainebleau

Moumelon-le-Grand

Luxemburg

Placenza

Decimomannu

Williams AFB, AZ

Luke AFB, AZ

Holloman AFB, NM

Sheppard AFB, TX

Ft. Bliss, TX

Aachen
Gürzenich
Nörvenich
Niedermendig
Rheinbach
Himmerod
Mayen
Koblenz
Hürth
Köln
Andernach
Bad Godesberg
Bonn
Bad Ems
Trier
Hambach
Idar Oberstein
Emdtebrück
Iserlohn
Münster
Warendorf
Bückeburg
Hannover
Hofgeismar
Hammelburg
Wilhelmshaven
Bremerhaven
Helgoland
Garlstedt
Bremen
Ahlhorn
Bordenau
Faßberg
Munster
Hamburg
Stade
Appen
Plön
Rendsburg
Husum
Stadum
Eckernförde
Laboe
Kiel
Mürwik

Nagold
Hirschdorf
Kaufbeuren
Sonthofen
Mittenwald
Lenggries
Altenstadt
Feldafing
Fürstenfeldbruck
München/Neubiberg
Erding
Jettingen
Kelheim
Weiden
Bad Reichenhall
Delitzsch
Schildau
Dresden
Burg
Geltow
Berlin
Strausberg
Parchim

Creuzburg Ostpreußen

Breslau

Moskau

Rajlovac

14

Si vis pacem, para bellum

Das lateinische Sprichwort, eine Quintessenz einer Rede Ciceros und vermutlich um 400 n.Chr. von dem römischen Militärschriftsteller Flavius Vegetius Renatus formuliert, könnte als Leitmotiv der Bundeswehr dienen: Sie wurde gegründet, damit der Friede nach dem Zweiten Weltkrieg in Europa Bestand hat, mit dem Auftrag, sich auf eine befürchtete Angriffssituation vorzubereiten. Sie wurde nicht als Expeditionsarmee oder als Instrument zur Ausweitung von Machtbereichen geschaffen. Die Bundeswehr ist dadurch geprägt worden; ihre Leitbilder leiten sich aus dem grundsätzlichen Verständnis der Verteidigung des demokratischen Staates ab und bestimmen ihre Rolle als Parlamentsarmee. Dies unterscheidet sie von anderen Armeen, mit denen gleichwohl eine vertrauensvolle, professionelle Partnerschaft gepflegt wird. Ihr werteorientiertes Selbstverständnis, die Verankerung in der Gesellschaft und ihre Bereitschaft, für den Erhalt des Friedens einzutreten und fähig zu sein, in einer kriegerischen Auseinandersetzung zu bestehen, haben Wurzeln und sind in den Jahrzehnten seit der Gründung der Bundeswehr gewachsen.

Die Texte dieses Bandes ergeben zusammengefasst keine Geschichte der Bundeswehr, sondern sie beschreiben im ersten Teil in zeitlicher Anordnung Persönlichkeiten, deren Denken und Handeln Grundlagen gelegt haben, Orte, an denen sich Bedeutendes ereignet hat, sowie Entscheidungen und Entwicklungen, die das kollektive Gedächtnis der Bundeswehrangehörigen bestimmen. Die Auswahl der Themen erfolgte in einer subjektiven Bewertung, sie kann daher angesichts der großen Zahl denk- und erinnerungswürdiger Ereignisse in der Geschichte der Bundeswehr als unvollständig und ergänzungswürdig erscheinen. Der zweite Teil umfasst in geographischer Reihenfolge im Norden Deutschlands beginnend die Schulen und Ausbildungsstätten, die das Fähigkeitsprofil und das Leistungsvermögen der Teilstreitkräfte und ihrer Truppenteile geformt und gestaltet haben. Im dritten Teil sind die Kasernennamen der Bundeswehr alphabetisch zusammengestellt.

Bordenau (Neustadt am Rübenberge)

Gerhard Johann David von Scharnhorst

Gerhard von Scharnhorst (geb. am 12. November 1755 in Bordenau; geadelt 1804; gest. am 28. Juni 1813 in Prag) war Sohn des Quartiermeisters Ernst Wilhelm Scharnhorst und entstammte einer alteingesessenen Bordenauer Kleinbauernfamilie. Ab 1773 besuchte er die Militärschule des Grafen Schaumburg-Lippe auf dem Wilhelmstein und trat 1778 als Fähnrich dem kurhannoverschen Reuterregiment[1] „Estorf" bei. 1782 wurde er als Leutnant der Artillerie Lehrer und Bibliothekar an der Artillerieschule in Hannover, unternahm militärische Studienreisen und verfasste erste Schriften. Als Führer einer reitenden Batterie bewährte er sich 1793/1795 bei den Feldzügen in Flandern und Holland, wurde zum Major und 1796 zum Oberstleutnant befördert. Er veröffentlichte literarisch-militärische Beiträge über seine Kriegserfahrungen und legte seinen Vorgesetzten mehrere Denkschriften zu aus seiner Sicht notwendigen Reformen der hannoverschen Armee vor. Da die aber unbeachtet blieben, trat Scharnhorst 1801 in den preußischen Dienst und wurde Direktor der Lehranstalt für junge Infanterie- und Kavallerieoffiziere, aus der er dann 1810 die Preußische Kriegsakademie in Berlin bildete. Zu seinen Schülern in seiner frühen Lehrtätigkeit zählten Carl von Clausewitz und Hermann von Boyen. 1802 war er Mitbegründer der Militärischen Gesellschaft[2], die sich als Diskussionsforum mit dem Kriegswesen der damaligen Zeit beschäftigte und so als Keimzelle der Heeresreform gilt. Mit der Erhebung in den Adelsstand 1804 wurde er Oberst und 1806 Chef des Stabes bei General von Rüchel und Herzog Karl Wilhelm Ferdinand von Braunschweig. Er verfasste Denkschriften u.a. zur Einführung einer Nationalmiliz, zur Mobilmachung und zur Verstärkung der Regimenter. In der Schlacht bei Auerstedt war er siegreich, wurde aber verwundet und geriet beim Rückzug mit Blücher in kurze Gefangenschaft. Nach dem Frieden von Tilsit 1807 wurde er als Generalmajor Chef des Kriegsdepartements, Chef des Generalstabes und Vorsitzender der Militär-Reorganisationskommission. In dieser Position konnte er, gemeinsam mit Carl von Clausewitz, Hermann von Boyen und Karl von Grolman, seine wesentlichen Gedanken zur Reform des Heeres umsetzen: Abschaffung des Werbesystems und der Prügelstrafe, Einführung von Qualifikationsvoraussetzungen für den Offizierstand, Bildung einer Reservearmee durch schnelle Ausbildung von Rekruten im sog. Krümpersystem[3], Verbesserung der Bildung besonders der Offiziere und Umwandlung des Söldnerheeres in ein stehendes Volksheer. Damit schuf er die Voraussetzungen zur Organisation der Landwehr und für die spätere Befreiung Deutschlands. In der Schlacht bei Großgörschen am 02. Mai 1813 wurde er verwundet; an dieser Verletzung starb er wegen unzureichender Behandlung am 28. Juni 1813 in Prag auf der Reise nach Wien.

Gerhard Johann David von Scharnhorst
Gemälde von Friedrich Bury, um 1810

Band 1 des 1787-1790 verfassten
dreibändigen Handbuchs

Geburtshaus in Bordenau

Die Bundeswehr sieht in Generalleutnant Scharnhorst einen ihrer geistigen Väter. Die Gründung der Bundeswehr erfolgte 1955 am 12. November 1955 bewusst an seinem 200. Geburtstag. Mehrere Kasernen sind nach ihm benannt; an der Führungsakademie der Bundeswehr wird alljährlich der beste internationale Lehrgangsteilnehmer mit dem Scharnhorstpreis ausgezeichnet.

August Wilhelm Antonius Graf Neidhardt von Gneisenau

August Neidhardt von Gneisenau wurde am 27. Oktober 1760 in Schildau als Sohn des Artillerieleutnants und Baumeisters August Wilhelm Neithardt[4] geboren, der später seinem Namen den Beinamen „von Gneisenau"[5] zufügte. Kindheit und Jugend waren durch häufige Wohnungs- und Schulwechsel sowie den frühen Tod seiner Mutter geprägt. Nach einem Studienabbruch trat er 1778 in Erfurt in das Husarenregiment „Graf Wurmser" ein und kämpfte als Gemeiner im Bayerischen Erbfolgekrieg. 1779 wechselte er in die Dienste des Markgrafen Karl Alexander von Brandenburg-Ansbach, mit dessen Truppen er als Leutnant 1782/1783 am amerikanischen Unabhängigkeitskrieg teilnahm. Nach Bayreuth zurückgekehrt, bewarb er sich 1785 beim preußischen Heer und kam als jüngster Premierleutnant 1786 zum leichten Infanterie-Regiment Chaumontet in der Garnison Löwenberg (heute Lwowek). In dieser Zeit lernte er Englisch, Französisch und Polnisch und studierte Geschichte, Literatur und Kriegswissenschaften. Die Beförderung zum Stabskapitän erfolgte 1790, die zum Hauptmann 1795 als Kompaniechef in Jauer. Nach dem Erwerb eines Gutes beschäftigte er sich ab 1803 mit Fragen der Landwirtschaft und Bodenverbesserung, setzte aber seine Studien zum militärischen Dienst, der Infanterie, Kavallerie und Artillerie, der Ingenieurkunde, Taktik und Militärgeographie fort. Ab Oktober 1806 kämpfte er unter Prinz Louis Ferdinand von Preußen gegen die Truppen Napoleons, wurde verwundet, konnte aber entkommen und wurde mit seinem Bataillon an die russische Grenze verlegt. Er verfasste als Major Denkschriften über die Fehler, die zur preußischen Niederlage geführt hatten, und forderte eine Reform der Taktik. Mitte 1807 konnte er die belagerte Festung Kolberg durch Beteiligung patriotischer Bürger erfolgreich verteidigen, wurde zum Oberstleutnant befördert und auf Wunsch von Scharnhorst in die Militär-Reorganisationskommission berufen. Er war Mitautor eines neuen Exerzier-Reglements für die Infanterie und beschäftigte sich mit der Analyse der Kapitulationen und Niederlagen in den Vorjahren. In einer Denkschrift forderte er 1808 die Volksbewaffnung und verfasste eine „Konstitution für die allgemeine Waffenerhebung … gegen Frankreich", ein Plan, der jedoch später vom König abgelehnt wurde. 1809 zum Oberst befördert, quittierte er aus Enttäuschung über die Widerstände gegen die Reformansätze den Dienst.

Nach Napoleons Scheitern in Russland wurde Gneisenau im März 1813 als Generalmajor reaktiviert und zur Armee Blüchers versetzt, unter dem er an den Schlachten 1813 teilnahm und mit der Schlesischen Armee und den Armeen der Verbündeten am 18.10.1813 den entscheidenden Sieg in der Völkerschlag bei Leipzig erringen konnte.

August W. A. Graf Neidhardt von Gneisenau,
Gemälde von Georg Dawe (1818)

Das Geburtshaus in Schildau
heute Gneisenaustr. 2

Als Generalleutnant forcierte Gneisenau den Marsch der verbündeten Armeen nach Frankreich; mit der Kapitulation von Paris am 31.03.1814 wurde Napoleon ins Exil gezwungen. Der König dankte Gneisenau mit der Ernennung zum Grafen. Nach Napoleons Rückkehr 1815 plante Gneisenau mit Blücher den neuerlichen Feldzug und konnte trotz anfänglicher Niederlagen mit den preußischen Truppen am 18.06.1815 den Sieg bei Waterloo herbeiführen. Die Jahre nach 1815 waren geprägt durch Aufgaben in der Militärverwaltung und im Staatsrat sowie der Ernennung zum Generalfeldmarschall, aber auch durch andauernde Anfeindungen und geheimdienstliche Überwachung, da Gneisenau revolutionärer Ideen verdächtigt wurde. 1831 wurde er Oberkommandierender der Truppen in den vier Ostprovinzen Preußens; in Posen infizierte er sich an der Cholera, an der er am 23. August 1831 verstarb.

Die Bundeswehr ehrt den Heeresreformer als Befürworter der Volksbewaffnung, aus der sich die Wehrpflicht ableitete, und als liberalen Denker, der Grundgedanken der Inneren Führung formuliert hat. Nach ihm waren mehrere Kasernen und von 1958 – 1966 auch ein Schulschiff der Bundesmarine benannt.

Creuzburg in Ostpreußen (heute Slawskoje, Oblast Kaliningrad)

Ludwig Leopold Gottlieb Hermann von Boyen

Ludwig Leopold Gottlieb Hermann von Boyen (geb. am 23. Juni 1771 in Creuzburg bei Königsberg, gest. am 15. Februar 1848 in Berlin) entstammte einer ursprünglich holländischen Soldatenfamilie; sein Vater war Oberstleutnant und Regimentskommandeur. In Königsberg aufgewachsen, trat er 1784 als Gefreiterkorporal in das preußische Infanterieregiment „von Anhalt" ein und avancierte bis 1788 im Regiment „von Wildau" zum Sekondeleutnant. Er absolvierte die Kriegsschule in Königsberg und hörte dort Vorlesungen bei I. Kant, was seine ethischen Vorstellungen stark prägte. Ab 1794 nahm er an den Feldzügen in Polen teil und an den Schlachten gegen Napoleon. Ab 1803 war Boyen Mitglied der Militärischen Gesellschaft um Scharnhorst. 1807/1808 wurde er als Major in die Militär-Reorganisationskommission versetzt, in der er neben Gneisenau Scharnhorsts eifrigster Mitarbeiter bei der Begründung der neuen Heeresverfassung wurde. Dabei trat er konsequent für die Reformen des Freiherrn von Stein ein. 1810 wurde er Direktor des Allgemeinen Kriegsdepartements, nahm aber als Oberst seinen Abschied, als sich Preußen mit Napoleon verbündete. Mit Beginn der Befreiungskriege trat er wieder in preußische Dienste, begleitete die verbündete russische Armee nach Sachsen und wurde nach der Schlacht bei Großgörschen mit der Mobilmachung Brandenburgs und der Verteidigung Berlins beauftragt. Als Chef des Generalstabs des 3. Armeekorps kämpfte er in den Schlachten 1813/1814 und wurde zum Generalmajor befördert. Nach dem ersten Pariser Frieden wurde er im August 1814 Kriegsminister und erließ bereits im September das „Gesetz über die Verpflichtung zum Kriegsdienst", mit dem er in Preußen die allgemeine Wehrpflicht einführte. Zugleich setzte er die von Scharnhorst eingeleitete Reform mit der Landwehrordnung von 1815 fort und etablierte so die Landwehr als gleichberechtigte Volksbewaffnung neben dem stehenden Heer. Im April 1818 wurde er Generalleutnant; da jedoch die konservative Kritik am Reformprogramm 1819 immer stärker wurde, trat er schließlich im Dezember als Kriegsminister zurück. Danach lebte er 21 Jahre als Privatmann, wurde 1840 von König Friedrich Wilhelm IV als General der Infanterie reaktiviert und 1841 nach dem plötzlichen Tod des Ministers von Rauch erneut zum Kriegsminister ernannt. 1847 trat er hoch dekoriert im Range eines Generalfeldmarschalls zurück.

Von Boyen starb am 5. Februar 1848 in Berlin; sein Grabmal auf dem Invalidenfriedhof ist auch heute als Ehrengrab der Stadt Berlin gewidmet.

Hermann von Boyen
Gemälde von Joseph Karl Stieler, 1847/48

Grabmal in Berlin auf dem Invalidenfriedhof, Feld C

Burg bei Magdeburg

Carl Philipp Gottlieb von Clausewitz

Carl Philipp Gottlieb von Clausewitz[6], geboren am 1. Juli 1780 in Burg, gestorben am 16. November 1831 in Breslau, war der Sohn eines Steuereinnehmers und ehemaligen Offiziers. Er ging bis zum 12. Lebensjahr auf die örtliche Lateinschule und wurde 1792 als Fähnrich in das Infanterieregiment „Prinz Ferdinand" aufgenommen. Bereits ab 1793 sammelte Clausewitz als 13-jähriger Kriegserfahrungen bei der Belagerung von Mainz und dem Feldzug am Rhein. Ab 1796 hatte er in der Garnison Neuruppin die Möglichkeit, zeitgenössische Schriften über die Französische Revolution, das Kriegswesen und die Politik zu studieren und Vorträge über Logik und Ethik zu hören. Im Oktober 1801 wurde Clausewitz in den ersten Lehrgang an der von Scharnhorst gegründeten Allgemeinen Kriegsschule in Berlin aufgenommen und wurde auch Mitglied in der Militärischen Gesellschaft. Er absolvierte eine Studienzeit, die einerseits stark vom reformatorischen Denken Scharnhorsts und andererseits von den Schriften Kants geprägt war und in der er selbst erste Schriften verfasste. 1804 graduierte sich Clausewitz als Klassenbester und wurde Adjutant des Prinzen August von Preußen, in dessen Stab er als Stabskapitän ab 1806 am Krieg gegen Napoleon teilnahm. Nach der Niederlage bei Jena und Auerstedt geriet er in französische Gefangenschaft, die er in Nancy, Soissons und Paris verbrachte und in der er in seinen „Historischen Briefen" ausführliche Analysen der Kriegsereignisse 1806 verfasste. Nach seiner Rückkehr kam er 1809 in den persönlichen Stab Scharnhorsts und wurde einer der wichtigsten Reformer bei der Reorganisation der Armee. 1810 wurde er Major, diente als Büroleiter von Scharnhorst und war Lehrer für Generalstabsdienst und Taktik sowie Hauslehrer der preußischen Prinzen. Als Gegner Napoleons nahm er jedoch 1812 den Abschied, ging in russische Dienste und kämpfte dann als Stabschef eines russischen Korps in den Befreiungskriegen, bis ihm 1814 erlaubt wurde, nach Preußen zurückzukehren. 1815 war er Stabschef eines preußischen Korps beim Krieg gegen Napoleon, bis er nach der Schlacht bei Waterloo für drei Jahre Stabschef bei Gneisenau in Koblenz wurde. In der Zeit nach 1818 wurde er zwar Generalmajor und Direktor der Allgemeinen Kriegsschule, jedoch ohne Lehrbefugnis. In dieser Zeit entstanden mehrere Schriften, darunter sein Hauptwerk „Vom Kriege", das jedoch erst 1832-1837 von seiner Witwe veröffentlicht wurde. 1830 wurde er zur Artillerieinspektion nach Breslau versetzt, wurde Stabschef unter Gneisenau und übernahm nach dessen Tod die Befehlsgewalt über die preußischen Truppen. Im Herbst 1831 infizierte auch er sich an der Cholera. Er wurde zwar aus der Quarantäne ohne Symptome entlassen, dennoch starb er wenig später am 16. November 1831 innerhalb weniger Stunden[7].

Carl Philipp Gottlieb von Clausewitz,
Gemälde von Karl-Wilhelm Wach um 1818

Sein Hauptwerk „Vom Kriege" behandelt die Theorie des Krieges in allen ihren Elementen. Das Werk hat mit seinen Definitionen in allen westlichen Ländern einen bedeutenden Einfluss auf das Kriegswesen gehabt und ist auch heute noch in den nicht zeitspezifischen Aussagen gültig. Dies gilt insbesondere für das Verhältnis Militär und Politik, dem bei der Konzeption der Bundeswehr besondere Beachtung geschenkt wurde. Die an der Führungsakademie der Bundeswehr 1961 in Hamburg gegründete Clausewitz-Gesellschaft e.V. setzt sich im Geiste von Clausewitz mit den aktuellen sicherheitspolitischen und strategischen Fragen auseinander.

Hellmuth von Moltke

Helmuth Karl Bernhard von Moltke, geboren am 26. Oktober 1800 in Parchim bei Schwerin, gestorben am 24. April 1891 in Berlin, entstammte altem mecklenburgischen Adel[8]; sein Vater war ein späterer Generalleutnant in dänischen Diensten, der es ermöglichte, dass drei seiner Söhne ab 1811 in die Kadettenakademie in Kopenhagen aufgenommen wurden. 1818 wurde er Sekondeleutnant in dem dänischen Infanterieregiment Oldenburg in Rendsburg; 1822 konnte er auf eigenen Antrag in die preußische Armee in das Leib-Grenadier-Regiment „König Friedrich Wilhelm III." (1. Brandenburgisches) Nr. 8 wechseln und von 1823-1826 die Allgemeine Kriegsschule in Berlin besuchen, wo Clausewitz einer seiner Förderer war. 1833 wurde er erstmals in den Generalstab berufen. Im Rahmen einer militärischen Bildungsreise durch Südost-Europa wurde er als Instrukteur der türkischen Truppen 1836 – 1839 abkommandiert[9]. Nach seiner Rückkehr wurde Moltke Major und ab 1846 Adjutant des Prinzen Karl Heinrich von Preußen in Rom. Ab 1849 diente er als Chef des Generalstabs des IV. Armee-Korps, bis er 1856 Adjutant von Kronprinz Friedrich Wilhelm wurde. Ab Oktober 1857 war er als Generalmajor in der Funktion des Generalstabschefs der Armee, in der er mit überragendem strategischem Geschick maßgeblich an der Ausarbeitung der Pläne für die Kriege gegen Dänemark (1864), Österreich, Hannover, Sachsen und Kurhessen (1866) sowie Frankreich (1870/71) beteiligt war. Zum Generalfeldmarschall wurde er im Juni 1871 ernannt; bis zu seiner Verabschiedung auf eigenen Wunsch am 09. August 1888 führte er den Großen Generalstab. Ab 1867 war Moltke als Mitglied der Konservativen Partei Abgeordneter im Deutschen Reichstag und ab 1881 dessen Alterspräsident. Neben Bismarck hat Moltke entscheidenden Anteil an der Reichsgründung 1871, die von Bismarck politisch betrieben und militärisch nach dem Sieg über Frankreich ermöglicht wurde. Ab 1871 hatte Moltke Immediatrecht beim Kaiser. Damit hätte er militärische Entscheidungen ohne Beteiligung des Reichstags und des Kanzlers treffen können. Er hat aber den von Bismarck geforderten Primat der Politik respektiert. In seiner letzten Reichstagsrede hat er dann auch im Mai 1890 vor leichtfertiger kriegstreibender Politik gewarnt.

Sein strategisches Vermächtnis umfasst u.a. die Erkenntnis, dass nur der Kriegsbeginn mit hinreichender Prognose planbar ist. Die Unwägbarkeiten im weiteren Verlauf erfordern jedoch vom militärischen Führer moralisch fundierte und abgewogene Entscheidungen[10]. Daraus leitet sich das Prinzip der Auftragstaktik ab, in der auch den Unterführern weitgehende Handlungsfreiheit in der Durchführung des Kampfauftrages zugestanden wird. In diesem Prinzip sieht die Bundeswehr eine Stärke ihrer Führungskultur.

Helmuth Karl Bernhard von Moltke
Portrait Foto um 1870 von Carl Günther

Geburtshaus in Parchim, Lange Straße 28

Königsschloss in Breslau (heute Wroclaw)

Die Stiftung des Eisernen Kreuzes

Im Gelben Wohnzimmer des Königsschlosses in Breslau unterzeichnete am 17. März 1813 König Friedrich Wilhelm III. die Proklamation *"An mein Volk"*, die am Beginn der Befreiungskriege gegen Napoleon steht, sowie die Stiftungsurkunde[11] für das "Eiserne Kreuz", das als ursprünglich preußische Kriegsauszeichnung in drei Stufen ausgelobt wurde. Mit der Ausführung des Entwurfs wurde Karl Friedrich Schinkel beauftragt, dem der König eine eigenhändige Zeichnung und detaillierte Gestaltungsvorgaben gemacht hatte. Der König verband mit dem Kreuz viel Symbolik, sowohl in der Formgebung und Ausschmückung als auch in der schlichten Materialauswahl und mit der Vorschrift, dass eine höhere Stufe der Auszeichnung den Besitz der vorhergehenden erfordert. Das Eiserne Kreuz ist die erste deutsche Auszeichnung, die ausschließlich für hervorragende Handlungen im Befreiungskrieg ohne Rücksicht auf Stand, Herkunft, Dienstgrad und militärischen Rang des zu Ehrenden verliehen wurde. Zu Beginn des Deutsch-französischen Krieges wurde die Stiftung durch Wilhelm I. erneuert und auf die Bürger aller deutschen Bundesstaaten erweitert. Eine dritte und vierte Neuauflage der Kriegsauszeichnung erfolgte zu Beginn des Ersten und Zweiten Weltkriegs, jeweils mit Änderungen verbunden.

Das Eiserne Kreuz wird als Kriegsauszeichnung oder Verdienstorden seit 1945 nicht mehr verliehen. In der Bundesrepublik wurde am 07. September 1950 von Bundespräsident Theodor Heuss das Bundesverdienstkreuz gestiftet, das in seiner Gestaltung zwar an das Eiserne Kreuz erinnert, aber zivile, herausragende Leistungen für den Staat würdigt und keine militärische Auszeichnung darstellt. Am 01. Oktober 1956 bestimmte Bundespräsident Theodor Heuss wegen seiner identitätsstiftenden Tradition das Eiserne Kreuz als Erkennungszeichen für Flugzeuge und Kampffahrzeuge der Bundeswehr. Seither wird das Symbol in allen Teilstreitkräften als Hoheitsabzeichen genutzt. Das am 29. Oktober 1980 gestiftete Ehrenkreuz der Bundeswehr zeigt das Symbol des Eisernen Kreuzes auf seiner Vorderseite. Im Zuge der Auslandseinsätze und der verbundenen hohen Anforderungen sowie der Gefahren für Leib und Leben genehmigte Bundespräsident Horst Köhler am 18. August 2000 das Ehrenkreuz für Tapferkeit und Sonderstufen des Ehrenkreuzes.

Das Königsschloss in Breslau, 2010

Eisernes Kreuz 1813

Ehrenkreuz der
Bundeswehr in Gold

Das Eiserne Kreuz als
Erkennungszeichen an
einem Flugabwehr-
raketenpanzer Roland
des Heeres und an einer
Boeing 707 der Flugbe-
reitschaft der Luftwaffe
1994

Berlin, Unter den Linden 4

Die Neue Wache

Die Neue Wache an Berlins zentralem Boulevard Unter Linden gilt als eines der wichtigsten Bauwerke des deutschen Klassizismus. Nach Plänen[12] von Karl Friedrich Schinkel 1816 – 1818 als Wachhaus für die Wache des Königs und als Gedenkstätte für die Gefallenen der Befreiungskriege und der Napoleonischen Kriege erbaut, diente das Gebäude bis zum Ende der Monarchie 1918 als Haupt- und Königswache. Zeitweilig war in der Wache auch die Hauptzentralstelle des Militärtelegraphen untergebracht. Im Jahr 1931 erfolgte eine Umwidmung zur Gedächtnisstätte für die Gefallenen des Weltkriegs. Diese Funktion behielt die Neue Wache auch in den folgenden Jahrzehnten, wobei der Charakter der Gedenkstätte und ihre politische Ausrichtung, sowie das mit ihr verbundene militärische Zeremoniell und die Aufstellung der Denkmäler vor der Wache mehrmals geändert[13] wurden.

Nach dem Ende der DDR wurde der Innenraum der Gedenkstätte rekonstruiert und ohne politische Bezüge schlicht gestaltet. Auf Betreiben von Bundeskanzler Helmut Kohl ist heute eine vergrößerte Kopie der Skulptur „Mutter mit totem Sohn" – die „Pietà" – von Käthe Kollwitz das zentrale Element der Gedenkstätte. Die Skulptur befindet sich auf einer Granitplatte mit dem eingelassenen Schriftzug „Den Opfern von Krieg und Gewaltherrschaft".

Seit dem Volkstrauertag am 14. November 1993 dient die Neue Wache entsprechend ihrer Widmung als zentrale Gedenkstätte der Bundesrepublik Deutschland. Ein regelmäßiges militärisches Zeremoniell findet heute vor der Wache nicht statt. Jedoch wird jeweils am Volkstrauertag vom Wachbataillon eine Ehrenwache gestellt.

Hambacher Schloss in Neustadt an der Haardt
(heute a.d. Weinstrasse)

Das Hambacher Fest

Die Freiheitsbewegungen Anfang der 1830er Jahre in Europa und besonders die in Frankreich und Polen hatten auch in den deutschen Ländern mit ihren Ideen und Forderungen starke Einflüsse und Auswirkungen. Während in Preußen die Erinnerung an die Zeit der Freiheitskriege vorherrschte, hatten die Bürger der bis 1815 französischen Pfalz die durch den Code Napoléon zugebilligten Rechte wie das Recht auf Freiheit der Person, des Eigentums und des Gewerbes nicht vergessen. Unter der bayerischen Herrschaft waren erhebliche Einschnitte in die Freiheitsrechte erfolgt, und es belasteten hohe Zölle und Steuern die Wirtschaft. Dies führte zu einer immer stärker werdenden bürgerlichen Opposition, die sich in Vaterlandsvereinen und Burschenschaften artikulierte, deren Presse aber durch Zensur, Erscheinungsverbote und Zwangsmaßnahmen drangsaliert wurde. Die Zeitungsverleger Philipp Jakob Siebenpfeiffer (1789-1845) und Johann August Wirth (1798-1848) wurden mit ihren Forderungen nach Pressefreiheit in Bayern zu Wortführern der fortschrittlichen Bewegung. Sie regten schließlich an, ein „deutsches Nationalfest" zu veranstalten. 32 Neustadter Bürger, die in Mehrzahl dem „Preß- und Vaterlandsverein" angehörten, organisierten daraufhin in Anlehnung an den 26. Mai 1832, dem Bayerischen Verfassungstag, ein Fest auf dem Schloss, zu dem P.J. Siebenpfeiffer die Einladung veröffentlichte. Das Fest fand schließlich trotz erheblicher polizeilicher und juristischer Gegenmaßnahmen der Obrigkeit vom 27. Mai bis 1. Juni 1832 statt. Dem Aufruf folgten etwa 20.000 bis 30.000 Menschen aus der Pfalz, aus allen gesellschaftlichen Schichten und aus fast allen deutschen Territorien sowie Delegationen aus Frankreich und Polen. Als Ehrengast sprach der prominente Schriftsteller Carl Ludwig Börne[14]; er forderte gemeinsam mit den weiteren Rednern die nationale Einheit Deutschlands, ein „conföderiertes republikanisches Europa", Presse-, Meinungs- und Versammlungsfreiheit sowie die Gleichberechtigung der Frauen. In Erinnerung an die Farben der Uniform des preußischen Lützowschen Freikorps während der Befreiungskriege[15] trugen die Teilnehmer als gemeinsames Zeichen schwarz-rot-goldene Schärpen und schwenkten bei dem gemeinsamen Festzug auf den Schlossberg schwarz-rot-goldene Fahnen. Die Hauptfahne, die dann auf dem Schloss gehisst wurde, trug die Aufschrift „Deutschlands Wiedergeburt". Auch wenn der bayerische König in Reaktion auf das Fest durch Einsatz von Truppen in der Pfalz weitere demokratische Bestrebungen unterdrückte und viele der Festteilnehmer ins Exil zwang, so ist das Fest doch als die bedeutendste Demonstration der deutschen Demokratiegeschichte anzusehen sowie auch als erster Impuls für die europäische Einigung.

Das Schloss heute, um 2005

Festzug zum Schloss am
27. Mai 1832

Hauptfahne und öffentliche Einladung

lung zu dem Feste, veranlaßt von Siebenpfeiffer

„Neustadt an der Haardt im baierischen Rheinkreis,
24. April 1832.
lichen Blättern, namentlich der Speierer Zeitung, ist eine
einem Constitutionsfeste auf dem Hambacher Schlosse er-
he ist ohne Auftrag ergangen; mit Beziehung auf nach-
ef, bitten wir, jene Einladung als nicht geschehen zu be-
trachten.

„Der Deutschen Mai.

„Völker bereiten Feste des Dankes und der Freude beim Eintritte
heilvoller großer Ereignisse. Darauf mußte das deutsche Volk seit
Jahrhunderten verzichten. An solcher Feier ist auch jetzt kein Anlaß vor-
handen, für den Deutschen began die großen Ereignisse noch ein Keim;
will er ein Fest begehen, so ist es ein Fest der Hoffnung; nicht gilt es
dem Errungenen, sondern dem zu Erringenden, nicht dem ruhmvollen
Sieg, sondern dem mannhaften Kampf, dem Kampfe für Abschüttelung
innerer und äußerer Gewalt, für Erstrebung gesetzlicher Freiheit und
deutscher Nationalwürde."

„Alle deutschen Stämme sehen wir an diesem heiligen Kampfe Theil
nehmen; alle seyen darum geladen zu dem großen Bürgervereine, der
am Sonntag 27. Mai, auf dem Schlosse zu Hambach bei Neustadt
am Haardtgebirge statt finden wird."

„Im Mai hielten, nach germanischer Sitte, die Franken, unsre
ruhmbekränzten Väter, ihre National-Versammlungen; im Mai em-
pfing das heldenmüthige Polen seine Verfassung; im Mai regt sich die
ganze physische und geistige Natur: wie sollte, wo die Erde mit Blü-
then sich schmückt, wo alle keimenden Kräfte zur Entwicklung streben,
wie sollte die Empörung des freien Daseyns, der Menschenwürde,
starren unter der Decke kalter Selbstsucht, verächtlicher Trägheit, straf-
barer Gleichgültigkeit?"

„Auf, ihr deutschen Männer und Jünglinge jedes Standes, welchen
der heilige Funke des Vaterlands und der Freiheit die Brust durchglüht,
strömet herbei! Deutsche Frauen und Jungfrauen, deren politische
Mißachtung in der europäischen Ordnung ein Flecken ist, schmücket und
belebet die Versammlung durch eure Gegenwart! Krämet Alte herbei
zu friedlicher Besprechung, inniger Erkennung, entschlossener Verbrüde-
rung für die großen Interessen, denen ihr eure Liebe, denen ihr eure
Kraft geweiht."

Der Große Zapfenstreich

Der Zapfenstreich war zu Zeiten der Landsknechte der abendliche Befehl eines von Trommlern und Pfeifern begleiteten Offiziers, den Ausschank zu beenden und ins Lager zurückzukehren. Daraus entstand eine Musikfolge, die auf Weisung des preußischen Königs Friedrich Wilhelm III. 1813 um das Präsentieren des Gewehrs, ein stilles Gebet und das Blasen eines Militärliedes zum Großen Zapfenstreich erweitert wurde[16]. Die heutige Form des Zapfenstreichs geht auf den Musikdirektor der gesamten Musikkorps des preußischen Gardekorps, Wilhelm Wieprecht (1802-1872) zurück, der ihn zu Ehren des russischen Zaren Nikolaus I. am 12. Mai 1838 auf dem Berliner Schlossplatz als „russischen Zapfenstreich" erstmals aufführte. Ab 1871 wurde bei Anwesenheit des Kaisers zusätzlich die Hymne „Heil Dir im Siegerkranz" intoniert; seit 1922 wird zum Abschluss der Zeremonie die Nationalhymne gespielt[17].

Die Aufführung des Großen Zapfenstreichs erfolgt durch ein Musikkorps mit zusätzlichem Spielmannszug, begleitet von zwei Zügen unter Gewehr und einer Begleitformation aus Fackelträgern. Der Ort des Geschehens wird durch zusätzliche Fackelträger im Hintergrund umrahmt. Während des Zeremoniells hören alle Soldaten auf das Kommando „Großer Zapfenstreich!"

Die Elemente der Zeremonie gliedern sich in den Aufmarsch mit Meldung, die Serenade, in der von der zu ehrenden Person oder für den Anlass ausgewählte Musikstücke gespielt werden, und anschließend in den eigentlichen Zapfenstreich. Dieser beginnt mit dem Locken durch den Spielmannszug. Der Preußische Zapfenstreichmarsch erinnert dann an die Fußtruppen, die folgende Retraite mit drei Fanfarenrufen gilt den berittenen Truppen und ist symbolisch der Ruf an die Versprengten und Verwundeten nach der Schlacht und der Gruß an die Toten. Es folgt der Ruf zum Gebet durch den Spielmannszug und nach dem Kommando „Helm ab zum Gebet" das musikalische Gebet mit einer Choralstrophe. Den Abschluss bilden das Abschlagen und der Ruf nach dem Gebet sowie unter Präsentation des Gewehrs die Nationalhymne. Beendet wird die Zeremonie mit der Abmeldung und dem Ausmarsch der Formation[18].

Der Große Zapfenstreich ist das höchste Zeremoniell der Bundeswehr, mit dem bei ihrer Verabschiedung der Bundespräsident, der Bundeskanzler und der Bundesminister der Verteidigung geehrt werden. Eine Ausführung kann auch zu Ehren einer Zivilperson und aus Anlass eines besonderen Ereignisses angeordnet werden[19], ebenso bei der Zurruhesetzung von Generälen. Das Zeremoniell und die Aufführung der Militärmusik sind als überliefertes Kulturgut wichtige Teile der Identität der Bundeswehr.

Wilhelm Wieprecht, 1868

oben: Großer Zapfenstreich am 19.09.2002 im
BMVg Bonn
unten: Großer Zapfenstreich 60 Jahre Bundeswehr vor dem Reichstag am 11.11.2015

Die Nationalhymne

Den Sommer 1841 verlebte August Heinrich Hoffmann, genannt Hoffmann von Fallersleben (1798 – 1874), auf der damals britischen Insel Helgoland. Er war Germanistikprofessor, Herausgeber alter Schriften und als Dichter zahlreicher, auch heute noch populärer Kinderlieder berühmt. Am 26. August 1841 schrieb er das dreistrophige „Lied der Deutschen", das bereits im Oktober 1841 in Hamburg erstmals öffentlich gesungen wurde. Hoffmann hatte als Jugendlicher während der napoleonischen Besetzung die Einführung bürgerlicher Freiheiten erlebt, was ihn prägte und ihm Anstoß war, für ein geeintes, freiheitliches deutsches Vaterland einzutreten. Als Frankreich 1840/1841 Anspruch auf das Rheinland erhob, war die Ablehnung dieser Expansionswünsche der Anlass, das Lied der Deutschen zu schreiben, das von Studenten und liberalen Bürgern begeistert aufgenommen und mit der Melodie des Liedes „Gott erhalte Franz, den Kaiser" gesungen wurde, das Joseph Haydn 1796/1797 komponiert hatte.

In Deutschland gab es auch nach der Reichsgründung keine festgelegte Nationalhymne. Erst Reichspräsident Friedrich Ebert bestimmte das „Lied der Deutschen" mit seinen drei Strophen am 10. August 1922 zur offiziellen Hymne. Die Nationalsozialisten beschränkten dies auf die erste Strophe und ergänzten die Hymne mit dem Horst-Wessel-Lied. Nach dem Krieg war die Hymne vom Alliierten Kontrollrat zwar nicht verboten[20], es gab aber auch nach der Gründung der Bundesrepublik erhebliche Unsicherheiten, welches Lied bei offiziellen Anlässen gespielt und gesungen werden sollte[21]. Nach einigen international peinlichen Vorkommnissen machte Bundeskanzler Konrad Adenauer 1950 in Berlin einen ersten Vorstoß, die dritte Strophe des Deutschlandliedes als Hymne singen zu lassen, löste damit aber auch heftige negative Reaktionen aus[22]. Nach einer Abstimmung mit Bundespräsident Theodor Heuss kam es zu einem Briefwechsel, indem die Bundesregierung die dritte Strophe des Deutschlandliedes als Hymne und ihr Absingen bei offiziellen Anlässen vorschlug und der Präsident dem zustimmte. Mit der offiziellen Veröffentlichung des Briefwechsels am 06. Mai 1952 wurde die dritte Strophe zur Nationalhymne erklärt.

Im Zuge der deutschen Einigungsverhandlungen kam es 1990 zu erneuten Vorschlägen für eine Neufassung der Nationalhymne[23]. Die Diskussion wurde schließlich in einem Briefwechsel zwischen Bundespräsident Richard von Weizsäcker und Bundeskanzler Helmut Kohl am 19. November 1991 eindeutig mit der Festlegung auf den Text der dritten Strophe Hoffmann von Fallerslebens und auf die Melodie Haydns entschieden.

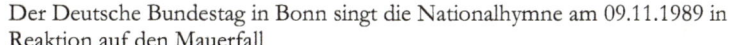

Hoffmann von Fallersleben
Gemälde von Ernst Henseler
(1852-1940)

Handschrift der 3. Strophe

Der Deutsche Bundestag in Bonn singt die Nationalhymne am 09.11.1989 in
Reaktion auf den Mauerfall

Die Gründung der Reichsflotte 1848

Vor dem Hintergrund, dass in Deutschland in der ersten Hälfte des 19. Jahrhunderts das Streben nach der Einheit der Nation die liberalen Debatten in der Frankfurter Nationalversammlung und in den Ländern prägte, die Wirtschaft nach der Gründung des Deutschen Zollvereins 1834 einen Aufschwung erlebte und der Handel sich stetig ausweitete, waren die Außenhandelsbedingungen insbesondere über die Meere durch besondere Unsicherheiten und Risiken belastet. Nicht nur im Mittelmeer, auch im Mittelatlantik und vor den deutschen Küsten waren die unbewaffneten deutschen Schiffe der Handelsflotten der Küstenländer und der großen Hafenstädte durch Seeräuberei und Kaperung gefährdet; einen Schutz durch eigene Seestreitkräfte gab es nicht. Die Händler mussten dadurch hohe Versicherungsprämien zahlen und außerdem den dänischen Sundzoll[24] entrichten. Als es dann im Frühjahr 1848 nach Zusammenstößen zwischen deutschsprachigen und dänischen Nationalisten im gemischtsprachigen Schleswig zu einem Aufstand gegen Dänemark kam, unterstützten mehrere deutsche Staaten die Schleswig-Holsteiner im Kampf gegen die dänische Armee und der Deutsche Bund erklärte Dänemark den Krieg. Die Beschlagnahmung preußischer Schiffe durch Dänemark am 14. April 1848 machte die deutsche Verwundbarkeit deutlich. Innerhalb kurzer Zeit kam es zu Bildung von Flottenvereinen, Ausschüssen und Kommissionen, um die Mittel für eine deutsche Flotte aufzubringen und ihre Aufstellung vorzubereiten. Am 18. April 1848 bildete der Bundestag einen Marineausschuss mit den Gesandten Preußens, Hannovers, Mecklenburgs, Oldenburgs, Hamburgs, Bremens und Lübecks; im Mai setzte auch die Nationalversammlung einen gleichartigen Ausschuss ein, der Pläne zum Aufbau einer Flotte, ihrer Funktionen, einen Stufenplan zum Bau von Schiffen und zur Finanzierung zu erarbeiten hatte. Der Ausschussbericht wurde am 14. Juni 1848 mit nahezu allen Stimmen der Nationalversammlung in Frankfurt angenommen; es wurde beschlossen, ein Reichsministerium der Marine zu schaffen. Der 14. Juni 1848 gilt somit als Gründungsdatum der ersten gesamtdeutschen Marine, die ab November 1848 die schwarz-rot-goldene Flagge führte, der parlamentarischen Kontrolle unterstand und als Bündnisstreitkraft geplant worden ist. Daher führt auch die heutige Deutsche Marine ihre Wurzeln auf dieses Datum zurück. Nach umfangreichen Abstimmungen, Vereinbarungen zur Finanzierung und Entscheidungen zur Stellenbesetzung der Führungspositionen konnten der Aufbau der Flotte, die Anwerbung des Personals sowie die Zusammenziehung der Schiffe innerhalb weniger Monate erfolgen[25]. Am 05. April 1849 wurde Bremerhaven als Sitz des Oberbefehlshabers, der Seezeugmeisterei, des Kommandos und der Verwaltung festgelegt, vereinigt mit Werften und Arsenalen. Zum Oberbefehlshaber wurde Karl Rudolf Bromme, genannt Brommy, ernannt, der zuvor als Korvettenkapitän in griechischen Diensten gestanden hatte und im November zum Konteradmiral[26] befördert wurde.

Flagge der Reichsflotte 1848-1852

Konteradmiral Karl Rudof Brommy

Die Reichsflotte vor Bremerhaven 1850:
von links die Schiffe Deutschland, Hamburg, Bremen, Lübeck, Barbarossa,
Der königliche Ernst August, Hansa

Wilhelmshaven / Kiel

Der Widerstand der Matrosen

Im zweiten Halbjahr 1918 entwickelte sich die militärische Lage Deutschlands zunehmend schlechter, eine Niederlage nach vier Jahren Krieg erschien unausweichlich. Deutschlands Verbündete kapitulierten oder standen vor dem Zusammenbruch; das Deutsche Heer wurde an allen Fronten zum Rückzug gezwungen; die Marine war durch die permanente Blockade der britischen Flotte in ihren Stützpunkten gebunden und konnte keinen Beitrag leisten, die Niederlage abzuwenden. In der Flotte entwickelte sich in der Monotonie und Enge des Bordlebens, gefördert durch übertriebene Disziplin und schlechte Versorgung, ein spannungsgeladenes Klima zwischen Vorgesetzten und Untergebenen, das immer häufiger zu Fällen von Ungehorsam und Meuterei führte. Der Kaiser erschien machtlos und wurde von Generalfeldmarschall von Hindenburg und Generaloberst Ludendorff gedrängt, eine neue Reichsregierung mehrheitlich aus Sozialdemokraten und liberalen Kräften zu bilden. Sie musste umgehend Waffenstillstandsverhandlungen aufnehmen und Vertrauen in der Öffentlichkeit zurückgewinnen. Während die neue Reichsregierung unter Kanzler Prinz Max von Baden die Waffenstillstandsbedingungen verhandelte, entwickelte die Marineführung eigenmächtig und ohne Abstimmung einen Operationsplan, der die überlegene Royal Navy vor Flandern und in der Themse-Mündung zu einer letzten Entscheidungsschlacht zwingen sollte, um so eine schmachvolle Auslieferung der Flotte an die Alliierten zu vermeiden. Als diese „Rebellion der Admiräle" auf den auf Schilling-Reede vor Wilhelmshaven liegenden Schiffen bekannt wurde, begannen am 27. Oktober 1918 die ersten Einheiten die Befehle zu verweigern. Das untergrabene Vertrauen zwischen Mannschaften und Offizieren, die ausgeprägte Kriegsmüdigkeit und die deutliche Illoyalität der Marineführung gegenüber der Regierung feuerten innerhalb weniger Tage den Widerstand an, der auch durch drakonische Strafmaßnahmen der Seekriegsleitung nicht eingedämmt wurde. Durch Verlegung des III. Geschwaders der Hochseeflotte nach Kiel sollte die Lage in Wilhelmshaven entspannt werden, eskalierte aber, als die Verhaftung von meuternden Rädelsführern bekannt wurde und sich Kieler Matrosen und Werftarbeiter solidarisierten. Ab 1. November kam es in Kiel zu Demonstrationen, Zusammenstößen, der Bildung von Räten und einem improvisierten Notstandsregime. Aus dem Widerstand der Matrosen und der Revolte der Flotte entwickelte sich binnen weniger Tage in ganz Deutschland eine Revolution, die den Kaiser zur Abdankung zwang und den Weg in eine parlamentarische Demokratie öffnete.

Aus heutiger Sicht – ohne eine zwischenzeitliche ideologische Vereinnahmung – war die Masse der Matrosen demokratisch gesinnt; mit ihren Forderungen nach freien Wahlen, politischer Beteiligung und Meinungsfreiheit zeigten sie eine auch heute beachtenswerte Zivilcourage, Eigeninitiative und Entschlossenheit.

Demonstration der Matrosen am 03.11.1918

14 Punkte Forderungen des Sol-
datenrats in der Schleswig-
Holsteinischen Volkszeitung am
05.11.1918

Skulptur „Erinnerung an
Ereignisse im November
1918" im Ratsdienergarten in
Kiel von Hans-Jürgen
Breuste (1933-2012),
Granit und Cor-Ten-Stahl

Claus Schenk Graf von Stauffenberg

Claus Philipp Maria Schenk Graf von Stauffenberg (geb. am 15. November 1907 auf Schloss Jettingen (Bayern), hingerichtet am 20./21. Juli 1944 in Berlin) war der dritte Sohn von Alfred Schenk Graf von Stauffenberg und Caroline, geborene Gräfin von Üxküll-Gyllenband, und entstammt einer alteingesessenen Adelsfamilie mit weitreichenden familiären Verbindungen. Seine Kindheit erlebte er vorwiegend in Stuttgart, wo er während seiner Schulzeit am Eberhard-Ludwigs-Gymnasium sich der Bündischen Jugend anschloss und Zugang zu einem Dichterkreis um Stefan George fand. Nach dem Abitur trat Stauffenberg als Fahnenjunker in die Reichswehr ein und absolvierte anschließend die Offizierausbildung in Dresden und Hannover, die er 1930 als Jahrgangsbester abschloss. Politisch stand er in dieser Zeit den Kreisen um die Konservative Revolution nahe, die zwar den aufkommenden Nationalsozialismus verachteten, gleichwohl zahlreiche antidemokratische Übereinstimmungen hatten[27]. Ab 1936 wurde er an der Kriegsakademie in Berlin zum Generalstabsoffizier ausgebildet. Ab 1938 war er Zweiter Generalstabsoffizier im Stab von Generalleutnant Erich Hoepner, mit dem er an der Besetzung des Sudetenlandes und mit Kriegsbeginn Polens teilnahm. Aus dieser Zeit sind Äußerungen zur Rassenpolitik und zum Antisemitismus überliefert, die historisch kritisch bewertet werden. Ab 1940 hatte er erste Kontakte zu Offizieren[28], die einen Umsturz anstrebten, lehnte aber eine Mitwirkung wegen seines Eides auf Hitler als Staatsoberhaupt ab. Er durchlief mehrere Generalstabsverwendungen in Divisionen und dem Oberkommando des Heeres, bis er im März 1943 nach Nordafrika versetzt wurde. Im April 1943 wurde er in Tunesien durch einen britischen Tieffliegerangriff schwer verwundet; er überlebte[29] und ließ sich nach Berlin versetzen, wo er nun bewusst den Kontakt zu Hitlergegnern um General Olbricht und im Kreisauer Kreis suchte. Durch die Erfahrung der Verbrechen der nationalsozialistischen Politik und Staatsführung sowie nach der Lagebeurteilung, dass nach der Invasion der Alliierten eine Niederlage unausweichlich sei, hielt er die Fortführung des Krieges für unverantwortlich. Das gemeinsame Ziel der Widerständler war die schnelle Beendigung des Krieges und der Judenverfolgung sowie die Wiederherstellung eines Rechtsstaats wie vor 1933[30]. Stauffenberg hielt die gewaltsame Beseitigung des nationalsozialistischen Regimes und aller seiner Gliederungen für die primäre Aufgabe. Ab Juni 1944 konnte er als Chef des Stabes von Generaloberst Fromm von zentraler Stelle aus die Umsturz- und Attentatspläne auf Basis eines geänderten Operationsplans Walküre[31] erarbeiten. Stauffenberg hatte als Chef des Stabes beim Befehlshaber des Ersatzheeres häufigen Zugang zu Hitler und den weiteren NS-Machthabern; so fiel ihm die Rolle des Attentäters zu. Nach zwei vorherigen nicht nutzbaren Gelegenheiten fand das Attentat schließlich am 20. Juli 1944 im Führerhauptquartier Wolfsschanze statt; es misslang.

Schloss Jettingen
bei Augsburg

Gedenkstein auf dem
Alten –St.- Martthäus-Kirchhof
Berlin Schönefeld

Claus Schenk Graf von Stauffenberg, 1943

Die Verschwörer wurden verhaftet, sie und Graf Stauffenberg noch in der Nacht im
Hof des Bendlerblocks in Berlin standrechtlich erschossen.

Die Bewertung der Entwicklung Stauffenbergs und seines Handelns bei der Vorbereitung und Durchführung des Attentats zeigt Brüche und Fehler auf, aber er ist seinem
Gewissen gefolgt, hat Tatkraft und Prinzipientreue bewiesen, indem er den entscheidenden Beitrag geleistet hat.

Das Attentat vom 20. Juli 1944 ist als der bedeutendste Umsturzversuch[32] des militärischen Widerstands zu bewerten.

Bendlerblock: Gedenkstätte Deutscher Widerstand

Der Gebäudekomplex im Ortsteil Tiergarten an der Bendlerstraße, heute Stauffenbergstraße, war ab 1911 als Sitz der obersten Dienststelle der Kaiserlichen Marine errichtet worden und seit 1920 gemeinsamer Sitz der Kommandobehörden von Reichswehr und Reichsmarine. Bis 1938 entstanden mehrere Erweiterungsbauten, die zusammen als Bendlerblock bezeichnet wurden und in denen neben anderen Dienststellen und Ämtern das Allgemeine Heeresamt und der Befehlshaber des Ersatzheeres im OKH sowie das Amt Ausland/Abwehr im OKW ihren Sitz hatten. Bereits vor 1938 bildete sich im Amt Ausland/Abwehr um General Hans Oster eine erste Widerstandsgruppe, die die Ablösung des nationalsozialistischen Regimes im Zuge der Sudetenkrise plante. In den 1940er Jahren erarbeitete eine Gruppe um General der Infanterie Friedrich Olbricht einen Plan zur Entmachtung Hitlers und seiner Gefolgschaft. In dieser Gruppe nahm Graf von Stauffenberg als Chef des Stabes beim Befehlshaber des Ersatzheeres, Generaloberst Friedrich Fromm, eine zentrale Rolle ein; ihm fiel am 20. Juli 1944 die Rolle des Attentäters zu. Nach dem Scheitern des Umsturzversuchs wurden die im Bendlerblock angetroffenen Offiziere des Widerstands verhaftet. Noch in der Nacht zum 21. Juli wurden im Innenhof General Olbricht, Graf Stauffenberg, Oberst Ritter Mertz von Quirnheim und der Adjutant Stauffenbergs, Oberleutnant von Haeften, standrechtlich erschossen.

Nach dem Krieg richtete 1952 der Regierende Bürgermeister Ernst Reuter zum Gedenken an die Widerstandskämpfer im Innenhof eine Gedenkstätte mit der Bronzefigur des Künstlers Richard Scheibe „Junger Mann mit gebundenen Händen" und der Widmung „Ihr trugt die Schande nicht, Ihr wehrtet Euch, Ihr gabt das große ewig wache Zeichen der Umkehr, opfernd Euer heißes Leben für Freiheit, Recht und Ehre." 1968 wurde im Innern des Gebäudes eine Ausstellung eröffnet, die 1983 im Auftrag des Regierenden Bürgermeisters Richard von Weizsäcker als Dauerausstellung „Gedenkstätte Deutscher Widerstand" in den historischen Räumen des Widerstands ihren Platz fand. Gegliedert in 18 Themenbereiche dokumentiert die Ausstellung die gesamte soziale Breite und weltanschauliche Vielfalt des Kampfes gegen die nationalsozialistische Diktatur. Sie stellt die Lebensschicksale der Akteure und die Netzwerke sowohl der Arbeiterbewegung, der religiösen Kreise als auch der Künstler und Intellektuellen dar.

Wegen der herausragenden Bedeutung des militärischen Widerstands und der Verpflichtung, in der sich die Bundeswehr in der Wahrung seiner Tradition sieht, hat sich der Bundesminister der Verteidigung 1993 für den Bendlerblock als seinen Berliner Dienstsitz entschieden. Seit 2012 findet am 20. Juli alle zwei Jahre[33] auf dem Paradeplatz des Bendlerblocks ein öffentliches Feierliches Gelöbnis statt.

Bendlerblock am
Reichpietschufer 74/76

Innenhof mit der Bron-
zefigur „Junger Mann
mit gebundenen Hän-
den" von Richard
Scheibe

Ehrenwache des Wach-
bataillons vor der Tafel
mit den Namen der
Hingerichteten

Das Bundeshaus

Mit den Sitzungen des Parlamentarischen Rates begann im September 1948 die Geschichte der Gebäude zwischen Rhein und Görresstraße als Zentrum der deutschen Demokratie. Der Gebäudekomplex war von 1930 an als Neubau der Pädagogischen Akademie Bonn errichtet worden und bot nun mit seiner Aula und den Hörsälen ausreichend Platz für den Verfassungskonvent. Während der Bewerbung Bonns 1949 als „Hauptstadt" erweiterte die Stadt den Bau um einen Plenarsaal und ließ den Komplex insgesamt zum Parlamentsgebäude umbauen und erweitern. Am 10. Mai 1949 wurde Bonn zum vorläufigen Sitz der Bundesorgane ernannt, und in dem nun offiziell als Bundeshaus bezeichneten Gebäude tagten der Deutsche Bundestag erstmals am 07. September 1949 im neuen Plenarsaal und der Bundesrat in der umgebauten Aula. Der Bundesrat erhielt im noch 1949 neugebauten Nordflügel weitere Sitzungssäle und Büros. In den folgenden Jahren erfolgten zahlreiche bauliche Erweiterungen[34], Umbauten und Renovierungen, die das Gesicht des Regierungsviertels bis in die 1990er Jahre prägten. 1986 entschied sich der Bundestag für einen Neubau des Plenarsaals und den Abriss des zwischenzeitlich denkmalgeschützten Saals von 1949[35]. Der Neubau erfolgte von 1988 bis 1990[36]; das Parlament tagte während der Bauzeit in dem umgebauten ehemaligen Pumpenhaus des benachbarten Wasserwerks, bis der neue Plenarsaal ab September 1993 für regelmäßige Sitzungen zur Verfügung stand. Nachdem noch im Wasserwerk am 20. Juni 1991 die Entscheidung gefallen war, die Verfassungsorgane nach Berlin zu verlegen, fand am 01. Juli 1999 anlässlich der Vereidigung von Bundespräsident Johannes Rau die letzte Sitzung des Parlaments im Plenarsaal statt. Am 27. September 1996 beschloss auch der Bundesrat seinen Umzug nach Berlin, die letzte Plenarsitzung der Länderkammer erfolgte in Bonn am 14. Juli 2000.

Heute ist der Gebäudekomplex nach weiteren Umbauten wieder in Besitz der Stadt Bonn, die ihn als World Conference Center Bonn (WCCB) nutzt und den Vereinten Nationen als Sitz mehrerer Organisationen zur Verfügung stellt[37].

Im Bundeshaus sind alle parlamentarischen Entscheidungen zur Wiederbewaffnung Deutschlands und zum Aufbau der Bundeswehr gefallen. Die Beratungen und Lesungen der Gesetze waren insbesondere 1956 zum Soldaten- und zum Wehrpflichtgesetz sowie zur Wehrbeschwerdeordnung intensiv und von Verantwortungsbewusstsein getragen, dabei oft auch leidenschaftlich und kontrovers. Die Debatten und Entscheidungen in beiden Häusern und auch die im Verteidigungs- und im Haushaltsausschuss haben die Bundeswehr als Parlamentsarmee ausgestaltet und geprägt.

Bundeshaus 1961; Plenarsitzung des Bundestages im Januar 1952

Der Bundestag im Wasserwerk, Staatsakt für Bundesminister Dr. Gerhard Schröder am 12.01.1990

Neubau des Bundestages 1993

Ermekeilkaserne

Die ab 1883 für das 2. Rheinische Infanterie-Regiment Nr. 28 erbaute Ermekeilkaserne war ein ausgedehnter Komplex, der bis 2013 von militärischen Dienststellen genutzt wurde. Heute gehört das Gelände mit seinen denkmalgeschützten Gebäuden der Stadt Bonn, die dort mit Hilfe eines Vereins zivile Nutzungsprojekte anzusiedeln sucht.

Im Oktober 1950 wurde in der Kaserne die Dienststelle des „Bevollmächtigten des Bundeskanzlers für die mit der Vermehrung der alliierten Truppen zusammenhängenden Fragen" eingerichtet, die nach ihrem Leiter Theodor Blank[38] auch als Amt Blank bezeichnet wurde. Bundeskanzler Konrad Adenauer hatte im Zuge der sich verschärfenden Ost-West-Konfrontation mit Duldung der West-Alliierten frühzeitig begonnen, Vorkehrungen für eine sicherheitspolitische Positionierung Deutschlands zu treffen[39]. Die im Amt Blank versammelten juristischen und militärischen Experten erarbeiteten unter Auswertung der eigenen Erfahrungen neue Organisationsformen, Strukturen und Vorschläge für einen zukünftigen militärischen Beitrag Deutschlands, der entgegen der offiziellen Politik der Entmilitarisierung mit Beginn des Korea-Krieges vornehmlich von den USA gefordert wurde. Herausragende Mitarbeiter[40] waren die ehemaligen Generäle Adolf Heusinger und Dr. Hans Speidel sowie der Jurist Ernst Wirmer, der das Konzept der organisatorischen Trennung von Truppe und Zivilverwaltung als Element einer demokratischen Wehrverfassung entwickelte. Nach der Anerkennung der Souveränität der Bundesrepublik am 5. Mai 1955 wurde das Amt am 7. Juni 1955 zum Bundesverteidigungsministerium umgegliedert und Theodor Blank zum ersten Verteidigungsminister ernannt. Als solcher übergab er am 12. November 1955, am 200. Geburtstag Scharnhorsts, in der geschmückten Fahrzeughalle der Ermekeilkaserne den ersten 101 Soldaten der Bundeswehr ihre Ernennungsurkunden[41]. 1960 wurde dem Bundesverteidigungsministerium die Bonner Hardthöhe als Hauptsitz zugewiesen und der Umzug eingeleitet. In der Ermekeilkaserne verblieben noch bis zu ihrer endgültigen Aufgabe 2013 einzelne ausgelagerte militärische Dienststellen und das Bundesamt für Wehrverwaltung.

Die Ermekeilkaserne war in der Vorbereitungszeit einer deutschen Wiederbewaffnung und in der frühen Geschichte der Bundeswehr der zentrale Ort, an dem die wichtigsten Entscheidungen vorbereitet und formuliert wurden:

Die Kaserne ist der „Geburtsort" der Bundeswehr.

Die Ermekeilkaserne
ca. 1958

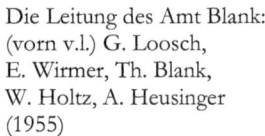

Die Leitung des Amt Blank:
(vorn v.l.) G. Loosch,
E. Wirmer, Th. Blank,
W. Holtz, A. Heusinger
(1955)

Übergabe der Ernen-
nungsurkunden an die
ersten 101 Soldaten am
12.11.1955

47

Die Himmeroder Denkschrift

Bundeskanzler Konrad Adenauer hatte im Mai 1950 den ehemaligen General Gerhard Graf von Schwerin zum Militär- und Sicherheitspolitischen Berater und zum Leiter einer geheimen Dienststelle unter dem Tarnnamen „Zentrale für Heimatdienst" ernannt sowie ihn mit der Planung einer „mobilen Bundesgendarmerie" beauftragt. Gleichzeitig führten die Verschärfung des Ost-West-Konflikts und der Aufbau bewaffneter Kräfte auf dem Gebiet der sowjetischen Besatzungszone zu immer dringlicheren Forderungen der Westalliierten[42] nach einem militärischen Beitrag der Bundesrepublik zur Sicherung Europas. Um ein Expertengremium für die zukünftigen Verhandlungen mit den Alliierten verfügbar zu haben, wurden von Graf Schwerin ehemalige Spitzenmilitärs ausgewählt, die politisch unbelastet waren und möglichst Verbindungen zum Widerstand gehabt hatten, und zu einer Tagung am 5.-9. Oktober 1950 in das Eifelkloster Himmerod eingeladen. Die 15 Teilnehmer[43] bildeten vier Ausschüsse: einen Militärpolitischen Ausschuss, einen Allgemeinen Ausschuss, einen Organisationsausschuss und einen Ausbildungsausschuss. Als Sekretär der Tagung fungierte Graf von Kielmansegg, der auch die Schlussredaktion der entstandenen Denkschrift vornahm, der alle Teilnehmer zustimmten.

Die Denkschrift beschreibt die Aufstellung eines deutschen Kontingents im Rahmen einer übernationalen Streitmacht zur Verteidigung Westeuropas und die Konzepte der Inneren Führung und des Staatsbürgers in Uniform. Sie gliedert sich in fünf Abschnitte: 1. Militärpolitische Grundlagen und Voraussetzungen[44], 2. Grundlegende Betrachtungen zur operativen Lage der Bundesrepublik, 3. Organisation des deutschen Kontingents, 4. Ausbildung und 5. Das innere Gefüge. Der erste Abschnitt beschreibt die politischen, gesellschaftlichen und militärischen Voraussetzungen eines deutschen Wehrbeitrags und definiert die Rolle des deutschen Kontingents, die Größe der aufzustellenden Truppenkörper sowie den Geltungsbereich der alliierten Sicherheitsgarantie. Der zweite Abschnitt geht von der sowjetischen Bedrohung aus und bewertet diese im Vergleich mit den westlichen Verteidigungsmöglichkeiten. Der Abschnitt definiert drei strategische Schlüsselzonen zur Verteidigung Europas und leitet die Forderung einer flexiblen Verteidigung mit offensiven Elementen ab[45]. Im dritten Abschnitt werden der Umfang, die Gliederung und Ausrüstung sowie die Führungsorganisation der deutschen Streitkräfte mit dem Bundespräsidenten als Oberbefehlshaber dargestellt. Der Abschnitt Ausbildung reflektiert die Personalkapazität nach dem Krieg und schlägt die enge Anlehnung an die Alliierten sowohl personell als auch inhaltlich vor. Der Abschnitt zum inneren Gefüge umfasst die grundlegenden Reformen ohne Anknüpfung an Formen der Wehrmacht, die staatsbürgerliche und rechtliche Stellung des Soldaten und die ethischen Inhalte von Eid, Soldatenpflichten und Wehrdienst.

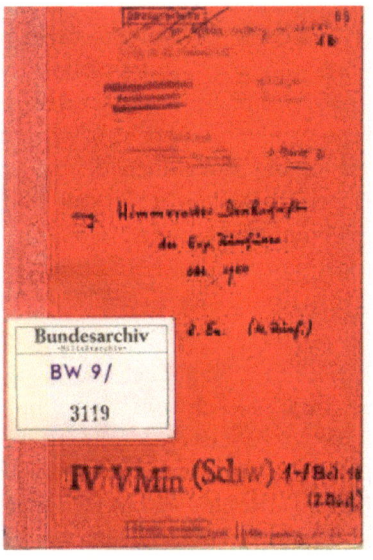

Die Himmeroder Denkschrift

Johann A. Graf von Kielmansegg (1967)

Die Denkschrift ist politisch umstritten und auch inhaltlich mit viel Kritik und teilweiser Ablehnung aufgenommen worden. Gleichwohl ist die Denkschrift das entscheidende Grundlagendokument der Gründung der Bundeswehr; ihre richtungweisenden Forderungen und Reformen, insbesondere der demokratischen Prinzipien, haben sich bewährt.

Hofgeismar, Trier, Stade

Die Väter der Inneren Führung

Bei der Tagung im Kloster Himmerod im Oktober 1950 war die Ausgestaltung des zukünftigen inneren Gefüges der deutschen Streitkräfte einer der bedeutendsten Themenkomplexe. Man war sich einig, dass die Voraussetzungen für den Neuaufbau von denen der Vergangenheit grundverschieden waren und, dass Neues ohne Anlehnung an Formen der alten Wehrmacht zu schaffen sei. Von diesem Prinzip waren insbesondere J. Adolf Graf von Kielmansegg und Wolf Graf Baudissin überzeugt, die in Ulrich de Maizière einen dritten Protagonisten der ethisch und demokratisch fundierten Neuausrichtung fanden und diese dann in der Folgezeit konsequent und auch gegen Widerstände umsetzten. Ihre drei Geburtsorte begründen zwar eine landsmannschaftliche Verschiedenheit, in der Bewertung und Umsetzung der neuen Aufgabe bestand aber Einigkeit[46].

Johann Adolf Graf von Kielmansegg (* 30.12.1906 in Hofgeismar, † 26.05.2006 in Bonn) war seit 1926 Soldat. Im Zweiten Weltkrieg war er nach verschiedenen Truppen- und Frontverwendungen 1942-1944 als Oberst i.G. im Oberkommando der Wehrmacht. Nach dem Attentat vom 20. Juli 1944 wurde er kurzzeitig als Mitverschwörer verhaftet; nach seiner Freilassung übernahm er das Kommando über ein Panzergrenadierregiment. Nach britisch/amerikanischer Gefangenschaft war er Journalist und Verlagskaufmann[47]. Im Herbst 1950 bearbeitete er die Himmeroder Denkschrift, wurde anschließend in das Amt Blank berufen und als Unterabteilungsleiter auch deutscher Delegierter bei den Verhandlungen zur EVG und den Pariser Verträgen. 1955 wurde er als Brigadegeneral übernommen. In den Folgejahren wechselten NATO-Verwendungen[48] und Führungsaufgaben in Divisionen und Korps. Von März 1967 bis zum Dienstende 1968 übernahm er als CINCENT den Oberbefehl über die Alliierten Streitkräfte in Europa.

Wolf Stefan Traugott Graf von Baudissin (* 08.05.1907 in Trier, † 05.06.1993 in Hamburg) studierte nach dem Abitur mehrere Semester Jura, Geschichte, Nationalökonomie und Landwirtschaft, konzentrierte sich aber ab 1930 auf eine militärische Laufbahn, in der er Generalstabsoffizier und dann als Hauptmann zum Afrika-Korps versetzt wurde. 1941 geriet er in britisch/australische Gefangenschaft, baute im Lager eine „Gefangenenuniversität" auf und hielt Vorlesungen über Taktik, Kriegsgeschichte und kunsthistorische Themen[49]. Dort verfasste er eine Studie zum Ost-West Verhältnis als deutsch-europäischer Schicksalsfrage. 1947 entlassen, kam er 1950 in Kontakt zur Dienstelle des Grafen Schwerin und wurde zur Tagung nach Himmerod eingeladen. 1951 trat er in das Amt Blank ein und wurde 1956 als Oberst in die Bundeswehr übernommen. 1958-1961 kommandierte er eine Kampfgruppe und wechselte dann in NATO Verwendungen[50]. Nach seiner Pensionierung als Generalleutnant 1967 wurde Baudissin politisch[51] und wissenschaftlich tätig, 1971-1984 war Professor, ab 1980 auch Dozent an der Bundeswehruniversität Hamburg.

50

Die Generalleutnante de Maizière und
Baudissin und General von Kielmansegg
1965 bei der Verleihung des
Freiherr-vom-Stein-Preises. (v.l.)

HANDBUCH
INNERE FÜHRUNG

Karl Ernst Ulrich de Maizière (*24.02.1912 in Stade, † 26.08.2006 in Bonn) trat 1930 in die Reichswehr ein, durchlief die Offizierausbildung als Lehrgangsbester, wurde nach dem Polenfeldzug zum Generalstabsoffizier ausgebildet und bis 1942 an der Ostfront eingesetzt. Während einer Verwendung im OKH arbeitete er 1942/1943 zusammen mit Generalmajor Heusinger und Major Graf von Kielmansegg. Bis Februar 1945 nahm er an den Kämpfen der Kursker Offensive teil und wurde anschließend Operationschef im OKH. Das Kriegsende erlebte de Maizière in Flensburg, wo er in britische Gefangenschaft kam. 1947 entlassen, machte er eine Ausbildung zum Buchhändler und wurde auf Vorschlag von Graf von Kielmansegg 1951 Mitarbeiter im Amt Blank, Delegationsmitglied bei den Verhandlungen zur EVG und Referent für „Militärische Fragen im Gesamtrahmen". Am 12. November 1955 wurde er als Oberst in die Bundeswehr übernommen und diente später auch als Brigade- und stv. Divisionskommandeur. 1960 wurde de Maizière Kommandeur der Schule für Innere Führung und ab 1962 der Führungsakademie. Er wurde als Generalleutnant 1964 Inspekteur des Heeres und 1966 Generalinspekteur. In seiner Amtszeit[52] wurden zahlreiche einschneidende Reformen im Personal- und Materialwesen umgesetzt, die Universitäten der Bundeswehr gegründet, die Stabsoffizierausbildung um sozialwissenschaftliche Anteile erweitert und schließlich 1970 mit dem Blankeneser Erlass der Generalinspekteur als Gesamtverantwortlicher für die Bundeswehrplanung definiert. Am 31. März 1972 trat General de Maizière in den Ruhestand[53].

Laboe

Das Marine-Ehrenmal

Geprägt von der Erinnerung an den Ersten Weltkrieg und zur Ehrung der fast 35.000 auf See gebliebenen Kameraden erfolgte im August 1927 die Grundsteinlegung für eine offizielle Gedenkstätte an die gefallenen deutschen Marinesoldaten unmittelbar am Ufer der Förde. Unterstützt von der Stadt Kiel wurde nach einem Architektenwettbewerb vom Deutschen Marinebund der expressionistische Entwurf von Gustav A. Munzer ausgewählt, der „ein Bauwerk, mit der Erde und der See fest verwurzelt und gen Himmel steigend wie eine Flamme" konzipiert hatte[54] und den ersten Bauabschnitt bereits 1929 abschließen konnte. Durch Geldmangel zu Beginn der Weltwirtschaftskrise musste der vorwiegend durch Spenden finanzierte Bau jedoch bis 1933 unterbrochen werden. Am 30. Mai 1936 konnte das Ehrenmal schließlich mit einer Flottenparade und Ehrensalut eingeweiht[55] werden. Im Zweiten Weltkrieg erlitt das Bauwerk nur geringe Schäden und wurde von der britischen Besatzungsmacht 1945 beschlagnahmt. Der Alliierte Kontrollrat bewertete das Denkmal 1946 trotz der zwischenzeitlichen Vereinnahmung durch die Nationalsozialisten nicht als NS-Denkmal und übergab es treuhänderisch an den Bürgermeister von Laboe, bis es der wieder gegründete Marinebund 1954 übernehmen konnte. Dieser veranlasste mit ausschließlich eigenen Mitteln 1993-1998 eine Grundrenovierung der gesamten Anlage. Sie besteht heute aus dem 72 m hohen Turm, dem Innenhof, einer als Marine-Museum genutzten historischen Halle und einer unterirdisch angelegten Gedenkstätte[56]. Am Strand vor dem Marine-Ehrenmal befindet sich seit 1972 das U-Boot U 995 als Denkmal für die Toten der U-Boot-Waffe und als technisches Museum.

Nach der ersten Widmung 1927 für die deutschen Kriegstoten wurde bei der Wiedereröffnung des Ehrenmals 1954 auch der Toten der ehemaligen Kriegsgegner gedacht. Seit 1996 ist der Ehrenmal-Komplex eine Gedenkstätte für die auf See Gebliebenen aller Nationen und Mahnmal für eine friedliche Seefahrt auf freien Meeren. In der Eingangshalle wurden ergänzende Widmungen platziert, rechts für die Toten der zivilen Schifffahrt und Seedienste, links zu Ehren der Angehörigen der deutschen Marine, die seit 1955 in Ausübung ihres Dienstes ihr Leben ließen.

Wenn Schiffe das Ehrenmal passieren, ist es internationaler Brauch, eine Ehrenbezeugung zu erweisen: Handelsschiffe „dippen" ihre Flagge, Marineschiffe erweisen die Ehrenbezeugung „Front".

Flottenparade und Ehrensalut
am 30.05.1936

Das Marine-Ehrenmal mit Innenhof
(2010)

Ehrenbezeugung „Front"
auf einem US Flugzeugträger

Paris, Quai d'Orsay

Die Pariser Verträge

Nach dem Scheitern des Deutschlandvertrages und des EVG-Vertrages im August 1954 gelang es dem britischen Außenminister Anthony Eden, Alternativpläne vorzubereiten, auf einer Neun-Mächte-Konferenz in London zu beraten und in Vertragsform zu bringen. Das Ergebnis fasste die „Londoner Akte" zusammen, die nach vier Außenministerkonferenzen[57] am 19.-23. Oktober 1954 im französischen Außenministerium in Paris abschließend beraten wurde. Das Vertragswerk umfasst insgesamt elf Verträge und Abkommen. Als wichtigste erscheinen der Generalvertrag zur Aufhebung des Besatzungsregimes und die Zuerkennung der Souveränität der Bundesrepublik in inneren und äußeren Angelegenheiten, der Vertrag zum Beitritt zur Westeuropäischen Union und der zum Beitritt zur NATO, der Stationierungsvertrag ausländischer Streitkräfte in der Bundesrepublik sowie ein deutsch-französisches Abkommen zum Saar-Statut. Die Verträge wurden am 23. Oktober 1954 von Großbritannien, Frankreich, den Benelux-Staaten, Deutschland und Italien in Paris unterzeichnet.

Die Beitrittsverträge zu WEU und NATO haben für die Bundeswehr eine grundlegende Bedeutung: Die Bundeswehr ist so von Anfang an als Bündnisarmee aufgebaut, organisiert und ausgerichtet worden. Durch die Verträge wurde die Bundesrepublik in das System der gegenseitigen militärischen Hilfeleistung einbezogen und als gleichberechtigter Partner anerkannt. Die Festlegung von Obergrenzen für die Streitkräfte schuf ein System der Rüstungskontrolle; gleichzeitig erklärte Deutschland den Verzicht auf ABC-Waffen. Alle Streitkräfte der NATO-Mitgliedsstaaten wurden dem Obersten Alliierten Befehlshaber in Europa (SACEUR) unterstellt.

Noch während der Unterzeichnung der Verträge und der Ratifizierung schlug die Sowjetunion in mehreren Noten die Aufnahme von Viermächte-Konferenzen zur deutschen Einheit vor[58]. Der SPD-Vorsitzende Erich Ollenhauer verlangte, auf die Vorschläge der Sowjetunion einzugehen, da sonst die Spaltung Deutschlands festgeschrieben werden würde. Er konnte sich jedoch nicht durchsetzten, da auch alle westlichen Regierungen die Noten als sowjetische Stör- und Täuschungsmanöver ablehnten. Der Deutsche Bundestag stimmte den Verträgen gegen die Stimmen der SPD am 27. Februar 1955 zu, der Bundesrat am 18. März 1955. Damit konnte der Deutschlandvertrag am 05. Mai 1955 in Kraft[59] treten und die Bundesrepublik einen Tag später Mitglied der WEU und der NATO werden.

Das französische Außenministerium
am Quai d'Orsay in Paris

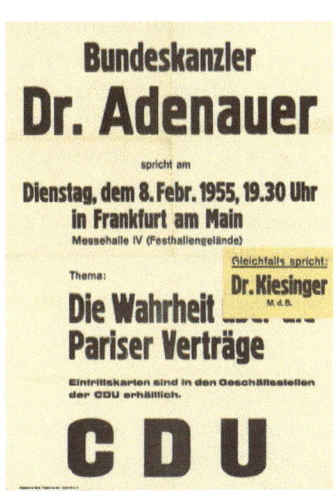

Bundeskanzler Adenauer spricht am
16.12.1954 zum Bundestag bei der
ersten Lesung der Ratifizierung der
Pariser Verträge

Die neuen Uniformen

Die Entscheidung über das Erscheinungsbild der neuen Armee war von Anfang an hochpolitisch. Nach dem Soldatengesetz § 4, Abs. 3(3) vom 19.03.1956 bestimmt der Bundespräsident das Aussehen der Uniform. Im Amt Blank hatte man sich daher bereits frühzeitig intensive Gedanken über die verschiedenen Uniformen der Teilstreitkräfte gemacht, wobei schnell Einigkeit erzielt wurde, dass sie nicht an die der Wehrmacht erinnern sollten. Im Zusammenhang mit den Verhandlungen zur EVG waren die ersten Vorschläge, Schnitte und Farben sehr angloamerikanisch und französisch geprägt: Man plante sogar eine europa-einheitliche Uniform. Nach dem Scheitern der EVG war diese Planung hinfällig, und es wurde eine Uniform konzipiert, die einerseits nicht an früher anknüpfte, andererseits aber auch keine Kopie der amerikanischen und britischen Uniformen darstellte. Man entschied sich für eine schiefergraue Uniform in zweireihigem Schnitt mit altgoldenen Dienstgradabzeichen und metallenen Truppengattungsabzeichen am Kragenspiegel. Diese Uniform wurde Mitte Juli 1955 von jungen Beamten des Bundesgrenzschutzes im Bundeshaus der Bundesregierung und der Öffentlichkeit vorgestellt und von den ersten 101 Soldaten getragen, die am 12. November 1955 in der Ermekeil-Kaserne ernannt wurden. Heer, Luftwaffe und Marinelandeinheiten sollten eine einheitliche Uniform in gleicher Farbe tragen, während die Marine ihre traditionelle Uniform mit geringen Änderungen behielt, da sie ein ursprünglich britisches Vorbild hat.

Dieses erste Uniformkonzept wurde jedoch von der Truppe nicht angenommen: Der Schnitt, insbesondere der sog. kurzen Affenjacken, war unbequem, die Farbe wurde als hässlich empfunden, und die Stoffe waren teilweise ungeeignet. Ab 1957 arbeitete man daher an neuen Uniformen, die schließlich 1962 eingeführt wurden. Der Grundschnitt war einreihig mit vier aufgesetzten Taschen, die Ärmel hatten Aufschläge. Die Jacketts des Heeres waren nun hellgrau mit gestickten farbigen Kragenspiegeln und die Hosen anthrazitfarben und anfänglich mit Biesen in der Truppengattungsfarbe. Die Luftwaffe erhielt ihre Uniform in dunkelblauem Stoff. Dieses für den Ausgeh- und den Dienstanzug geltende Konzept und sein Erscheinungsbild sind seither nicht wesentlich verändert worden: es entfielen die Biesen und Ärmelaufschläge, Stoffe, Farbtöne und Schnitte wurden ohne auffällige Veränderungen angepasst.

Auch wenn heute der Dienst- und der Ausgehanzug in der Öffentlichkeit weniger getragen wird und neu eingeführte Formen des Feldanzuges als tägliche militärische Kleidung häufiger zu sehen sind, so hat sich die nach 1962 eingeführte Uniform als die erwiesen, die das Konzept von in der Gesellschaft eingebundenen Streitkräften glaubwürdig darstellt.

Präsentation von Uniformen 1955
(Der Tarnanzug wurde nicht eingeführt)

Die Vielfalt der Uniformen heute; die Tuchuniformen folgen dem Konzept von 1962

Andernach

Die Krahnenberg-Kaserne

Die Krahnenberg-Kaserne in der Andernacher Aktienstraße ist die erste Kaserne der Bundeswehr. 1937 als Lazarett gebaut, wurde die Kaserne nach der Freigabe durch die französische Armee ab Juni 1955 für die Aufnahme der ersten Soldaten der Bundeswehr hergerichtet, damals noch als „Truppenlager" bezeichnet. Am 02. Januar 1956 rückten 550 ungediente Freiwillige zur Ausbildung ein und bildeten mit zwischenzeitlich übernommenen ehemaligen Soldaten und Angehörigen des Bundesgrenzschutzes die Keimzellen der Waffengattungen des Heeres. Aus den ersten fünf Kompanien wurden in den nächsten Monaten die Kader für 12 Lehrbataillone und die aufzustellenden Truppenschulen gebildet. Am 20. Januar 1956 waren es bereits 1.500 Soldaten, die auf dem Hof der Kaserne antraten, als Bundeskanzler Konrad Adenauer sie als die neue Armee der Bundesrepublik begrüßte. In der Paradeaufstellung befanden sich auch jeweils eine Lehrkompanie der Luftwaffe aus Nörvenich und der Marine aus Wilhelmshaven. Der Bundeskanzler richtete seine Ansprache an die „Soldaten der neuen Streitkräfte"[60], da über die Benennung der Streitkräfte noch keine Einigkeit erzielt worden war. Der Name „Bundeswehr" wurde nach intensiven Abstimmungen erst am 22. Februar 1956 vom Sicherheitsausschuss des Bundestages festgelegt. So wurden die Voraussetzungen geschaffen, dass mit Inkrafttreten des Wehrpflichtgesetzes am 21. Juli 1956 die ersten Wehrpflichtigen zum 01. April 1957 eingezogen werden konnten.

Im Truppenlager wurde am 01. Juli 1956 die Truppenschule der Quartiermeistertruppen aufgestellt, aus der nach der Verlegung nach Bremen 1959 die Nachschubschule des Heeres hervorging. In der Liegenschaft wurde anschließend das Heeresfliegerausbildungsbataillon und ab 1962 das Rundfunkbataillon 990[61] stationiert. Die Liegenschaft erhielt 1967 den Namen „Krahnenberg-Kaserne", wurde 1984 umfassend umgebaut und ist heute Standort mehrerer Dienststellen des Sanitätsdienstes[62].

Eine der alten, ursprünglichen Holzbaracken konnte nach dem Kasernenumbau erhalten werden und wurde 2009 unter Denkmalschutz gestellt. Sie beherbergt heute ein Museum zur Geschichte der Aufstellung der Bundeswehr in Andernach.

Abschreiten der Front:
(v.l.) Generalleutnant Speidel,
Verteidigungsminister Theodor
Blank, Bundeskanzler Adenauer,
Generalleutnant Heusinger

Bundeskanzler Konrad Adenauer am 20.01.1956
in Andernach; Auszug aus seiner Rede

Soldaten der neuen Streitkräfte!

Es ist mir eine Freude, am heutigen Tage zu
Ihnen zu sprechen. Nach Überwindung großer
Schwierigkeiten sind Sie die ersten Soldaten der
neuen deutschen Streitkräfte geworden. Das
deutsche Volk sieht in Ihnen die lebendige
Verkörperung seines Willens, seinen Teil beizu-
tragen zur Verteidigung der Gemeinschaft freier
Völker, der es heute wieder mit gleichen
Rechten und Pflichten wie die anderen angehört.
...
Einziges Ziel der deutschen Wiederbewaffnung
ist es, zur Erhaltung des Friedens beizutragen.
...
Ihnen als Soldaten ist der Schutz dieser
Lebensordnung gegen Angriffe von außen her
aufgegeben. Dieser Auftrag ist Ihnen vom
Parlament und Regierung namens des Volkes
gestellt. Sie werden Ihre Aufgabe nur erfüllen
können, wenn Sie vom Vertrauen des Volkes
getragen sind. ...
Soldaten! Sie stehen vor einer Aufgabe, die
durch manche Schatten der Vergangenheit und
Probleme der Gegenwart besonders schwierig
ist. Die zeitliche Lücke von zehn Jahren
bedeutet zugleich die einmalige Möglichkeit zu
neuem Beginn, wie auch die Verpflichtung, in
unermüdlicher Arbeit Versäumtes nachzuholen.
Das deutsche Volk erwartet von Ihnen, dass Sie
in treuer Pflichterfüllung ihre ganze Kraft
einsetzen für das über allem stehende Ziel, in
Gemeinschaft mit unseren Verbündeten den
Frieden zu sichern. ... Bewahren Sie sich ein
frisches Herz und einen freien Sinn. Ich
wünsche Ihnen, dass Ihr Dienst Ihnen Freude
und innere Befriedigung geben möge!

Die Krahnenberg-Kaserne 2007

Wilhelmshaven

Der Neubeginn der Marine

Am 2. Januar 1956 meldeten sich die ersten Freiwilligen der Marine in der Wilhelmshavener Ebkeriege-Kaserne zum Dienst. Sie bildeten die Marinelehrkompanie und wurden als Kader- und Lehrpersonal für den weiteren Aufbau der Marine, zunächst zum Teil noch in Heeresuniformen, ausgebildet. Als sie am 16. Januar 1956 von Verteidigungsminister Theodor Blank ihre Ernennungsurkunden erhielten, konnten sie jedoch schon den klassischen Matrosenanzug tragen. Die ersten Monate waren in allen Standorten der Marine vom schnellen personellen Aufwuchs, der Einnahme der neuen Strukturen und der Übernahme von Booten und Material gekennzeichnet: Fast der gesamte Bundesgrenzschutz See wurde in die Marine integriert, ebenso das Personal der „Labour Service Unit-B", das unter zunächst britischer, dann amerikanischer Führung mit Minensucheinheiten der ehemaligen Kriegsmarine Schifffahrtswege in Nord- und Ostsee frei geräumt[63] hatte. Die ersten von den USA zurückgegebenen Minensuchboote liefen am 06. Juni 1956 in Wilhelmshaven in den Marinestützpunkt Heppenser Groden ein und bildeten das 1. Schnelle Minensuchgeschwader[64]. In Kiel wurde seit April 1956 mit von Großbritannien zurückgegebenen Schnellbooten des Typs 43[65] das Schnellbootlehrgeschwader aufgestellt. Parallel dazu erfolgte die Bildung der Kommandostruktur mit dem Kommando Flottenbasis und dem Kommando Seestreitkräfte mit den Befehlshabern Nord- und Ostsee in Wilhelmshaven sowie dem Kommando Marineausbildung in Kiel. Diese Spitzengliederung mit ihren drei Säulen hatte mehrere Jahre Bestand.

Der Aufbau der Marine konnte so schnell erfolgen, weil die Marine zu einem großen Teil auf eine seit 1945 gelebte Kontinuität zurückgreifen konnte. Der zwischenzeitliche Dienst unter britischer und amerikanischer Verantwortung hatte sowohl Schiffe und Boote als auch Spezialwissen erhalten, Verwaltungs- und Organisationsstrukturen beibehalten sowie maritimes Gedankengut in alliierter Kooperation tradiert. Dem ersten Inspekteur der Marine, Vizeadmiral Friedrich Ruge[66], gelang es dann, eine Distanzierung zur Kriegsmarine umzusetzen und das Prinzip der Inneren Führung mit den neuen Ansätzen der Menschenführung und des demokratischen Denkens als geistige Basis in der Marine zu verankern.

Übergabe der Ernennungsurkunden durch Verteidigungsminister Theodor Blank am 16.01.1956

Die Ebkeriege-Kaserne wurde zeitweilig als Flüchtlingsunterkunft genutzt.
Praktische Seemannschaft von Marinerekruten in Heeresuniform Anfang 1956

Eines der ersten Minenräumboote der Marine in rauer See

Der Neustart der Luftwaffe

Der Fliegerhorst Nörvenich war ein 1953 neu gebauter Stützpunkt der Royal Air Force Germany (RAFG), die dort 1954 im Verbund mit weiteren Fliegerhorsten entlang der niederländischen Grenze Abfangjäger und Jagdbomber stationierte[67]. Bereits im Dezember 1955 wurde der Fliegerhorst von der RAFG an das deutsche Verteidigungsministerium übergeben, das auf ihm am 08. Dezember 1955 eine Verwaltungsstelle für die 1. Luftwaffen-Lehrkompanie[68] einrichtete. So konnten die ersten 13 Soldaten ihren Dienst noch im Dezember beginnen und die Freiwilligen, die zum 2. Januar 1956 parallel zur Aufnahme der Soldaten in Andernach und Wilhelmshaven nach Nörvenich einberufen waren, empfangen. Die meisten von ihnen waren kriegsgediente Offiziere und Unteroffiziere, die zusammen mit den ungedienten Rekruten am 09. Januar 1956 von Verteidigungsminister Theodor Blank ihre Ernennungsurkunden ausgehändigt erhielten. Nach einer ersten Ausbildung wurde die Masse dieser Soldaten nach Ütersen versetzt. Sie bauten dort das Luftwaffenausbildungsregiment auf; andere konnten nach einer Auswahlprüfung ihre fliegerische Ausbildung antreten. Der Flugbetrieb auf dem Fliegerhorst begann am 13. Januar 1958 mit der ersten Landung eines deutschen Flugzeugs, einer von den USA übernommenen F-84F Thunderstreak, die vom Kommodore des Jagdbomber-Geschwaders 31, Major Gerhard Barkhorn[69], geflogen wurde.

In der Folgezeit erlebte Nörvenich eine geradezu rasante Entwicklung: Im Juni 1958 die offizielle Indienststellung des JaboG 31 mit 50 F-84F durch Verteidigungsminister Franz-Josef Strauß, im Januar 1959 als erster Einsatzverband der Luftwaffe die Unterstellung in die Operationsführung der NATO, im April 1961 die Zuerkennung des Traditionsnamens „Boelcke" und im Herbst 1961 der Zulauf der F-104 Starfighter, die bis 1983 den Betrieb auf dem Fliegerhorst auch in ihrer Sonderrolle der nuklearen Teilhabe[70] prägten. Es folgte die Umrüstung des Geschwaders auf das Mehrzweckkampfflugzeug PA 200 Tornado, das gemeinsam von Deutschland, Großbritannien und Italien entwickelt worden ist. Mit dem Wechsel auf ein Kampfflugzeug der vierten Generation wurde mit der Umbenennung zum Taktischen Luftwaffengeschwader die zusätzliche Rolle im Rahmen der Luftverteidigung unterstrichen. Durch umfassende infrastrukturelle Maßnahmen wurde einer der ersten Fliegerhorste der neuen Luftwaffe für die Zukunft gerüstet.

Die ersten Thunderstreak F-84F mit
der Kennung des JG 31

Gerhard Barkhorn

Andernach

Die Musikkorps

Bei der Gründung der Bundeswehr und der Übergabe der Ernennungsurkunden an die ersten 101 Soldaten in der Bonner Ermekeilkaserne am 12. November 1955 hatte noch ein Musikkorps des Bundesgrenzschutzes gespielt. Dabei hatte Bundeskanzler Konrad Adenauer bereits im Mai 1955 die gesellschafts- und außenpolitische Bedeutung der Militärmusik angesprochen und die Aufstellung eines Musikkorps zum Jahresende 1955 angeordnet. Die Militärmusik war im Amt Blank bereits seit 1954 in den Ausschuss-Sitzungen im Kontext der Inneren Führung sehr kontrovers behandelt worden. Während Heinz Karst[71] eine Truppe für repräsentative Zwecke für angemessen hielt, stellten andere Sinn und Zweck der Militärmusik in mechanisierten Streitkräften in Frage. Graf Baudissin bezeichnete Paraden gar als „beklemmenden Surrealismus", und der Sicherheitsausschuss des Bundestages hielt im September 1954 die Aufstellung eines Wachregiments mit Kapelle für ausreichend. Das Votum des Kanzlers gab schließlich den Ausschlag: Am 01. Dezember 1955 begann in Andernach die Aufstellung des ersten Musikkorps mit 50 Musikern. Erster Musikoffizier der Bundeswehr war Hans Frieß, der als ehemaliger Militärmeister bereits 1952 eine Denkschrift und einen Organisationsvorschlag vorgelegt hatte. Hauptmann Frieß baute das Musikkorps als Lehrkompanie instrumental und personell nach Vorbild der Luftwaffenmusik auf und konnte bereits am 05. Januar 1956 anlässlich des 80. Geburtstages des Bundeskanzlers mit dem Hoch- und Deutschmeistermarsch im Garten des Bundeskanzleramtes zu einem Ständchen auftreten. In der Folgezeit erfolgte dann bis 1959 zügig die Aufstellung von insgesamt 19 Musikkorps für Heer, Luftwaffe und Marine, außerdem eines Lehrmusikkorps, aus dem 1959 das Stabsmusikkorps, das heutige Musikkorps der Bundeswehr, hervorging[72]. Alle Musikkorps wurden als selbständige Einheiten aufgestellt, die truppendienstlich und einsatzmäßig einer höheren Kommandobehörde unterstellt waren[73]. Sehr schnell erwarben sich die Korps sowohl als Orchester in häufig wechselnden Zusammensetzungen als auch als repräsentative Truppenteile ein hohes Ansehen. Die hohe Zahl der Anforderungen der Truppe und ziviler Veranstalter überschritt oft die verfügbaren Kapazitäten, dennoch konnte musikalisch ein hoher, auch international anerkannter Stand erreicht und gehalten werden – die große Zahl von Schallplattenaufnahmen belegt die öffentliche Akzeptanz.

Die Militärmusik der Bundeswehr konnte bei ihrem Neubeginn 1956 an die seit Jahrhunderten gewachsene Tradition anschließen. Die Ausstattung mit Instrumenten, die Auswahl der Spielliteratur und nicht zuletzt die für die einzelnen Musikkorps charakteristische Spielweise haben der deutschen Militärmusik einen festen Platz in der deutschen Musikkultur gesichert.

Heeresmusikkorps beim Einmarsch zu einer Vereidigung

Heeresmusikkorps 1 bei einem Benefizkonzert im Mai 1967

Der Deutsche Bundeswehrverband

Es war wohl ein „Besonderes Vorkommnis", dass sich am 14. Juli 1956 aktive Soldaten erstmals in der deutschen Militärgeschichte versammelt hatten, um einen Berufsverband zu gründen. Unter Vorsitz des Oberstleutnant Karl-Theodor Molinari[74] diskutierten 23 Offiziere, 25 Unteroffiziere und 7 Mannschaftsdienstgrade die Bildung einer demokratischen Berufsorganisation und gründeten den Deutschen Bundeswehrverband. Sie verstanden dies als klares Bekenntnis zum Prinzip des Staatsbürgers in Uniform, der grundsätzlich die gleichen Rechte und Pflichten wie jeder Bürger der Bundesrepublik hat. So wurde der Verband als eingetragener Verein entsprechend des Artikels 9 des Grundgesetzes angelegt, der überparteilich, finanziell unabhängig von freiwilligen Mitgliedern getragen wird und weder in die Struktur der Bundeswehr eingebunden noch als Gewerkschaft zu verstehen ist[75]. Der Verband vertritt die beruflichen, ideellen und sozialen Interessen und Rechte aller aktiven und ehemaligen Soldaten, der Beamten und Arbeitnehmer der Bundeswehr und versteht sich als kritischer, konstruktiver Mittler zwischen der Führung der Bundeswehr und den politisch, parlamentarischen Instanzen. Sowohl die Gremien des Bundestags als auch die Bundesregierung beteiligen den Verband bei der Ausarbeitung gesetzlicher Regelungen und bei Maßnahmen und Planungen, die Belange der Menschen der Bundeswehr und ihrer Familien betreffen. Der Verband hat in den Jahrzehnten seit seiner Gründung als berufsständische Spitzenorganisation oft mit „harten Bandagen" gekämpft, er hat weitreichende soziale und auch dienstrechtliche Errungenschaften erreicht und den Abbau von Ungleichbehandlungen im Vergleich mit anderen Bereichen des öffentlichen Dienstes durchsetzen können. Zu den besonderen Höhepunkten der Arbeit des Verbandes können die Einführung der Laufbahn des Militärfachlichen Dienstes, die Unterstützung der Bundeswehr und der ehemaligen NVA-Soldaten auf den Weg zur Armee der Einheit, die Öffnung des Dienstes für Frauen, der Übergang der Bundeswehr zur Freiwilligenarmee und nicht zuletzt die Initiativen zur Verbesserung der Einsatzversorgung und zur Stärkung der personellen, langfristigen Attraktivität der Streitkräfte gezählt werden.

Heute besteht eine beispielhafte Verbundenheit zwischen Parlament und Armee, die sich in dem Prinzip Parlamentsarmee manifestiert. Es wird eine auf Selbstverständlichkeit und gegenseitiger Wertschätzung basierende Kooperation mit der politischen und militärischen Führung der Bundeswehr gepflegt, die sich besonders auf das Vertrauen der aktuell mehr als 204.000 Mitglieder in die mitunter auch individuelle Interessenvertretung durch den Verband stützt.

Gründung des DBwV am 14.07.1956

Karl-Theodor Molinari,
Gründer des DBwV
und erster Bundesvorsitzender

Die erste Geschäftsstelle in Bonn,
Schumannstr. 73

Der Wehrbeauftragte

Bei den Beratungen des Parlaments zur Wehrgesetzgebung Anfang der 1950er Jahre war ein herausragender Themenkomplex, wie die demokratisch rechts-staatliche Grundordnung in den Streitkräften gefestigt, in der Truppe das Prinzip der Inneren Führung und des Staatsbürgers in Uniform umgesetzt und eine Kontrolle des Parlaments wahrgenommen werden kann. Nach teilweise leidenschaftlichen Debatten setzte sich schließlich der Vorschlag des Abgeordneten Ernst Paul[74] (SPD) durch, der in Schweden die Funktion des „Reichsbevollmächtigten für das Militärwesen" (Militie Ombudsman) kennengelernt hatte. Das Parlament ergänzte am 19. März 1956 das Grundgesetz um den Artikel 45b und richtete das Amt des Wehrbeauftragten als Hilfsorgan des Bundestages ein; das „Gesetz über den Wehrbeauftragten des Deutschen Bundestages" trat am 27. Juni 1957 in Kraft[75]. Das Gesetz definiert für den Wehrbeauftragten zwei wesentliche Aufgaben: zum einen den Schutz der Grundrechte der Soldaten und zum anderen die Unterstützung des Bundestages bei der Ausübung der parlamentarischen Kontrolle der Streitkräfte. Der Wehrbeauftragte ist als Teil der Legislative in der Ausübung seines Amtes selbständig, hat ein umfassendes Informationsrecht und unterliegt nur Weisungen des Bundestags und des Verteidigungsausschusses. Jährlich erstellt er einen Bericht, den er dem Bundestagspräsidenten vorlegt. Bereits der erste Bericht 1959 stützte sich auf 3.300 Eingaben und beschrieb die Aufbauphase der Bundeswehr kritisch. Damit löste er heftige öffentliche Diskussionen um sein Amt und seine Funktionen aus; Verteidigungsminister Strauß warf Zuständigkeitsüberschreitungen vor. Für die Arbeit des Wehrbeauftragten war ein gewisses Spannungsverhältnis zur militärischen Führung und vereinzelt zu höheren Vorgesetzten in der Truppe lange kennzeichnend; nunmehr hat sich das Verständnis der Berichte als Bestandsaufnahme, Wirkungsanalyse und Frühwarnsystem entwickelt. Der Wehrbeauftragte versteht sich heute nicht nur als Kontrolleur, sondern als Verbindungsglied zwischen der Truppe und dem Bundestag.

Als Amt bezog der Wehrbeauftragte im April 1959 in Bad Godesberg das ehemalige Hotel „Godesberger Hof" am Rhein. Bis zum Umzug des Amtes 1999 nach Berlin[76] waren dort sieben Wehrbeauftragte[77] tätig, die nach ihrer politischen Prägung, aktuellen Ereignissen oder Entwicklungen unterschiedliche Schwerpunkte setzten. Ein Beispiel ist die bisher einzige Frau im Amt, Claire Marienfeld-Czesla, die von 1995-2000 besondere Akzente auf das Verhältnis der Menschen in den Streitkräften untereinander, auf eine gestiegene Zahl rechtsextremer Vorfälle und zahlreiche Unfälle im Umgang mit Waffen legte.

Mit dem Amt des Wehrbeauftragten wurde eine bewährte, unverzichtbare Institution geschaffen, die in der deutschen Verfassungsgeschichte kein Vorbild hat und die Identität der Bundeswehr besonders kennzeichnet.

Der Godesberger Hof,
Rheinseite 2011

Vorlageblatt des ersten
Jahresberichts 1959

Übergabe des Jahresberichts 2015 durch den Wehrbeauftragten
Hans-Peter Bartels an Bundestagspräsident Karl Lammert und den
Vorsitzenden des Verteidigungsausschusses, Wolfgang Hellmich, in
Anwesenheit von Mitgliedern des Verteidigungsausschusses

Der erste deutsche NATO-Befehlshaber

Das Renaissance-Schloss von Fontainebleau wurde 1949 Sitz des NATO-Hauptquartiers Allied Forces Central Europe (AFCENT), das von einem französischen General als Commander-in-Chief geführt wurde. Ihm unterstanden ab 1953 die Oberbefehlshaber der Land-, Luft- und Seestreitkräfte; der Oberbefehlshaber Landstreitkräfte – COMLANDCENT – war ebenfalls ein französischer General. Nach der Aufnahme der Bundeswehr in das Bündnis wurde mit General Dr. Hans Speidel[80] am 02. April 1957 erstmals ein Deutscher Oberbefehlshaber der alliierten Landstreitkräfte. General Speidel hatte zu diesem Zeitpunkt bereits große internationale Erfahrung gewonnen. Er war als Abteilungsleiter im Amt Blank 1951 mehrmals mit General Eisenhower, dem Supreme Allied Commander Europe (SACEUR), zusammengetroffen und hatte als deutscher Chef-Delegierter bis 1954 an den EVG-Verhandlungen in Paris teilgenommen. In dieser Zeit hatte er auch den zweiten vormaligen Gegner, den britischen Feldmarschall Viscount Montgomery of Alamein, getroffen und konnte auch mit ihm eine Aussöhnung herbeiführen. Nach dem Scheitern der EVG-Planungen vertrat Speidel die Bundesrepublik bei den Beitrittsverhandlungen zur NATO und wurde dann ab November 1955 im Verteidigungsministerium zum Leiter der Abteilung Gesamtstreitkräfte berufen. In Fontainebleau legte General Speidel die Grundlagen dafür, dass die deutschen Streitkräfte reibungslos in die NATO eingegliedert werden konnten, obwohl ihre Aufbauphase nicht abgeschlossen und auch ihr inneres Gefüge noch nicht gefestigt war, und sie sich dann später als verlässliche Bündnisarmee beweisen konnte. Am 29. August 1963 übergab General Speidel sein Kommando als COMLANDCENT[81] an General Graf von Kielmansegg.

Zum Abschied aus den Diensten der NATO wurde General Speidel mit mehreren Paraden und Empfängen geehrt, u.a. vom belgischen König Baudouin, der französischen 1. Armee in Baden-Baden und der 7. US-Armee in Stuttgart.

Am 01. Juli 1966 kündigte Staatspräsident de Gaulle die Kooperation in der militärischen Kommandostruktur der NATO und ordnete an, dass alle NATO-Einrichtungen Frankreich zum 01. April 1967 verlassen mussten[82].

Château de Fontainebleau 1991

Zugehörigkeitsabzeichen AFCENT

General Dr. Hans Speidel (1897-1984)

Hamburg Winterhude

Öffentliches Gelöbnis

Am 07. Juli 1956 hatte der Deutsche Bundestag das Gesetz über die Wehrpflicht verabschiedet. Die Einführung einer 12-monatigen Dienstzeit war von der Bundesregierung am 12. September 1956 beschlossen worden und am 05. Oktober 1956 die Einberufung der ersten Wehrpflichtigen des Geburtsjahrganges 1937 zum 01. April 1957. Von anschließend 100.000 gemusterten Wehrpflichtigen waren etwa 10.000 einberufen worden und in die Kasernen eingerückt. Unter ihnen waren 1.151 Rekruten, die am 26. Mai 1957[83] zum ersten Öffentlichen Feierlichen Gelöbnis in Hamburg im Winterhuder Stadtpark unter großer Beteiligung der Bevölkerung angetreten waren. In einem Zeitungsbericht wird geschildert, dass viele Tausend das Geschehen mit Neugier und Gleichmut verfolgt hätten. Die Ansprachen hielten Bürgermeister Kurt Sieveking und Parlamentspräsident Adolph Schönfelder, die die Soldaten als Teil Hamburgs begrüßten und ihnen ihr Vertrauen aussprachen. Der Inspekteur des Heeres, Generalleutnant Hans Röttiger, erinnerte an die unterschiedlichen Eide, die er in seinem Militärleben ableisten musste, sprach von der Verantwortung des Gelöbnisses und des Eides und warnte, dass Freiheit und Recht auch im Frieden verloren gehen können. Ein Großer Zapfenstreich beendete die Gelöbniszeremonie. Die Zeitung berichtet dann, dass einige Jugendliche fernab gegrölt hätten, aber das seien „bloß Kindereien" gewesen.

Seitdem fanden und finden in der Bundeswehr in jedem Quartal an den Standorten der Grundausbildungseinheiten Vereidigungen der freiwillig Dienenden statt, bis 2011 auch die Feierlichen Gelöbnisse der Wehrpflichtigen. Das feierliche Versprechen, der Bundesrepublik Deutschland treu zu dienen und das Recht und die Freiheit des deutschen Volkes tapfer zu verteidigen, hat nicht nur symbolische Bedeutung, sondern hat auch eine dienstrechtliche Relevanz. Das Bekenntnis zum Staat erfolgt in Anwesenheit der Angehörigen der Rekruten, oft an herausragenden Daten oder markanten Orten der deutschen Geschichte[84], dann auch mit größerer militärmusikalischer Begleitung. Leider war das Gegröle am 26. Mai 1957 keine einmalige Kinderei, sondern die erste Störung von einer großen Zahl an Protesten, oft lautstarken Demonstrationen und auch Gewaltaktionen, die in den 1980er Jahren im Zuge einer ideologisierten Friedensbewegung öffentliche Veranstaltungen oft verhinderten. Dabei ist das öffentliche Bekenntnis der individuellen Verpflichtung in der Gemeinschaft aller Angetretenen für jeden Beteiligten ein nachhaltig beeindruckendes Bekenntnis zum demokratischen Staat – und für jeden jungen Soldaten war das feierliche Gelöbnis und ist die Vereidigung immer auch ein emotionaler Höhepunkt in seiner bis dahin erst kurzen Dienstzeit.

Vereidigung junger Pioniere der Panzergrenadierbrigade 37 (2016)

Gelöbnisaufstellung der Crew VII/06 an der Marineschule Mürwik

Das Unglück an der Iller

Am 3. Juni 1957 führte ein junger Stabsoberjäger[85] mit dem 4. Zug der 2./Luft-
landejägerbataillon 19 in Kempten Infanteriegefechtsausbildung durch. Die Soldaten
gehörten zu den ersten 10.000 Wehrpflichtigen, die am 1. April 1957 ihren Dienst im
Heer angetreten hatten. Nach einer kurzen Pause wollte er die 28 Soldaten des Zuges
durch die an dieser Stelle 1,30 m tiefe und 50 m breite Iller führen, obwohl die Fluss-
durchquerung im Dienstplan nicht vorgesehen und somit auch nicht abgesichert war.
Der Stabsoberjäger, bisher Ausbilder und Gruppenführer der Bereitschaftspolizei, ging
vorweg in den kalten Fluss und seine Soldaten folgten ihm dichtauf, während der Zugführer, ein älterer, kriegserfahrener Stabsoberjäger, von der nahen Brücke aus Dienst-
aufsicht ausübte. Nach wenigen Augenblicken aber verloren die Rekruten auf dem glit-
schigen Untergrund den Halt und wurden durch die reißende Strömung mitgerissen.
Einige konnten sich an einen Brückenpfeiler klammern, sie wurden gerettet. 15 Kameraden jedoch ertranken, der letzte Tote wurde erst zwei Wochen später geborgen[86].

Das Unglück schockierte die junge Bundeswehr und die Öffentlichkeit. Eine spontane
Welle an Mitgefühl zeigte sich in zahlreichen Spenden, die das Bataillon zu Gunsten der
Angehörigen erhielt und die durch eine Kommission des Divisionsstabes weitergeleitet
wurde. Das Unglück gab den Anstoß für das bis heute in der Bundeswehr angewandte
Trauerzeremoniell: Der Sarg des in Folge der Ausübung des Dienstes Verstorbenen
wird bei der Trauerfeier mit einer Bundesdienstflagge und einem Stahlhelm bedeckt, ein
Ehrengeleit ist anwesend, ein Militärgeistlicher und ein Vorgesetzter würdigen den Verstorbenen. Die Trauerfeier endet mit dem Lied „Ich hatt' einen Kameraden".

Politisch löste der Unfall eine neuerliche Debatte zwischen Traditionalisten und Re-
formern über Form und Inhalt der militärischen Ausbildung und der Inneren Führung
aus. Das Bundeskabinett befasste sich mit dem Unglücksfall und unterrichtete den
Bundestag, nicht das System, sondern die Schuld Einzelner habe zu der Katastrophe
geführt.

Nach dem Unglück kam es zu Verzögerungen bei den Kostenerstattungen für die Be-
erdigungen, was Unverständnis und Unmut hervorrief. Dies führte dazu, dass der Sprecher des Verteidigungsministers, Major Gerd Schmückle, die Einrichtung eines privat
finanzierten Hilfsfonds vorschlug, der vom Generalinspekteur, General Adolf Heusinger, und vom Inspekteur des Heeres, Generalleutnant Hans Röttiger, realisiert wurde.
Am 18. Oktober 1957 wurde das "Soldatenhilfswerk der Bundeswehr" gegründet. Seit
seiner Gründung konnte das Soldatenhilfswerk mehr als 35.500 Soldatinnen und Soldaten und deren Familien in Notlagen helfen.

Die Trauerfeier am 03.06.1957 in der Prinz-Franz-Kaserne;
die 14 Kränze stehen zum Gedenken an die zum Zeitpunkt
der Trauerfeier noch nicht geborgenen Toten.

Das vom Landkreis Kempten an der Unglücksstelle errichtete Ehrenmal

Kieler Förde

Die Kieler Woche

Seit 1882 findet jährlich – heute jeweils in der letzten Juni-Woche – die „Kieler Woche" statt, die sich seitdem zu einem der weltweit größten Segelsportereignisse entwickelt hat. Die Geschichte der Kieler Woche ist geprägt durch den Segelsport, aber auch durch die historischen Ereignisse, die während der Kriege Regatten verhinderten. Nach 1945 fand eine erste Segelwoche der britischen Besatzungsmacht ohne deutsche Beteiligung statt, ab 1947 dann Stadtfeste unter dem Motto „Kiel im Aufbruch". Seit der Aufstellung der deutschen Marine 1957 und ihrer Präsenz in ihrem traditionellen Hafen Kiel hat die Marine wieder eine herausragende Bedeutung für die Großveranstaltung gewonnen. Im Zentrum der Woche sind unverändert die Segelwettbewerbe mit heute über 5.000 Sportlern und 2.000 Booten aus 50 Nationen. Durch die extrem hohe Publikumsresonanz hat sich auch ein Volksfest mit über 3 Millionen Besuchern und ein kulturelles Stadtfest mit internationalem Programmangebot entwickelt, das weit über Kiel hinaus bedeutsam ist. Dabei ist die Marine nicht nur bei der Organisation, der Durchführung der Wettbewerbe und bei Unterstützungsleistungen aller Art fest in die Woche eingebunden. Sie ist auch durch eigene Regattaveranstaltungen mit Marinekuttern, als Gastgeber bei den Besuchen fremder Marineeinheiten und bei der 1972 erstmalig als „Operation Sail" und seit 1998 jährlich stattfindenden Windjammerparade unverzichtbarer Mitveranstalter. In den vergangenen Jahren waren stets Schiffe fremder Marinen aus 10 Nationen vertreten, die regelmäßig an der Tirpitzmole anlegten und Besucher beim „Open Ship" einluden. Als maritimer Höhepunkt gilt die Windjammerparade aus der Innenförde auf die Außenförde mit Kurs auf Laboe zum Ende der Woche, an der mehr als 100 Traditions- und Großsegler, historische Dampfschiffe sowie Hunderte von Segelyachten teilnehmen.

Die Kieler Woche ist wie keine andere sportliche und kulturelle Großveranstaltung in Deutschland selbstverständliches Element des zivil-militärischen Miteinanders; sie ist für die Deutsche Marine ein wesentliches Element ihrer gesellschaftlichen Integration.

Windjammerparade 2009

Kutterregatten 1971

Flottenbesuch 2018

Bonn / Kiel / Köln / München

Die Militärseelsorge

Die Militärseelsorge hat in Deutschland eine lange, in ihrem Verhältnis zum Staat wechselvolle Geschichte. Die der Bundeswehr hat einen direkten Vorläufer 1951 in der Seelsorge für die kasernierten Angehörigen des deutschen US-Labor Service. Die Grundsätze der seelsorgerischen Betreuung in der Bundeswehr wurden im Amt Blank beraten und im Soldatengesetz § 36 ohne eine Glaubenseinengung jedem Soldaten garantiert. Die Seelsorge der beiden christlichen Konfessionen ist durch Staatskirchenverträge[87] geregelt, die mit dem Gesetz über die Militärseelsorge vom 26. Juli 1957 bestätigt wurden. Das Gesetz regelt einerseits die Rechtsstellung der Militärpfarrer, die Funktion der Militärkirchengemeinden und die Organisation des Evangelischen Kirchenamtes sowie des Katholischen Militärbischofsamtes[88]. Andererseits werden die absolute Unabhängigkeit in der Amtsführung und die Freiheit in der seelsorgerischen Tätigkeit der Militärgeistlichen festgeschrieben, wobei sich ihr Betreuungsangebot nicht nur an Kirchenangehörige, sondern an alle Militärangehörigen richtet. Das Angebot der Militärseelsorge basiert wesentlich auf dem Prinzip der Freiwilligkeit, ohne jedoch, dass dieser Gedanke nach den Worten des ersten evangelischen Militärbischofs, Dr. Kunst, als unwichtig oder gleichgültig missverstanden oder praktiziert wird. Die Militärpfarrer führen monatlich den Lebenskundlichen Unterricht[89] konfessionsunabhängig durch, wobei er weder ein Teil der Inneren Führung noch ein Teil einer psychologischen, geistigen Rüstung ist. Graf von Baudissin hatte im Amt Blank die Funktion der Geistlichen als Begleiter der Christen in Uniform definiert, die mit Rat und Tat, Wort und Sakrament wirken und auf solche Weise auch manchem helfen können, der kein Glied der Gemeinde ist. Sie werden so weit wie möglich am Dienst der Truppe beteiligt und begleiten die Truppe in Übungen und in Einsätze[90]. Zu den Militärkirchengemeinden gehören auch die Familien der Soldaten. In der Regel einmal monatlich findet ein Standortgottesdienst statt, meist in einer benachbarten Gemeindekirche oder in einem geeigneten Raum in der Kaserne, der insbesondere an den Auslandsstandorten oft ein zentrales Ereignis des gemeinschaftlichen Lebens darstellt.

Die derzeitige Konzentration auf die christlichen Konfessionen entspricht in der Bundeswehr der historischen Entwicklung der deutschen Gesellschaft. Das Recht auf unbehinderte Ausübung des Glaubens ist jedoch allen Soldaten zugesichert. Daher wird seit 2015 geprüft, wie durch Einstellung von Militärimamen die Betreuung von Soldaten muslimischen Glaubens geregelt werden kann. Mit dem Zentralrat der Juden in Deutschland wird seit 2017 über einen Staatsvertrag zur Einstellung von Militärrabbinern verhandelt.

Katholische Militärseelsorge

Die von der amerikanischen Armee erbaute Fliegerhorstkirche in Neubiberg

Die Militärpfarrer bei einer Trauerfeier in Afghanistan im April 2010

Die Einbindung der Militärseelsorge in den dienstlichen Rahmen der Streitkräfte ist von Anfang an kritisch begleitet worden. Dies zeigte sich nach 1990 noch deutlich, als die ostdeutschen evangelischen Landeskirchen die Praxis der Militärseelsorge in der Bundeswehr nicht mittragen wollten. Erst seit 2004 ist der Militärseelsorgevertrag auch in den neuen Bundesländern in Kraft.

Die Erfahrung des militärischen Lebens seit Beginn der Bundeswehr hat die frühere Skepsis beseitigt: Die Militärpfarrer gehören zur Truppe, ihr Wirken und ihr persönliches, menschliches Beispiel sind gelebte, vorbildliche Ökumene.

Der Beirat Innere Führung

„Wenn man nicht mehr weiter weiß, bildet man 'nen Arbeitskreis". Dieses Prinzip wandte Verteidigungsminister Franz-Josef Strauß 1958 an, als er durch Ausbildungsmethoden, die nicht dem Geist der damals jungen Bundeswehr entsprachen, politisch in Bedrängnis geriet. Zwar war das Prinzip der Inneren Führung formell in der Bundeswehr verankert. Soldaten sollten als Staatsbürger in Uniform behandelt werden. Ihre Grundrechte sollten so wenig wie möglich eingeschränkt werden. Das sollte sich auch in der Ausbildungspraxis niederschlagen. Die „Schleifermethoden" früherer deutscher Streitkräfte waren mit diesem neuen Menschenbild in der Armee nicht mehr vereinbar. Aber das war in der Truppe in den Anfangsjahren schwer umzusetzen. Die Vorgesetzten dieser Zeit waren oft anders geprägt. Sie mussten umlernen, was weniger eine Frage der Vorschriften war. Als die Fälle eskalierten, mobilisierte Strauß Rat von außen, von Vertretern des öffentlichen Lebens z.B. aus Kirche, Wissenschaft, Erziehungswesen, Gewerkschaften und Arbeitgebern sowie den Medien. Dieser Beirat für Fragen der Inneren Führung des Bundesministers der Verteidigung[91] ist ein vom Minister persönlich berufenes Gremium, das nur ihn berät[92]. Rund 20 Mitglieder bilden den Beirat, der sich in der Regel viermal im Jahr trifft[93]. Die eigentliche Arbeit wird in Arbeitsgruppen geleistet, die sehr viel häufiger tagen. Dort werden die Empfehlungen erarbeitet, die der Beirat verabschiedet, formal mehrheitlich, de facto aber fast immer einvernehmlich. Diese Empfehlungen werden dem Minister direkt vorgelegt.

Mittlerweile ist der 15. Beirat im Amt. Die Themen sind vielfältig. Beispiele: Wie wirkt sich die Einführung der europäischen Arbeitszeitverordnung auf die Streitkräfte aus? Wie kann die gesellschaftliche Integration der Streitkräfte nach Aussetzung des Grundwehrdienstes gesichert werden? Wie beeinflusst die Ausrüstung der Bundeswehr das Innenleben der Armee? Werden in der Aus- und Fortbildung die Prinzipien der Inneren Führung gewahrt? Durch viele Truppenbesuche verschaffen sich die Beiratsmitglieder einen umfassenden Eindruck. Die Minister haben den Beirat unterschiedlich genutzt. Manche gaben dem Beirat konkrete Aufträge und ließen die Empfehlungen dann in die internen Beratungen einfließen. Andere wiederum ließen den Beirat arbeiten und schauten dann, ob sich mit den Papieren etwas machen ließ. So hat z.B. Verteidigungsminister Peter Struck eine Empfehlung des Beirats, die allgemeine Wehrpflicht beizubehalten, öffentlich sofort angenommen; viele Jahre später hat Theodor zu Guttenberg anders entschieden. Verteidigungsministerin Ursula von der Leyen hat nach den Affären um Ereignisse in Pfullendorf und Illkirchen im Jahr 2016/17 den Beirat zu einer Sondersitzung zusammengerufen, um schnell Vorschläge für die Aufarbeitung des Geschehenen zu bekommen.

Die Einberufung eines derartigen Beirats ist im deutschen Militärwesen einzigartig.

Franz Josef Strauß
Bundesminister der Verteidigung 1956-1962

Reiner Pommerin
Sprecher des 9.-13. Beirats 1994-2014

Die Mitglieder und ständigen Gäste des am 29.11.2018 berufenen 15. Beirats,
Sprecher des Beirats ist Generalleutnant a.D. Rainer Glatz (vorn 4. v.l.)

Wehrtechnik und Beschaffung

Bei der Aufstellung der Bundeswehr wurde sie zunächst und sehr zügig aus Beständen der Alliierten - vorwiegend der USA - mit Waffen, Fahrzeugen, Flugzeugen, Schiffen, Booten und Gerät aller Art ausgestattet. Nicht immer entsprach diese Erstausstattung den Anforderungen der Truppe, und der Ruf nach modernem Wehrmaterial erzwang den Aufbau nicht nur einer leistungsfähigen Industrie, sondern auch einer neuen Beschaffungsorganisation. Entsprechend dem grundgesetzlichen Trennungsgebot wurde 1958 das Bundesamt für Wehrtechnik und Beschaffung (BWB) als Bundesoberbehörde der Bundeswehrverwaltung geschaffen. Es war der Rüstungsabteilung des Verteidigungsministeriums unterstellt, die zwar sachbezogene Vorgaben machte, die parlamentarische Genehmigung der Haushaltsmittel einholte und diese zuwies, nicht aber für die vertragliche Abwicklung eines Vorhabens zuständig war. Das deutsche Rüstungswesen nimmt so, verglichen mit denen der Partner und anderer Länder sowie der Geschichte der deutschen Streitkräfte, eine Sonderstellung ein, die sich trotz zwischenzeitlicher Affären und Probleme insgesamt in allen Phasen einer Beschaffung bewährt hat. Dazu gehören die Entwicklung und ggf. die Normierung, die technische Erprobung, die amtliche Güteprüfung während der Fertigung, Vertragsabschlüsse und Einkauf und schließlich die Bestätigung der Vertragserfüllung. Dem Amt waren dazu Erprobungsstellen (heute Wehrtechnische Dienststellen)[94], wehrwissenschaftliche Institute[95], und zahlreiche weitere Dienststellen und Verbindungsbüros[96] auch im Ausland unterstellt. Am 01. Oktober 2012 wurde das BWB mit dem Bundesamt für Informationsmanagement und Informationstechnik der Bundeswehr zusammengeschlossen und erhielt zusätzliche Aufgaben im Rahmen der Nutzung von Wehrmaterial übertragen, die bis dato von anderen Ämtern der Teilstreitkräfte wahrgenommen wurden. Das neue Amt ist nun als Bundesamt für Ausrüstung, Informationstechnik und Nutzung der Bundeswehr (BAAINBw) der zentrale technische Dienstleister der Bundeswehr.

Als größte Beschaffungsbehörde Deutschlands hat das BWB in den über 50 Jahren seines Bestehens den gesamten mittelbaren und unmittelbaren Bedarf der Streitkräfte abgedeckt. Der erfolgreiche Verlauf eines Rüstungsprojektes erforderte einen ständigen Interessenausgleich zwischen den Belangen des Bedarfsträgers und denen des Bedarfsdeckers, erzwang gegenseitiges Verständnis und intensive Abstimmungen. Vor dem Hintergrund der technologischen Entwicklung in den vergangenen Jahrzehnten, der Veränderung der Bedrohungen und der gestiegenen Komplexität der Waffensysteme konnten Zeit- und Finanzplanungen häufig nicht eingehalten werden, was dem BWB viel Kritik eingebracht hat. Gleichwohl ist es dem Amt gelungen, zu jeder Zeit der Truppe bedarfsgerechtes Material und leistungsfähige Systeme zur Verfügung zu stellen, die zu den Besten weltweit gehören. Dies hat das materielle Bild der Bundeswehr nachhaltig gestaltet.

Die Leitung des Bundesamtes für Wehrtechnik und Beschaffung im ehemaligen Preußischen Regierungsgebäude in den Rheinanlagen

Der Bürokomplex der Fachabteilungen in Koblenz-Rauental

Die Gorch Fock

Das als Bark getakelte Segelschulschiff der Deutschen Marine wurde 1958 auf der Hamburger Werft Blohm und Voss gebaut und am 17. Dezember 1958 in Dienst gestellt. Das Schiff, ein modernisierter Nachbau des gleichnamigen Segelschulschiffes der Kriegsmarine[97], ist das älteste Schiff der Deutschen Marine und hat wie kein anderes Ausbildungsschiff der Marine die seemännische Ausbildung der Offizier- und Unteroffizieranwärter geprägt. Das Schiff hat eine Stammbesatzung von 83 Mann, die auf jeder Auslandsausbildungsreise bis zu 138 Lehrgangsteilnehmer ausbildet. Das Schiff ist heute mit Heimathafen Kiel der Marineschule Mürwik in Flensburg-Mürwik unterstellt, die Ausbildung an Bord ist damit ein substantieller Teil der Ausbildung des Marinenachwuchses. Diese Ausbildung ist jedoch nicht unumstritten. Bereits 1958 hatte es in der Öffentlichkeit und in parlamentarischen Gremien starke Kontroversen über die Sinnhaftigkeit und Zweckmäßigkeit eines Segelschiffes[98] für eine zeitgemäße militärische Ausbildung gegeben, eine Diskussion, die besonders in den Medien nach Bordunfällen[99] häufig aufflammt. Gleichwohl konnte seitdem mit mehr als 160 Auslandsausbildungsreisen, nahezu 750.000 Seemeilen, über 440 Hafenbesuchen in mehr als 60 Hoheitsgebieten eindrucksvoll nachgewiesen werden, wie einzigartig die Ausbildung an Bord des Segelschulschiffes wirkt. Dies gilt insbesondere in der Schulung der Teamfähigkeit, dem Erkennen eigener Leistungsfähigkeiten und -grenzen, dem Erlebnis der besonderen Bedingungen auf hoher See bei unterschiedlichsten Wind- und Wetterbedingungen, spezieller handwerklicher Fähigkeiten und damit insgesamt bei der Persönlichkeitsbildung der auszubildenden Seeleute. Trotz verbesserter Sicherheitsvorkehrungen konnten Unfälle an Bord jedoch nicht vermieden werden; ein tödlicher Unfall 2010 hat zu einer längeren Ausbildungsunterbrechung und anschließenden Ausbildungsänderungen geführt. Auch bedingt das Alter des Schiffes zunehmend Reparatur- und Werftliegezeiten, in denen die seemännische Ausbildung auf fremden Segelschulschiffen[100] erfolgt. 2016 wurde eine Grundüberholung der Gorch Fock begonnen, die sich als technisch komplexer und mit höherem finanziellem Aufwand als vorher geplant erwiesen hat. Die Deutsche Marine beabsichtigt trotz der aktuellen Probleme, die Gorch Fock über 2030 hinaus als Segelschulschiff einzusetzen.

Die Gorch Fock ist wie kein anderes Schiff in der deutschen Öffentlichkeit und international bekannt, hat an zahlreichen maritimen Großveranstaltungen teilgenommen und sich dabei als unverzichtbare und eindrucksvolle Botschafterin Deutschlands erwiesen.

Die Gorch Fock auf dem Geldschein von 1963,
beim Einlaufen in den Heimathafen Kiel Dezember 2009

Decimomannu, Sardinien

Internationales Luftkampf-Training

Es gibt wohl nur wenige Flugplätze, die für die deutsche Luftwaffe seit ihrem Neuanfang für Jahrzehnte eine so zentrale Funktion in der Ausbildung eingenommen haben wie „Deci". Der Flugplatz im Süden Sardiniens war seit 1943 von der US-Air Force umfangreich ausgebaut und erweitert worden und erwies sich nach Kriegsende wegen seiner abgeschiedenen Lage auf der damals dünn besiedelten Insel und der vorteilhaften klimatischen Bedingungen als ideale Basis zur realitätsnahen Ausbildung im Luftkampf und für Luft-Boden-Schießübungen. In Abstimmung mit der NATO hatte Italien ab 1954 auf dem Platz eine Air Weapons Training Installation eingerichtet und den NATO Partnern angeboten. Für die Luftwaffe boten sich damit Ausbildungsmöglichkeiten, die in Deutschland nicht gegeben waren. Als eine der ersten Vereinbarungen über internationale Ausbildungskooperationen unterzeichneten am 16. Dezember 1959 Kanada und Deutschland mit Italien einen Vertrag zur gemeinsamen Nutzung und Betrieb des Flugplatzes und seiner Einrichtungen. Die Luftwaffe stellte Anfang 1960 das Deutsche Luftwaffenübungsplatzkommando Italien[101] auf, so dass ab September mit Eintreffen der ersten Jagdbomber F-84F der regelmäßige Übungsbetrieb aufgenommen werden konnte. Im Laufe der Jahre beteiligten sich nahezu alle NATO-Luftwaffen am Übungsbetrieb in Decimomannu, besonders die US Air Force und Großbritannien. Die Luftwaffe war mit allen Flugzeugen und Geschwadern in Decimomannu vertreten. In der Zeit des Kalten Krieges war der Flugplatz mit über 60.000 Flugbewegungen jährlich einer der aktivsten Militärflugplätze Europas, besonders nachdem seit 1979 eine Air Combat Maneuvering Instrumentation[102] vom Boden aus eine lückenlose Aufzeichnung und Analyse der simulierten Luftkämpfe ermöglichte. Ab 1991 waren die von der NVA übernommenen MiG 29 des Jagdgeschwaders 73 „Steinhoff" bis 2004 begehrte Trainingspartner. Mitte der 1990er Jahre wurde der Flugbetrieb in „Deci" jedoch reduziert, einerseits weil die USA ihre Ausbildungseinheit aufgelöst hatten und die Briten ebenfalls abgezogen waren, andererseits weil die Regionalregierung Sardiniens eine Verringerung der militärischen Sperrgebiete und Übungszeiten durchsetzen konnte. Die Einschränkungen der Übungsmöglichkeiten besonders nach der häufigen Sperre des Luft-Boden-Schießplatzes Capo Frasca beeinträchtigten die Ausbildung der Luftwaffe zunehmend, so dass nach einer Kosten-Nutzen-Bewertung Deutschland den Nutzungsvertrag von 1959 zum Ende 2016 kündigte.

Fast 60 Jahre war „Deci" einer der wichtigsten Ausbildungsstützpunkte der Luftwaffe, vor allem zuletzt für die Tornado- und Eurofighter-Besatzungen – für sie war Decimomannu fast eine „zweite Heimat" geworden.

Eine F-84 F des JG 31 „B" in Decimomannu   TaktAusbKdoLw ITA

Eine deutsche MiG 29 und eine amerikanische F-16 im Mai 1995 über der Küste Sardiniens

Kampfflugzeuge mehrerer Nationen auf der Flight im November 2010

Bonn, Duisdorf-Hardtberg

Die Hardthöhe

Die Planungen, das Verteidigungsministerium aus der innerstädtischen Ermekeilkaserne auf die Hardthöhe am Rande von Duisdorf zu verlegen, begannen 1960. Auf der Hardthöhe befanden sich ein ehemaliger Standortübungsplatz und eine siedlungsartig angelegte Kasernenanlage, „Wagenburg" genannt, mit vier Bürohäusern, die bis Mitte der 1960er Jahre durch Neubauten mit einer Kapazität für ca. 3.500 Beschäftigte ergänzt wurden. Die Neubauten umfassten fünf sechsgeschossige, miteinander verbundene Bürohäuser (sog. 200er Häuser), ein zehngeschossiges Hochhaus und ein dreigeschossiges Gebäude für die Minister- und Leitungsbüros. Ergänzt wurde die Anlage durch ein Kasinogebäude und einen zweigeschossigen Anbau mit Sitzungssälen. Ab Ende der 1960er Jahre wurden ein Rechenzentrum im Süden der Liegenschaft gebaut, ein Sanitätsbereich im Westen und im Norden das zentrale Eingangs- und Wachgebäude[103]. 1971 erfolgte der Ausbau des Truppenbereichs des Stabs- und Versorgungsbataillons, etwa zeitgleich mit dem des Hubschrauberlandeplatzes mit Landebefeuerung, Feuerwehr und eigenem Abfertigungsgebäude. Mit Beginn der 1980er Jahre wurden weitere Erweiterungen der Bestandbauten durch Neubau von Gebäuden mit 50.000 m² Bürofläche, eines neuen Ministergebäudes, eines pyramidenförmigen Kasinos[104] und des modernen Sanitätsbereichs eingeleitet. Damit bot die Liegenschaft auf der Hardthöhe nach Abschluss der Bauarbeiten Platz nicht nur für alle Führungsstäbe und ministeriellen Abteilungen, sondern auch für zahlreiche, nicht zum Ministerium gehörende, nachgeordnete Dienststellen.

Trotz der Weitläufigkeit des Geländes ermöglichte die Nähe der Bürogebäude zueinander kurze Wege und schnelle Abstimmungen, ein Kennzeichen der Arbeit innerhalb des Ministeriums über lange Jahre. Im Zuge der Umsetzung des Beschlusses zur Verlegung des Parlamentssitzes nach Berlin im Juni 1991 und der Regierung nach dem Bonn/Berlin-Gesetz 1994 hat sich die Arbeitsweise im Ministerium grundlegend geändert. Das Verteidigungsministerium hat 1993 durch die Verlegung zentraler, politisch und parlamentarisch relevanter Dienstbereiche im Berliner Bendlerblock einen zweiten Dienstsitz eingerichtet, der seither als zentrales Führungselement an innerem Gewicht und an Bedeutung für die Öffentlichkeit gewonnen hat.

Das Bundesministerium der Verteidigung auf der Hardthöhe: Gesamtansicht der ersten Ausbauphase in den 1960er Jahren und Erweiterungsbauten der 1990er Jahre mit der Kasino-Pyramide und der Stahlspirale am Eingang.

Neubiberg

Der erste Katastropheneinsatz

Am 29. Februar 1960 ereignete sich in der marokkanischen Hafenstadt Agadir das bisher schwerste Erdbeben des Landes. Mehr als 15.000 Menschen, ein Drittel der Bevölkerung, wurden getötet, alle anderen wurden obdachlos. Bereits in der folgenden Nacht, am 01. März 1960, starteten in Neubiberg die ersten drei Transportflugzeuge Noratlas des Lufttransportgeschwaders 61 in Neubiberg[105], nahmen in Köln-Wahn Sanitätseinheiten und das Material eines Feldlazaretts auf und erreichten nach einem Zwischenhalt in Madrid am 03. März 1960 Agadir. Dies war der erste Hilfseinsatz der Bundeswehr, der in internationaler Kooperation mit Kräften aus Frankreich, Spanien und den USA durchgeführt wurde. Der Einsatz dauerte bis zum 21. März 1960, neben den 20 Transportflugzeugen des Lufttransportgeschwaders 61 waren auch 16 Maschinen des LTG 62 aus Ahlhorn im Einsatz, die einen regelmäßigen Flugdienst zwischen Agadir und Casablanca sowie Köln einrichteten, um Hilfsgüter einzufliegen und Verwundete und Ausländer zu evakuieren. Insgesamt wurden bis zum Einsatzende 1.494 Passagiere und 180 t Material befördert. Der Einsatz, der zunächst aus verfassungsrechtlichen Gründen noch als Übungseinsatz bezeichnet wurde, wurde von einem Einsatzstab in Köln geleitet, der auch die unterstützenden Sanitäts- und Fernmeldekräfte des Heeres und der Marine führte und der außerdem die Spendenannahme und Verteilung organisierte.

Im Zentrum des Einsatzes stand das LTG 61, das in der Folgezeit seine Erfahrungen bei Hilfseinsätzen nach Erdbeben in Persien und der Türkei, bei Überschwemmungen in Italien, der Flutkatastrophe 1962 in Norddeutschland und 1965 in Passau nutzte. Das Transportgeschwader war 1967 bei der Rückführung deutscher Staatsbürger aus der Kriegsgefahr im Nahen Osten beteiligt, 1968 versorgte es Erdbebenopfer auf Sizilien und in Persien und brachte Medikamente und Nahrungsmittel für die hungernden Menschen in Biafra nach Lissabon. Dabei waren auch die ständigen Flugaufträge, die Versorgungsflüge zu den Schießplätzen in der Türkei und nach Decimomannu auf Sardinien und Manöverflüge für Fallschirmjäger und andere Truppenteile des Heeres durchzuführen. Im Rahmen der Entwicklungshilfe erfolgten mit der Noratlas regelmäßig Materialtransporte nach Nigeria, Guinea und in den Sudan.

In diesen ersten Jahren nach der Aufstellung der Bundeswehr waren alle derartigen Einsätze Bewährungsproben für die Armee und die Bundesrepublik, die sich international als verlässlicher Partner erwies und an Reputation gewinnen konnte. Die Kette der Flüge zur Notversorgung und bei Katastrophen ist seither nicht abgerissen. Die Transportfliegerkräfte sind stets die ersten im Einsatz und bestimmend für seinen Erfolg. Sie haben die Tradition des Helfens begründet.

Fliegerhorst Neubiberg und Startvorbereitungen in den 1960er Jahren

Übergabe des Feldlazaretts in Agadir an die marokkanische Hilfsor-
ganisation im März 1960

Mourmelon-le-Grand

Manöver in Frankreich

„Boches in Frankreich" titelte der SPIEGEL, nachdem am 03. November 1960 vier Panzergrenadier- und Fallschirmjägerbataillone mit 2.400 Soldaten für eine dreiwöchige infanteristische Ausbildung auf den Truppenübungsplatz Mourmelon und auf den bei Sissonne verlegt hatten. Damit waren erstmals seit 15 Jahren wieder deutsche Truppen auf französischem Boden, was von einem großen Medienaufgebot aufmerksam verfolgt und umfassend kommentiert wurde. Während es andernorts in Frankreich zu einigen, kleineren Protestaktionen kam, ereigneten sich in der Region der Truppenübungsplätze keinerlei Zwischenfälle. Die Soldaten wurden von der Bevölkerung freundlich empfangen und mit selbstbewusster Gelassenheit behandelt; gemeinsame Manöver mit französischen Einheiten und einem holländischen Kontingent verliefen reibungslos und in gegenseitigem Respekt.

Die Wochen in Mourmelon stehen am Anfang einer in den Folgejahren immer enger werdenden militärischen Zusammenarbeit[106] zwischen deutschen und französischen Truppenteilen. Die Fallschirmjäger führen seit 1967 jährlich die COLIBRI-Übungen durch; auch in anderen Truppengattungen des Heeres kommt es zu gegenseitigen Besuchen und zum Austausch einzelner Soldaten und Teileinheiten. Die Beteiligung deutscher Lehrgangsteilnehmer an französischen militärischen Schulen wird zur guten Regel; in den 1970-er Jahren wird regelmäßig bei Erprobungen und Truppenversuchen bilateraler Rüstungsvorhaben deutsches und französisches Personal gemeinsam eingesetzt. Diese Begegnungen lassen gegenseitiges Vertrauen und Verständnis wachsen, lassen aber auch unterschiedliche Auffassungen, Erfahrungen und Führungsprinzipien erkennen. Besonders deutlich wird dies, als 1989 die Deutsch-Französische Brigade mit Verbänden beider Länder unter gemeinsamer, einheitlicher Führung aufgestellt wird[107]. Die deutschen Leitprinzipien der Inneren Führung und der Auftragstaktik schienen oft im Widerspruch zu stehen zur französischen Befehlstaktik und zu strikten Führungshierarchien; die Brigade hat jedoch ein inneres Kooperationsmodell entwickelt, das sie zur anerkannten Keimzelle des seit 1995 einsatzbereiten Eurokorps werden ließ. Es hat sich bewahrheitet, was der französische Informationsminister Louis Terrenoire 1960 bei Beginn des ersten Manövers in Mourmelon gesagt hatte: „Die Anwesenheit deutscher NATO-Einheiten in der Champagne ist der von allen Europäern höchst erwünschte Beweis für den guten Willen Frankreichs, auf der Basis der deutsch-französischen Verständigung ein gemeinsames Europa aufzubauen."

Gefechtsausbildung in Frankreich:
Stellung eines Trupps mit Panzerab-
wehr-Lenkraketen Cobra

Die deutsch-französische Kooperation:
Soldaten und Soldatinnen der Deutsch-Französischen Brigade, 2000

Die Traditionsnamen

Es ist ein guter, alter Brauch, militärischen Verbänden Ehrennamen zu verleihen, die zur Motivation der Truppe beitragen und einen Ausdruck der Tradition darstellen. Der erste Inspekteur der Luftwaffe, General Josef Kammhuber[108], hat in den drei Jagdfliegern des Ersten Weltkriegs, Max Immelmann, Oswald Boelcke und Manfred Freiherr von Richthofen[109], Persönlichkeiten gesehen, die sittliche Ideale in schwerer Zeit vorgelebt haben und die mit soldatischen Tugenden wie Treue, Tapferkeit, Ritterlichkeit und Gehorsam als Vorbilder zeitlos anzuerkennen sind. Daher wählte General Kammhuber den 43. Todestag von Manfred Freiherr von Richthofen, um am 21. April 1961 drei Geschwadern der Luftwaffe im Rahmen einer Feierstunde auf dem Fliegerhorst Ahlhorn die vom Bundespräsidenten Heinrich Lübke genehmigten Traditionsnamen zu verleihen und durch Übergabe von Ärmelbändern kenntlich zu machen. Das Jagdbombergeschwader 31, Nörvenich, erhielt den Ehrennamen „Boelcke", das Jagdgeschwader 71, Ahlhorn, den Ehrennamen „Richthofen" und das Aufklärungsgeschwader 51, Erding, den Namen „Immelmann". Diese ersten drei Traditionsnamen werden auch heute trotz zwischenzeitlicher Umbenennung, Umgliederungen, Unterstellungswechsel und Standortverlagerungen von Nachfolgegeschwadern geführt. Am 09. Juli 1967 wurde dem Marinefliegergeschwader 3, Nordholz, der Name „Graf Zeppelin"[110] verliehen. Als viertes Geschwader der Luftwaffe bekam am 22. November 1973 das Jagdgeschwader 74, Neuburg an der Donau, den Ehrennamen „Mölders"[111] zuerkannt. Nach einer Beschlussempfehlung des Deutschen Bundestages 1998, Mitglieder der Legion Condor nicht länger als Leitbilder für Soldaten heute anzusehen, wurde dieser Beiname jedoch vom Verteidigungsminister Peter Struck zum 11. März 2005 nach langen und heftigen Diskussionen in der Bundeswehr und in der Öffentlichkeit wieder aberkannt. Als bisher letztes Geschwader erhielt das Jagdgeschwader 73, Laage, den Beinamen „Steinhoff" in Würdigung des früheren Inspekteurs der Luftwaffe General Johannes Steinhoff[112].

Die Verleihung der Ehrennamen ist nach den Worten des früheren Inspekteurs der Luftwaffe, Generalleutnant Klaus-Peter Stieglitz, heute eine Orientierungshilfe, im Bewusstsein von Geschichte und politischem Zeitgeschehen handeln zu können.

Verleihung der ersten Ärmelbänder
durch General Josef Kammhuber
am 21. April 1961

Max von Immelmann

Oswald Boelcke

Manfred Frh. von Richthofen

Ferdinand Graf von Zeppelin

Johannes Steinhoff

Die Sturmflut 1962

Seit Anfang Februar 1962 hatten sich über dem Seegebiet südwestlich Islands stürmische Tiefdruckgebiete entwickelt, die sich in der Nacht 16. auf 17. Februar 1962 zum Orkan Vincinette steigerten und eine auf die gesamte deutsche Nordseeküste treffende Sturmflut auslösten. Die Behörden, sowohl die für Wasserstands- und Wettervorhersagen zuständigen wie auch Deich- und Katastrophenschutzstellen, wurden durch die Wetterentwicklung weitgehend überrascht, zumal es wirksame Früherkennungs- und Kommunikationsmittel nicht gab. Die erst am 15. Februar nachts im Radio ausgestrahlte Sturmwarnung für die Deutsche Bucht erreichte die Bevölkerung nicht oder wurde in ihrer Bedeutung nicht erkannt. Im Laufe der Nacht drückte der Orkan das Wasser in die Unterläufe von Elbe und Weser und ihre ungesicherten Nebenflüsse. In Bremen aber und Bremerhaven war die Gefahrenlage nach einem Deichbruch bereits frühzeitig erkannt. Die Hilfsorganisationen sowie die Kräfte der Bundeswehr, der Britischen Rheinarmee und der US-Armee in Bremerhaven waren hier rechtzeitig für Evakuierungen alarmiert worden. So konnten mehrere Tausend Soldaten der Wehrbereichskommandos I Kiel und II Hannover im gesamten Küstenbereich eingesetzt werden. In Hamburg stieg die Flut auf über 6 m über den Normalwert, ohne dass auf die Gefahr der Lage rechtzeitig reagiert wurde. Die Flut überraschte die Menschen besonders in den Kleingartengebieten in Wilhelmsburg im Schlaf, ohne alarmiert und evakuiert zu werden. Eine zentrale Koordination des Rettungseinsatzes erfolgte erst, nachdem Innensenator Helmut Schmidt sich über die unklaren und konkurrierenden Zuständigkeiten hinwegsetzte und die Initiative zur Einsatzleitung ohne Rücksicht auf rechtliche Beschränkungen ergriff. So standen am Morgen des 17. Februar Pioniere mit 142 Sturm- und Schlauchbooten und etwa 100 Hubschrauber aus Celle, Bückeburg und Rheine sowie der Royal Air Force zur Unterstützung der insgesamt ca. 25.000 zivilen Helfer zur Verfügung. Die Bundeswehr hatte schließlich 11 Bataillone mit 8.000 Mann im Einsatz, unterstützt von 4.000 Soldaten der Alliierten.

Durch die Sturmflut kamen insgesamt 340 Menschen zu Tode, davon allein in Hamburg 315. Die Bundeswehr musste bei den Rettungsarbeiten den Tod von acht Soldaten beklagen. Die Bundesländer Niedersachsen und Schleswig-Holstein sowie die Hansestadt Hamburg haben als Dank und in Anerkennung der Hilfsleistungen Gedenk- und Verdienstmedaillen gestiftet. Insbesondere in Hamburg ist dieser erste große Hilfseinsatz der Bundeswehr bis heute in Erinnerung geblieben, das Engagement der Soldaten hat wesentlich zur Verbesserung des damals oft gespannten Klimas zwischen der Bevölkerung und der Bundeswehr beigetragen.

Deichschutzarbeiten in Eiderstedt

Die von Niedersachsen und Schleswig-Holstein
gestifteten Verdienstmedaillen

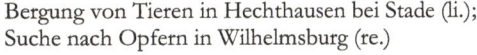

Bergung von Tieren in Hechthausen bei Stade (li.);
Suche nach Opfern in Wilhelmsburg (re.)

Fürstenfeldbruck

Das Ehrenmal der Luftwaffe

Unweit der Einfahrt zum Fliegerhorst Fürstenfeldbruck[113] liegt heute in einer Parkanlage das beeindruckend große Ehrenmal der Luftwaffe. Zeitgleich mit dem Neuaufbau der Luftwaffe war 1957 in Hannover eine Stiftung[114] gegründet worden, die Spenden für ein zentrales Ehrenmal von Ehemaligen und Angehörigen der Luftwaffe und weiteren Privatpersonen sammelte. Die Stiftung traf die Standortauswahl und entschied nach intensiven Entwurfsberatungen sowie einer Ausschreibung die Realisation des Ehrenmals in Fürstenfeldbruck. Der Entwurf stammte von dem an der TU Hannover tätigen Prof. Ernst Zinsser in Zusammenarbeit mit dem Bildhauer Prof. Kurt Lehmann; die Grundsteinlegung erfolgte am 24. September 1961 in Verbindung mit einem Großflugtag der Luftwaffe. Am 18. November 1962 konnte der erste Bauabschnitt der Anlage im Beisein von Vertretern der ehemaligen und der aktiven Luftwaffe, darunter dem ersten Inspekteur der Luftwaffe, General Josef Kammhuber, und Kardinal Julius Döpfner, durch den damaligen Inspekteur der Luftwaffe, Generalleutnant Werner Panitzki, und im Namen der Stiftung durch Generaloberst a.D. Stumpff eingeweiht werden. Bis zum Volkstrauertag 1963 wurde auch das vertiefte Zentrum des Ehrenmals durch den großen Gedenkstein mit einem liegenden Eisernen Kreuz vervollständigt. Nach Fertigstellung der Toranlage erhielt das Ehrenmal die Widmung „Den Toten der Luftwaffe und der Luftfahrt"; an der vorgelagerten Kanzel am Zugang zum Zentrum wurde zum Volkstrauertag 1977 der Sinnspruch „Ihr seid unvergessen" angebracht, der 1979 durch einen Lorbeerkranz ergänzt wurde.

Seit 1966 ist die Anlage in der Obhut der Luftwaffe. Alljährlich erfolgen am Vorabend des Volkstrauertages auf Einladung des Inspekteurs der Luftwaffe in einer stillen Feierstunde Kranzniederlegungen durch Vertreter der Luftwaffe, der Luftfahrt und der Luftwaffen-Traditionsverbände. Ein Ehrenzug, gestellt von Soldatinnen und Soldaten der Offizierschule der Luftwaffe, unterstreicht die Mahnung des Ehrenmals, das Vermächtnis der Toten zu ehren und den Frieden zu bewahren.

Der FlaRak-Gürtel

Zum Anfang der 1960er Jahre war auf dem Gebiet der DDR und des Warschauer Paktes ein stetig wachsendes Luftangriffspotential[115] zusammengezogen worden, das den Umfang der fliegenden Kräfte der NATO deutlich überstieg. Zur Abwehr dieser Bedrohung entwickelte die NATO das Konzept der Integrierten Luftverteidigung, in dem die bodengebundene Flugabwehr, fliegende Kräfte zur Luftverteidigung, Sensoren und Feuerleit- und Kampfführungseinrichtungen vernetzt und der einheitlichen Führung und Kommandostruktur des Alliierten Oberbefehlshaber Europa (SACEUR) zugeordnet wurden. Am 01. Juli 1961 wurde das NATO Integrated Air Defence System (NATINADS) für einsatzbereit erklärt, zum 31. Dezember 1962 wurden die ersten Batterien der deutschen FlaRak-Bataillone 21 und 22 dem Operational Command der NATO unterstellt. Sie wurden in den FlaRak-Gürtel integriert, der sich von Stadum und von der Ostseeküste im Norden parallel zur innerdeutschen und tschechischen Grenze bis in den Süden Deutschlands nach Lenggries[116] erstreckte. Er war in zwei Reihen aufgebaut, direkt parallel zur Air Defence Identification Zone etwa 25 – 50 km westlich als Hawk-Gürtel und weiter westlich gestaffelt mit flächendeckender Dislozierung der Gürtel mit Nike-Ajax und (nach deren Aussonderung) mit Nike-Hercules Raketen. Die Gefechtsstände und Feuerstellungen waren bis zur Auflösung des Gürtels nach dem Ende des Kalten Krieges rund um die Uhr im Einsatz und bildeten für drei Jahrzehnte das Rückgrat der Luftverteidigung in Europa. Der Hawk-Gürtel bestand aus neun deutschen, drei niederländischen, zwei belgischen, zehn amerikanischen und zwei französischen[117] Bataillonen, die aus je vier Batterien/Staffeln bestanden. Die Stellungen innerhalb des Gürtels ermöglichten eine Überlappung der Wirkungsbereiche, insbesondere beim Ausfall einzelner Systeme; neben den Friedensstellungen waren zusätzliche Einsatzstellungen vorbereitet, die eine lückenlose Abdeckung sicherstellen sollten. Den Nike-Gürtel bildeten sechs deutsche, zwei niederländische, zwei belgische, sechs amerikanische und zwei französische Bataillone, gegliedert in 52 Batterien, von denen jede typischerweise über neun Starter/Launcher und 30 Lenkflugkörper verfügte. Etwa einem Viertel der FlaRak-Stellungen Nike-Hercules war ein nuklearer Status unter amerikanischer Aufsicht zugewiesen.

Die Bedrohung durch das sowjetische Angriffspotential war außerordentlich, auch wenn sie von der Bevölkerung kaum wahrgenommen wurde[118]. Für die Soldaten in den Stellungen, Gefechtsständen, Radarstationen und Einsatzführungszentren war der Kalte Krieg jedoch Alltag, sie lebten in der Bedrohung und vertrauten der eigenen Verteidigungsfähigkeit, auch dank der internationalen Zusammenarbeit, in der sie eingebunden waren.

Nike-Hercules Stellung der 1.FlaRakBtl 22 (BOC 6) in Oedingen, 1980

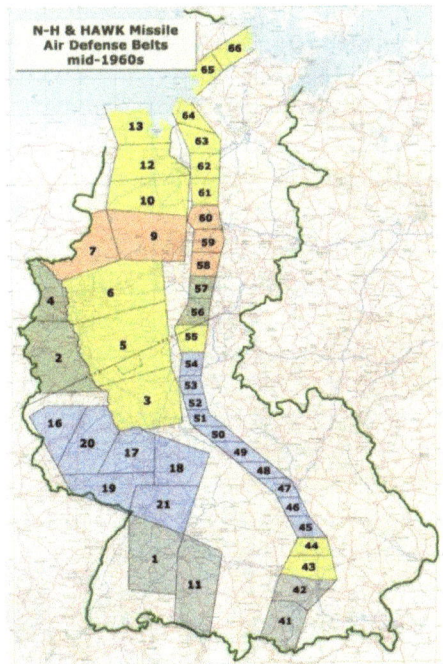

Der FlaRak-Gürtel der Systeme Hawk
und Nike in den 1960er Jahren

Beladen eines Werfers Hawk

Paris, Palais de l'Elysée

Der Elysée-Vertrag

In der Mitte der 1950er Jahre waren mit den Vereinbarungen zur Eingliederung des Saargebiets in die Bundesrepublik und zum Ausbau der Mosel wesentliche Probleme im Verhältnis mit Frankreich ausgeräumt, und mit den Römischen Verträgen konnte die Gründung der Europäischen Wirtschaftsgemeinschaft als erste Stufe einer voranschreitenden europäischen Einigung erfolgen. Staatspräsident de Gaulle vertrat dabei die Überzeugung, dass sich damit auch ein Gegengewicht zur amerikanischen Dominanz im Westen ergibt und dass dies durch eine „deutsch-französische Säule" gefestigt werden müsse. Bundeskanzler Adenauer unterstützte den Gedanken der deutsch-französischen Annäherung und schlug einen formellen Vertrag vor. Der dann später kurz als „Elysée-Vertrag" bezeichnete „Vertrag über die deutsch-französische Zusammenarbeit" enthält einen verbindlichen Konsultationsmechanismus mit regelmäßigen Treffen der Regierungschefs und der Minister zur Abstimmung in wichtigen Fragen der Außen-, Europa- und Verteidigungspolitik und die Bildung unterstützender Kommissionen. Konkret wurde die Gründung des Deutsch-französischen Jugendwerks beschlossen[119]. Im Abschnitt zur Verteidigungskooperation werden die Annäherung der Auffassungen in Strategie und Taktik und die Gründung von Instituten der operativen Forschung vereinbart. Der Personalaustausch soll verstärkt werden, besonders auf der Ebene Generalstabsausbildung und durch Abordnung von Einheiten, sowie eine Sprachausbildung des betroffenen Personals. Auf dem Gebiet der Rüstung werden gemeinsame Vorhaben ausgearbeitet und in der Realisierung organisiert[120]. Der Vertrag und eine vorangestellte gemeinsame Erklärung wurden am 22. Januar 1963 feierlich unterzeichnet und am 02. Juli 1963 in Kraft gesetzt[121]

In Ergänzung des Vertrages wurden von Bundeskanzler Kohl und Präsident Mitterand 1988 ein ständiger Verteidigungs- und Sicherheitsrat[122] sowie ein Rat für Wirtschafts-, Finanz- und Währungspolitik eingesetzt. Am 22. Januar 2019 unterschrieben Bundeskanzlerin Angela Merkel und Präsident Emmanuel Macron den „Vertrag von Aachen" als neuen deutsch-französischen Freundschaftsvertrag.

Gegenseitige Wertschätzung, ein starkes Vertrauen und ein beiderseitiger Wille, die Katastrophen im deutsch-französischen Verhältnis sich nicht wiederholen zu lassen, waren wohl die Grundlage der Annäherungs- und Verständigungspolitik des französischen Staatspräsidenten Charles de Gaulle und von Bundeskanzler Konrad Adenauer. Ihre Vorstellung der Aussöhnung beider Länder hat sich bewahrheitet und ist die politische, rechtliche und symbolische Grundlage für eine beispielhafte Zusammenarbeit zwischen den beiden Staaten und besonders auch ihrer Streitkräfte.

Der Elysée-Palast: Sitz des französischen Staatspräsidenten

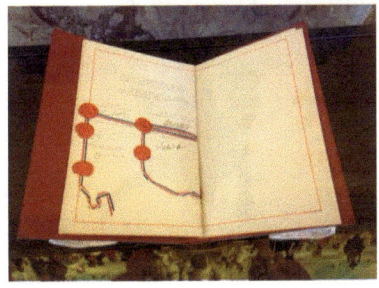

Unterzeichnung des Vertrages am
22.01.1963: (sitzend v.l.)
Außenminister Gerhard Schröder, Bundeskanzler Konrad Adenauer,
Präsident Charles de Gaulle,
Premierminister George Pompidou, Außenminister Maurice Couve de Murville

Nagold, Eisberg-Kaserne

Der Tiefpunkt in Menschenführung

Der 25.07.1963 war in Nagold ein besonders heißer, hochsommerlicher Tag, an dem die Fallschirmjäger-Ausbildungskompanie 6/9 einen 15-km-Gepäckmarsch als „Gewöhnungsmarsch" angesetzt hatte. Der Marsch war für die erst 25 Tage vorher in die Bundeswehr eingetretenen Rekruten extrem anstrengend, mindestens vier Soldaten brachen zusammen, wurden von den Ausbildern hochgerissen und mit Gebrüll und Stößen mit dem Gewehr weiter vorangetrieben. Passanten, die das Verhalten der Ausbilder beobachteten und die Gruppenführer ansprachen, wurden beschimpft und als „dreckige Zivilisten" beleidigt. Der 19-jährige Rekrut Gerd Trimborn wurde bewusstlos in das Krankenhaus eingeliefert, dort starb er zehn Tage später. Die Staatsanwaltschaft, die die Umstände des Todes untersuchte, kam zwar zu dem Schluss, dass G. Trimborn ursächlich nicht an Erschöpfung, sondern an Organversagen wegen eines unerkannten Leidens gestorben war, gleichwohl führte sie auch nach zahlreichen Hinweisen aus der Bevölkerung ihre Untersuchungen weiter. Bei den Vernehmungen nahezu aller Kompanieangehörigen stieß sie auf eine erschreckende Fülle von Dienstvergehen und Straftaten. Die Medien berichteten umfangreich über die immer zahlreicher werdenden Feststellungen eines offensichtlich systematischen Fehlverhaltens und zogen Haltung und Geist der Fallschirmjägertruppe in Zweifel. So hatte der Kompaniechef als Begründung seiner Ausbildungsmethoden ausgesagt, Fallschirmjäger seien Diamanten und die müssten geschliffen werden. Die Tübinger Staatsanwaltschaft erhob schließlich gegen elf Ausbilder und Unterführer der Kompanie Anklage wegen fortgesetzter Misshandlung und entwürdigender Behandlung Untergebener sowie wegen Missbrauchs der Befehlsbefugnis. Der Kommandierende General des II. Korps, Generalleutnant Hepp, erließ daraufhin voller Entsetzen über das Ausmaß der Vorkommnisse am 29. Oktober 1963 einen Tagesbefehl an die 1. Luftlandedivision, mit dem er die Auflösung der Ausbildungskompanie 6/9[123] anordnete, aber auch allen anderen, nicht unmittelbar beteiligten Soldaten schwere Vorwürfe machte und die Einleitung von disziplinaren und disziplinargerichtlichen Verfahren ankündigte: „Richtig verstandene Kameradschaft schließt die Verantwortung für das Handeln des Nebenmannes mit ein".

In seinem Jahresbericht 1963[124] fasste der Wehrbeauftragte Hellmuth Heye seine Bewertung der Vorgänge in Nagold zusammen: „ … Die modernen Führungsgrundsätze *(der Inneren Führung)* liegen in der Linie Scharnhorstscher Gedanken. Wer behauptet, sie führten zu Weichheit und Disziplinlosigkeit, zeigt, dass er die Innere Führung nicht verstanden hat und von echtem Soldatentum wenig weiß."

Einfahrt in die Eisberg-Kaserne 1962
Fallschirmjäger 1988

Die Eisberg-Kaserne wurde
1996 von der Bundeswehr
geräumt.

Es hat zwar auch später immer wieder schlimme Vorfälle im Umgang mit Untergebenen gegeben, von denen in den Jahresberichten der Wehrbeauftragten berichtet worden ist, die aber nicht ein vergleichbares, umfassendes Ausmaß hatten. Die Vorgänge in Nagold waren ein nachhaltiges Alarmsignal, das in der Truppe und auch in der Gesellschaft verstanden worden ist.

Die Truppenfahnen

Bei der Gründung der Bundeswehr hatte man 1955 auf die Einführung von Truppenfahnen verzichtet, mit der wachsenden internationalen Kooperation wurde jedoch dieser Verzicht unhaltbar. Sowohl bei internationalem militärischem Zeremoniell, aber auch bei besonderen, feierlichen Anlässen der Truppe hatten sich Truppenfahnen als Zeichen der gemeinsamen Pflichterfüllung im Dienst für Volk und Staat als unverzichtbar erwiesen. Am 18. September 1964 wurde die Anordnung der Stiftung der Truppenfahnen der Bundeswehr[125] erlassen; am 07. Januar 1965 verlieh Bundespräsident Heinrich Lübke die erste Truppenfahne in Bonn dem Wachbataillon beim Bundesministerium der Verteidigung. Am 24. April 1965 erfolgte eine gemeinsame Übergabe der Truppenfahnen an 319 Abordnungen von Bataillonen des Heeres und Abordnungen der Luftwaffe in Münster durch die beiden Inspekteure, zeitgleich zur Übergabe an die Marine in der Marineunteroffizierschule in Plön durch den Inspekteur der Marine. Seit Mitte der 1990er Jahre werden Truppenfahnen auch an Regimenter, Höhere Kommandobehörden und Schulen verliehen. Die Truppenfahnen haben eine große Bedeutung im Selbstverständnis der Bundeswehr, insbesondere bei Vereidigungen, Empfängen mit militärischen Ehren und Paraden sowie bei der militärischen Totenehrung. Die große Bedeutung der Fahnen spiegelt sich auch in den strengen Regeln des Einsatzes und der Handhabung der Fahne[126], der Grußpflicht für militärische Zuschauer bei Paraden und angetretenen Formationen. Entsprechend eines Brauchs in der preußischen Armee werden Fahnenbänder in der Farbe der jeweiligen Truppengattung und mit dem Namen des Verbandes geführt, die am Fahnenstock befestigt sind und mit der Truppenfahne präsentiert werden. Als besondere Auszeichnung können Verbände Fahnenbänder, die entsprechend des Anlasses beschriftet oder bestickt sind, von einem staatlichen Repräsentanten verliehen bekommen. Die von Ministerpräsidenten der Bundesländer verliehenen Bänder stehen für die enge Beziehung des jeweiligen Bundeslandes mit den dort stationierten Verbänden.

Die Truppenfahnen sind ein repräsentatives Symbol für die Integration der Bundeswehr in den Staat und die Verpflichtung auf die freiheitlich demokratische Grundordnung. Sie sind fester Bestandteil der Tradition der Bundeswehr.

Übergabe der Truppenfahnen am
24.04.1965 durch Generalleutnant de
Maizière im Preußenstadion in Münster

Fahnenabteilung des FschJgBtl 261
bei der Parade am 14.07.2007 in Paris

Verleihung des Fahnenbandes des Landes Nordrhein-Westfalen durch
Ministerpräsidentin Hannelore Kraft an das PzGrenBtl 212 am 27.08.2015

Nörvenich

Die Starfighter Krise

Die Luftwaffe stand 1957 vor der schwierigen Entscheidung zur Auswahl eines überschallschnellen Abfangjägers, der auch für andere Einsatzrollen geeignet sein und auf einem europäischen Kriegsschauplatz den sowjetischen Angreifern überlegen sein sollte. Der erfahrene Pilot Walter Krupinski[127] hatte die zur Auswahl stehenden Typen[128] zur Probe geflogen und den amerikanischen Starfighter F-104 empfohlen. Der Inspekteur der Luftwaffe, General Josef Kammhuber[129], unterstützte den Vorschlag bei Verteidigungsminister Strauß, der dann trotz Bedenken anderer Experten die Beschaffung[130] von über 300 Maschinen[131] am 06. November 1958 im Verteidigungsausschuss des Bundestages durchsetzte. Das Flugzeug war ab 1956 von Fa. Lockheed als Schönwetter-Abfangjäger für große Flughöhen konzipiert worden und musste nun für den deutschen Bedarf modifiziert werden. Da außerdem bei den ersten in den USA gefertigten Maschinen zahlreiche Mängel festgestellt wurden, erhielten die deutschen Prototypen mit der Bezeichnung F-104G einen verstärkten Rumpf, ein anderes Triebwerk und eine überarbeitete Navigationsausrüstung, wodurch sich jedoch das Gewicht erhöhte und sich die Flugleistungen veränderten. Bei der Indienststellung der ersten F-104G im Februar 1960 zeigten sich zusätzlich Mängel in der Fertigungsqualität und Funktionsausfälle durch Konstruktionsfehler. Am 22. Mai 1962 kam es durch Ausfall des Nachbrenners zum ersten tödlichen F-104-Unfall in Deutschland, vier Wochen später, am 19. Juni 1962, verunglückten vier Starfighter beim Vorüben einer Kunstflugvorführung[132] bei Nörvenich. Diese Unfälle stehen am Anfang einer Serie von insgesamt 269 Abstürzen und 31 weiteren Verlusten bis zum Ende des Flugbetriebs im Mai 1991, die den Starfighter als „Witwenmacher" diffamierte und als „Starfighter-Krise" in Erinnerung geblieben ist, und 116 Piloten das Leben kostete. Die Absturzursachen waren komplex und betrafen nahezu alle Bereiche des Flugzeugs, vor allem Ausfälle der Elektronik, des Triebwerks und der Hydraulik. Neben den technischen waren auch personelle, vor allem im Wartungsbereich, organisatorische und infrastrukturelle Faktoren Ursachen der Unfälle, sowie auch Flugfehler der Piloten. Trotz intensiver Bemühungen der Luftwaffenführung, durch Einzelmaßnahmen die Krise zu beenden, blieb die Absturzrate auf hohem Niveau; Generalleutnant Panitzki musste dem Verteidigungsausschuss zur Flugsicherheitslage Bericht erstatten. Jedoch erst nach seinem Rücktritt erhielt der im August 1966 ernannte neue Inspekteur der Luftwaffe, Generalleutnant Johannes Steinhoff[133], besondere Vollmachten, Reformen in den Geschwadern durchzusetzen, mit denen er letztlich Erfolg hatte.

Der Starfighter wurde in Deutschland von 1960 bis Mai 1991 auf 14 militärischen Flugplätzen eingesetzt; insgesamt wurden mehr als 1,7 Millionen Flugstunden geleistet. Die schmerzliche Erfahrung der Anfangsjahre hat sich als prägender Lernprozess der Luftwaffe positiv ausgewirkt.

F-104G des Jagdgeschwaders 74 über dem Kochelsee; 1965

Absturz einer F- 104G des JaboG 33, 1964

TF-104G des Marinefliegergeschwaders 2, 1985

Erndtebrück

Das Mutterhaus des Einsatzführungsdienstes

Es war der Gemeinderat von Erndtebrück, der im Februar 1957 nach kontroversen Debatten den Bürgermeister ermächtigte, bei Verteidigungsminister Franz-Josef Strauß die Einrichtung einer Garnison[134] zu beantragen. Das Engagement der Bevölkerung und des Bürgermeisters führte im März 1960 zur Zustimmung des Ministers, und im Juni 1961 wurde der Bau einer Luftwaffenkaserne auf dem Hachenberg[135] begonnen. In dieser Zeit überwachte der Flugmelde- und -leitdienst, der spätere Radarführungsdienst, als integraler Bestandteil der NATO-Luftverteidigung den Luftraum, koordiniert durch Luftraumüberwachungszentralen[136], die im 24-Stunden Betrieb ohne Unterbrechung besetzt waren. Im Oktober 1965 rückten die ersten Soldaten in Erndtebrück ein; am 2. Mai 1966 wurde die II. Abteilung des Fernmelderegiments 33 aufgestellt, die mit Großraumradaranlagen und Gefechtsführungssystemen entsprechend des damaligen Stands der Technik die Einsatzaufgaben übernahm. Ab April 1968 war die voll verbunkerte Kampfführungsanlage „Erich" einsatzbereit und wurde als CRC betrieben. In den Folgejahren erfolgten mehrfach Umstrukturierungen zugleich mit Modernisierungen der Systemausstattung und Auftragserweiterungen, die auch personell zu häufigen Anpassungen führten. Im Sommer 1970 war die Ausbildung des Führungsdienstpersonals an der Technischen Schule 1 in Lechfeld eingestellt und die Lehrgruppe nach Erndtebrück verlagert worden. Am 1. August 1971 wurde die II./FmRgt 33 mit der neu gegliederten Lehrgruppe V verschmolzen[137]. Gleichzeitig erfolgte die Installation des automatischen Gefechtsführungssystem NADGE[138] und die Erweiterung der Lehrgruppe um eine Internationale Ausbildungsstelle. In der Phase der Wiedervereinigung erhielt Erndtebrück die Aufgaben eines Nationalen Gefechtstandes[139] und konnte durch Datenaustausch mit dem ehemaligen Zentralen Gefechtsstand der Luftstreitkräfte der NVA auch die Überwachung des ostdeutschen Luftraums übernehmen. Als 1998 der Bunker „Erich" geschlossen werden musste, erfolgte der weitere Betrieb des CRC aus Gebäuden der Hachenberg-Kaserne und der Radargerätestellung. Am 1. Oktober 2004 wurde die Lehrgruppe V aufgelöst; gleichzeitig aber als Einsatzführungsbereich 2 neu aufgestellt. In den folgenden Jahren erfolgte eine dynamische Entwicklung am Ort durch Verschmelzung mit weiteren Dienststellen und durch Unterstellungs- und Kommandowechsel.

Ein Merkmal des Führungsdienstes in Erndtebrück ist in den Jahren unverändert geblieben: Zusätzlich zu seinem Einsatzauftrag als CRC Erndtebrück ist der Einsatzführungsbereich 2 mit operationellen und technischen Lehrgängen zentrale Ausbildungsstätte der Offiziere und Unteroffiziere aller Truppenteile des Führungsdienstes der Luftwaffe. Die jährlich rund 500 Lehrgangsteilnehmer sprechen daher mit Recht von Erndtebrück als ihrem dienstlichen „Mutterhaus".

Flaggenhissung in der neuen
Kaserne am 07.06.1966

Der erste Lehrgang Radarleitung
1975

Testdatenübermittlung
zwischen dem nationalen
SOC Erndtebrück und
dem ZGS 14 der NVA
Fürstenwalde am
02.10.1990

Kelheim

Der deutsch-französische Brückenschlag

Das Jahr 1987 erscheint heute als ein Jahr einer sicherheitspolitischen Dämmerung vor dem großen Umbruch 1989/1990: Im Dezember 1979 hatte die NATO mit dem Doppelbeschluss einerseits die Aufstellung nuklear bestückter Raketen angekündigt, andererseits Verhandlungen über Rüstungskontrollen gefordert. Zwar blieben 1982 Verhandlungen in Genf ohne Ergebnis, und in Deutschland begann unter teilweise erheblichen Protesten der Öffentlichkeit 1983 die Aufstellung der neuen Pershing-II-Raketen, aber 1985 bot der sowjetische Generalsekretär Michael Gorbatschow eine weitreichende atomare Abrüstung an. Nach schwierigen, mehrmals durch Abbruch bedrohten Verhandlungen vereinbarten die USA und die Sowjetunion schließlich 1987 bilateral den „INF-Vertrag", der die Grundlage des Rückzugs und der Vernichtung der Mittelstreckenraketen[140] in den folgenden Jahren bildete. Die Abwehr eines konventionell geführten Angriffs der Sowjetunion und des Warschauer Paktes auf Westeuropa erhielt so eine besondere Bedeutung, insbesondere in Hinblick auf eine mögliche Einbindung Frankreichs. Dieses Szenario lag im September 1987 dem ersten großen deutsch-französischen Manöver auf deutschem Boden zu Grunde, das unter dem Namen „Kecker Spatz – Moineau Hardi" vom 17.-24. September stattfand. Das Manöver sollte politisch und militärisch zeigen, wie eine gemeinsame Verteidigung wirksam sein kann, wenn die NATO-Kräfte drohen, an ihre Grenzen zu stoßen[141]. Unter der Leitung des II. (GE) Korps und deutschem Oberbefehl übten 20.000 französische Soldaten der Force d'Action Rapide und 55.000 Soldaten der Gebirgsdivision, der Korpstruppen und der Territorialen Verteidigung, darunter 15.000 Reservisten, mit über 16.800 Rad- und 2.200 Kettenfahrzeugen sowie 480 Hubschraubern im Raum zwischen Stuttgart und Regensburg, Nürnberg und Augsburg[142]. Höhepunkt der Übung war ein Kriegsbrückenschlag über die Donau mit Amphibischem Brückengerät M2 Alligator[143]. Am 24. September besuchten Staatspräsident Francois Mitterand und Bundeskanzler Kohl die Manövertruppen am Übergang bei Kelheim und tauschten auf der Brücke einen demonstrativen Handschlag, der wie eine Verabredung wirkte: Bei dem 50. Gipfeltreffen der Regierungschefs wurde Ende 1987 die Einrichtung des bilateralen Verteidigungs- und Sicherheitsrats beschlossen, und im Oktober 1988 nahm der Aufstellungsstab der Deutsch-Französischen Brigade in Böblingen seine Arbeit auf.

Die deutsch-französische Kooperation ist seither für die Bundeswehr ein festes, zur Normalität gewordenes Element des Dienstes geworden.

Pressekonferenz im Lagezentrum Manching

Staatspräsident Mitterand und Bundeskanzler Kohl am 24. September 1987 bei Kelheim

Koblenz, Festung Ehrenbreitstein

Das Ehrenmal des Deutschen Heeres

Als sich deutsche Soldatenverbände nach dem Zweiten Weltkrieg im Ring deutscher Soldatenverbände zusammenschlossen, wurde seinem Präsidenten, General der Kavallerie a.D. Siegfried Westphal, die Aufgabe übertragen, sich für eine würdige Gedenkstätte für die Gefallenen des deutschen Heeres einzusetzen. Die Bemühungen führten 1969 zur Gründung des Kuratoriums Ehrenmal des Deutschen Heeres e.V. mit dem Ziel, einen geeigneten Ort des Gedenkens an die Toten des deutschen Heeres zu finden, zu gestalten und zu pflegen. Als geeigneter Standort bot sich die Festung Ehrenbreitstein[144] an, da Koblenz seit den 1960er Jahren größte Garnison, größter Heeresstandort und Sitz des III. Korps der Bundeswehr war. Für Koblenz sprachen außerdem die Nähe zum Bundesministerium der Verteidigung mit dem Führungsstab des Heeres in Bonn und die besondere militärische Tradition der Stadt.

Die Mittel für das Ehrenmal wurden vorwiegend durch Spenden von Hinterbliebenen Gefallener, von ehemaligen Soldaten und Angehörigen der Bundeswehr aufgebracht. Das Ehrenmal sollte laut 1971 ergangenem Spendenaufruf des Inspekteurs des Heeres, Generalleutnant Albert Schnez, „frei von Pathos in schlichter Würde an die Opfer der Soldaten des Heeres erinnern und hierdurch zum Frieden mahnen". Die Gedenkstätte sollte jedoch nicht nur eindrucksvoll und in würdiger Weise an die Toten beider Weltkriege erinnern, sondern sich auch architektonisch harmonisch in die Gesamtanlage der Festung einfügen. Der Entwurf des renommierten Münchener Bildhauers Professor Hans Wimmer[145] der sich durch seine vorangegangenen Denkmalgestaltungen empfohlen hatte und nach einem intensiven, oft kontroversen Dialog mit seinem Auftraggeber, dem Kuratorium Ehrenmal des Deutschen Heeres, das Denkmal schuf, entsprach diesen Anforderungen in glänzender Weise.

Am 29. Oktober 1972 wurde das Ehrenmal in Anwesenheit des Bundesministers der Verteidigung Georg Leber und des Generalinspekteurs der Bundeswehr, Admiral Armin Zimmermann, feierlich eingeweiht und der Obhut des neuen deutschen Heeres übergeben. In seinem Zentrum liegt die Skulptur eines überlebensgroßen Gefallenen. Er ist als Soldat erkennbar, aber keiner bestimmten deutschen Armee eindeutig zuzuordnen. In den Folgejahren gestalterisch wiederholt verändert, wandelte sich die Gedenkstätte 1994 zu einem Ehrenmal, das an alle Toten des deutschen Heeres erinnert, auch an die nach 1955 im Dienst zu Tode gekommenen Heeressoldaten der Bundeswehr. Seit 2006 steht es zudem für alle Heeressoldaten, die im Auslandseinsatz ihr Leben gaben. Seit seiner Einweihung im Jahr 1972 ist das Ehrenmal des Deutschen Heeres, dessen Schirmherr der Inspekteur des Heeres ist, Ort der jährlichen zentralen Gedenkfeier des Heeres, bei der allen Opfern von Krieg und Gewaltherrschaft gedacht wird.

Andernach, Mayen

Die Stimme aus der Heimat

Im Logo stehen das Motto und der Auftrag: „Soldaten senden für Soldaten". Beginnend 1974 wurden vom PSV-Senderbataillon 1 als „Radio Andernach" in der Krahnenberg-Kaserne im Rahmen freier Kapazitäten Sendungen produziert, auf Kassetten gespeichert und an Bundeswehreinheiten und Standorte im Ausland verteilt. Der erste Empfänger war der Standort El Paso / Ft. Bliss in Texas, in den folgenden 25 Jahren wurden 120 Dienststellen in 60 Ländern – Militärattachéstäbe, Truppenschulen, Übungsplätze und Beratergruppen – beliefert. Das Bataillon[146] war bereits kurz nach der Gründung der Bundeswehr mit technischer Unterstützung des Südwestfunks als Verband der Psychologischen Kampfführung (PSK) des Heeres aufgestellt worden, um im Kalten Krieg auf Propagandaaktionen und -Sender der DDR[147] zu reagieren. Bis Anfang der 1970er Jahre hat es jedoch nur wenige, begrenzte Einsätze in der Nähe der innerdeutschen Grenze gegeben. 1970 wurde die Truppengattung in Truppe für Psychologische Verteidigung (PSV) umbenannt[148], was auch eine inhaltliche Schwerpunktverlagerung andeutete und „Radio Andernach" mit der Betreuungsfunktion zum festen Bestandteil der redaktionellen Arbeit machte. Seit dieser Zeit bestehen die Produktionen aus einer Zusammenstellung von Nachrichten, Informationen, Musik und Service-Themen sowie persönlichen Grüßen von Familienangehörigen und Kameraden an Einzelne und Einheiten im Einsatz. Bis Ende der 1990er Jahre war die Produktion von Kassetten und CD's wesentlicher Bestandteil der Betreuung im Einsatz; bis zu 2.000 Tonträger wurden noch bis Anfang 2000 wöchentlich verschickt, ab 1990 auch an Schiffe der Marine auf hoher See. Schwerpunkt der Betreuung wurden in dieser Zeit die Soldaten in den längeren Auslandseinsätzen, beginnend in Kambodscha und Somalia. Parallel dazu wurden ab 1993 Radioprogramme live produziert und in den Einsatzräumen über UKW ausgestrahlt. Zunächst erfolgte eine Ausweitung der Sendezeiten durch Übernahme öffentlich-rechtlicher Programme. Bis 2015 wurde die Produktion eines Mantelprogramms in Deutschland zu einem 24/7-Programm ausgebaut, das in den Einsatzregionen übernommen und lokal ergänzt wird[149]. Nach mehreren Strukturanpassungen, Umgliederungen, Auflösungen und Neuaufstellungen gehört Radio Andernach seit 2002 als Dezernat Betreuungsradio zum Zentrum für Operative Information, heute Operative Kommunikation in Mayen, wird dort produziert und von dortaus gesendet. Radio Andernach ist jedoch auch heute kein Rundfunksender im Sinne des Art. 5 des Grundgesetzes, da es dem Streitkräfteamt unterstellt und somit presserechtlich nicht unabhängig ist. Gleichwohl sind die Sendungen und Programmangebote auf Tonträgern, wo ein terrestrischer Empfang oder passwortgeschützt im Internet nicht möglich ist, eine beliebte, bewährte und anerkannte Brücke zwischen den Soldaten im Ausland und ihrer Heimat.

116

Interview mit Verteidigungsministerin Ursula von der Leyen
2018

Appell zum 40-jährigen
Bestehen von Radio Ander-
nach 2014
v.l.: Oberst Bader, Kdr.
ZOpInfo, Vizeadmiral M.
Nielson, Insp. SKB, Parl. StS
BMVg R. Brauksiepe

Das Team im Camp Marmal
Mazar-e-Sharif, Afghanistan
2013

Bedrohung und strategische Konzepte

Die aggressive Expansion des sowjetischen Machtbereichs, sein großes, stetig wachsendes Potential und die sich daraus entwickelnde Bedrohung auf Europa waren besondere Ansatzpunkte, die die Gründung der NATO auf der Basis der bereits bestehenden Verträge 1948/1949 antrieben. Die Formulierung, Definition und Umsetzung politisch tragfähiger, wirksamer und glaubhafter Strategien war seither ein ständiger Prozess, bei dem die nuklear gestützte Abschreckung und die konventionellen Potentiale in Einklang stehen mussten. Zur Zeit der Gründung der Bundeswehr verfolgte die NATO das Konzept des „Containments" und konventionell der „Vorneverteidigung": die deutschen Streitkräfte sollten bis zum Eintreffen der Kräfte aus den USA und Kanada zur Verteidigung Europas so weit östlich wie möglich beitragen. Seit 1957 galt das Konzept der „Massiven Vergeltung" mit einem frühzeitig einzusetzenden atomaren „Schwert" und dem konventionellen „Schild" zur Abwehr lokaler Übergriffe sowie zur zeitlich begrenzten Verzögerung. Als die UdSSR jedoch annähernd einen Gleichstand in der strategischen Waffenentwicklung erreichte, wurde 1968 für das Bündnis die Strategie der „Flexiblen Reaktion" beschlossen, bei der sich die Verteidigung des Bündnisses auf die vorhandenen konventionellen, taktisch-nuklearen und strategisch-nuklearen Potentiale stützte, die allein oder in unterschiedlicher Kombination angewandt werden sollten. Besonders dieses Konzept prägte die Bundeswehr in den folgenden Jahrzehnten, einmal durch die Arbeit am „General Defense Plan"[150], in dem die Verteidigungsvorbereitungen von der obersten NATO Kommandoebene stufenweise bis auf die Bataillone und Kompanien herunter präzisiert und verdichtet wurden. Zum anderen erfolgten durch häufige Alarmübungen ständig Überprüfungen der Kommunikationswege und der Einsatzbereitschaft. Darüber hinaus erlebten die Schichtdienst leistenden Soldaten der Luftverteidigung und der Fernmeldeaufklärung die Intensität der Bedrohung tagtäglich. Die Truppenteile des Heeres waren überwiegend durch Übungen gefordert, sowohl in Form teilweise mehrwöchiger Stabs-Rahmenübungen als auch durch Manöver mit Volltruppe. Die jährlichen Großmanöver der Korps in freiem Gelände, gemeinsam mit Verbänden der Partner, und die Reforger-Manöver[151] mit der US-Armee waren auch für die Öffentlichkeit ein deutlich erkennbarer Ausdruck des gemeinsamen Verteidigungswillens.

Auch wenn innerhalb des Bündnisses immer wieder über die nuklearen Risiken diskutiert wurde und in der Gesellschaft die Akzeptanz der Nuklearrüstung in den 1980er Jahren stark sank, so wurde die Strategie erst 1990 obsolet: Die militärische Struktur des Warschauer Paktes wurde am 31. März 1991, das Bündnis insgesamt am 1. Juli 1991 aufgelöst – das Ende der Bedrohung.

Eine US-Panzerkompanie im hessischen Langgöns beim Manöver Reforger im Januar 1985

Die Verteidigungsstruktur der NATO und die erwarteten Angriffsrichtungen der Streitkräfte des Warschauer Paktes

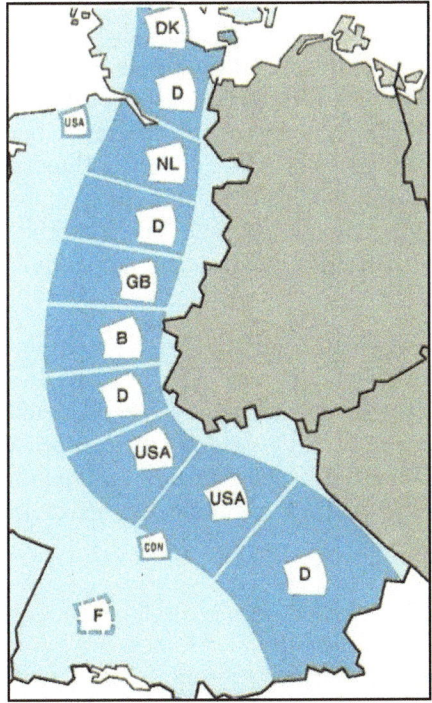

Moskau, Hotel Oktober

Der Zwei-plus-Vier-Vertrag

Mit der Öffnung der innerdeutschen Grenze am 9. November 1989 kam überraschend die Frage einer deutschen Wiedervereinigung auf die internationale Agenda. Dabei war die Ausgangslage überaus komplex: Einerseits waren beide deutsche Staaten in Bündnissysteme eingebunden und hatten dort jeweils wichtige Funktionen. Andererseits litt die Sowjetunion unter wirtschaftlicher Schwäche, hatte innere Reformen eingeleitet, musste aber einen schwindenden Einfluss in Osteuropa hinnehmen und den Zusammenbruch des sowjetischen Systems in Europa befürchten. Im Februar 1990 beschlossen die vier alliierten Mächte am Rande einer „Open Skies"-Konferenz der KSZE in Ottawa, Verhandlungen über die deutsche Frage, die Sicherheit der deutschen Nachbarländer sowie die verbliebenen alliierten Vorbehaltsrechte aufzunehmen. Das vereinbarte Format „Zwei-plus-Vier"[152] ermöglichte parallele Verhandlungen zwischen der Bundesrepublik und der DDR einerseits sowie zwischen den vier ehemaligen Siegermächten andererseits. Innerhalb von nur sechs Monaten konnte nach vier Verhandlungsrunden in Bonn, Ost-Berlin, Paris und Moskau[153] der „Vertrag über die abschließende Regelung in bezug auf Deutschland" paraphiert und am 12. September 1990 in Moskau unterschrieben werden[154].

Dass es zu einem Vertrag gekommen ist, ist eine politische und diplomatische Meisterleistung, bei der alle Beteiligten Weitblick und Verantwortungsbewusstsein bewiesen. Zu Beginn der Verhandlungen sahen die Verantwortlichen Großbritanniens und Frankreichs ein vereintes Deutschland sehr kritisch und gingen von einem längeren Übergangsprozess aus. Mit Unterstützung des US-Außenministers Baker konnten Bundeskanzler Kohl und Außenminister Genscher jedoch Vorbehalte westlicher Staaten ausräumen und dem sowjetischen Generalsekretär Gorbatschow Zugeständnisse machen, sodass die bis zuletzt immer wieder durch Zusatzforderungen gefährdeten Verhandlungen erfolgreich zu Ende geführt werden konnten[155].

Der Vertrag ermöglichte die Wiedervereinigung Deutschlands am 3. Oktober 1990 und legte die bestehenden deutschen Grenzen als endgültig fest. Die Viermächteverantwortung in Bezug auf Berlin und Gesamtdeutschland wurde beendet und Deutschlands Souveränität und seine Zugehörigkeit zur NATO bestätigt. Die Truppenstärke deutscher Streitkräfte wurde von über 500.000 auf 370.000 Soldaten beschränkt; der deutsche Verzicht auf ABC-Waffen erneuert und besondere Stationierungsvereinbarungen für ausländische Truppen akzeptiert[156].

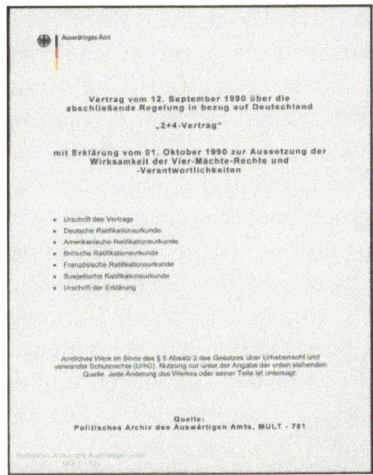

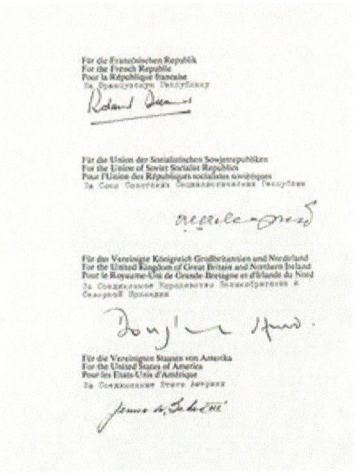

Unterzeichnung des „Zwei-plus-Vier Vertrags" am 12.09.1990 in Moskau:
(v.l.) James Baker (USA), Douglas Hurd (GBR), Eduard Schewardnadse (SU), Roland Dumas (FRA),
Lothar de Maiziére (DDR), Hans-Dietrich Genscher (DEU)

Für die Bundeswehr war der Vertrag die bedeutendste Zäsur ihrer bisherigen Geschichte. Die personelle und materielle Auflösung der Nationalen Volksarmee, die verbundene Erweiterung des Auftrags der Bundeswehr und die besonderen Integrationsaufgaben markieren den Wandel der Bundeswehr zur „Armee der Einheit": Das Ende war auch Neuanfang und Chance zugleich.

Strausberg, Von-Hardenberg-Kaserne

Die Armee der Einheit

Der Ruf der Demonstranten im Herbst 1989 „Wir sind das Volk!" brachte am 09. November 1989 die Mauer zu Fall und führte 1990 zur Selbstauflösung der DDR. Nach den Volkskammerwahlen am 18. März 1990 hatte die Regierung der DDR unter Ministerpräsident Lothar de Maizière Verhandlungen mit dem Ziel des Beitritts zur Bundesrepublik aufgenommen. Eine Reihe historischer Verträge schuf die Grundlagen für die Wiedervereinigung Deutschlands: Am 01. Juli trat die Währungs-, Wirtschafts- und Sozialunion in Kraft, mit dem „2+4-Vertrag" gaben am 12. September die ehemaligen Siegermächte ihre Zustimmung zur deutschen Einheit und schließlich konnte der Einigungsvertrag am 30. September unterschrieben werden. Am 02. Oktober um Mitternacht hörte die Nationale Volksarmee auf zu existieren, am 03. Oktober übernahm Bundesverteidigungsminister Gerhard Stoltenberg die Befehls- und Kommandogewalt über die gesamtdeutschen Streitkräfte.

Auf diese Entwicklung waren 1990 weder die Bundeswehr noch die Nationale Volksarmee vorbereitet. Nach dem Fall der Mauer hatten erste zögerliche Kontakte stattgefunden, aber kein weiterer Austausch von Informationen oder gar Verhandlungen. Die Soldaten der NVA unter Minister Eppelmann[157] hofften lange Zeit auf ein Fortbestehen ihrer Armee, zumal die bisherige Zugehörigkeit zu NATO und Warschauer Pakt einer Vereinigung beider Armeen entgegenstand. Die Vereinbarungen, die Bundeskanzler Helmut Kohl und Staatspräsident Michail Gorbatschow im Juli im Kaukasus getroffen hatten, ermöglichten jedoch die Bildung einer einheitlichen, gesamtdeutschen Armee. Am 30. August 1990 war am Standort des Ministeriums für Abrüstung und Verteidigung der DDR das Bundeswehrkommando Ost eingerichtet worden, Befehlshaber wurde Generalleutnant Jörg Schönbohm[158]. Das Kommando hatte als Zentrales Führungsorgan aller Truppenteile, Stäbe und Einrichtungen auf dem Gebiet der ehemaligen DDR für eine Übergangszeit von mindestens sechs Monaten zu arbeiten und die Auflösung der NVA durchzuführen[159]. Das Kommando übernahm am 03. Oktober rund 90.000 Soldaten und 47.000 zivile Mitarbeiter[160] in 1.500 Truppenteilen, verteilt auf 2.000 Liegenschaften. Bis zum 01. April 1991 wurden 139 Truppenteile aufgelöst und für 39 neue Aufstellungsbefehle angeordnet. Gleichzeitig erhielten das Bundeswehr-Korps Ost, das Territorialkommando Ost, das Kommando der 5. Luftwaffendivision und das Marine-Kommando Ost erste Aufgabenfelder übertragen. Damit konnte die beabsichtigte Führungsstruktur eingenommen und das Bundeswehrkommando Ost am 01. Juli 1991 außer Dienst gestellt werden.

Demonstration in Leipzig im Oktober 1989:
„Wir sind das Volk!"

Minister Eppelmann und
NVA-Soldaten im Mai 1990

Generalleutnant Schönbohm bei der Übernahme des bisherigen Wehrbezirks III
als WBK VII am 04.10.1990 in Leipzig

Der Einigungsprozess beider Armeen konnte in der Folgezeit durch gegenseitige Annäherung, auch durch Überwindung von Vorurteilen und besonders durch gemeinsam zu erfüllende Aufgaben erfolgreich vollendet werden, in dem Geist, den Generalleutnant Schönbohm am 03. Oktober 1990 zur Kommandoübernahme durch Bundeswehroffiziere vorgegeben hatte: „Wir kommen nicht als Sieger zu Besiegten, sondern als Deutsche zu Deutschen."

Berlin-Gatow, General-Steinhoff-Kaserne

Kommando und Museum am historischen Ort

Berlin-Gatow war der britische unter den vier alliierten Flugplätzen[161] in Berlin, der im Zuge des Abzugs der Alliierten zugleich mit der Kasernenanlage[162] an Deutschland übergeben und von der 3. Luftwaffendivision am 7. September 1994 unter dem neuen Namen „General-Steinhoff-Kaserne" übernommen wurde. Die Division war im April 1994 aus der 5. Luftwaffendivision hervorgegangen, die seit dem 3. Oktober 1990 in Strausberg-Eggesin alle Soldaten der Luftstreitkräfte / Luftverteidigung der aufgelösten Nationalen Volksarmee der DDR zusammengefasst hatte. So war unter dem Kommando des Luftflottenkommandos ein geordneter Übergang in die Bundeswehr eingeleitet worden. Der Prozess der Integration der Soldaten der Luftstreitkräfte/Luftverteidigung der NVA in die Luftwaffe der Bundeswehr und ihre Überführung in die NATO war der anspruchsvolle Auftrag, den die Division zu erfüllen hatte. Bei der Auflösung der Division 2006 konnte dieser Prozess als abgeschlossen gelten.

Nach der Einstellung des Flugbetriebs auf dem Flugplatz Berlin-Gatow am 30. Juni 1994 und mit dem Abzug der britischen Royal Air Force übernahm die Bundeswehr auch den Flugplatz und machte ihn zum Standort des Luftwaffenmuseums, des heutigen Militärhistorischen Museums der Bundeswehr – Flugplatz Berlin-Gatow. In den alten Flugzeughangars und auf dem noch verfügbaren restlichen Flugplatz ist ein Großteil der historischen Luftkriegssammlung der Bundeswehr untergebracht, samt zahlreichen bedeutsamen historischen Sachzeugnissen aus der Geschichte der Luftwaffe, u.a. der erste deutsche Starfighter, ein Tornado des Einsatzgeschwader 1 aus dem Kosovo-Krieg, die letzte MiG-29 auf deutschem Boden, die Flugdatenschreiber einiger verunglückter Bundeswehr Flugzeuge, Ausrüstungsgegenstände, aber auch persönliche Nachlässe, eine umfangreiche technische Dokumentation und Kunstwerke mit Bezug zum Luftkrieg.

Heute hat der Standort[163] eine zentrale Funktion: Im Zuge der Reform der obersten Führung der Bundeswehr sind die Abteilungen der Teilstreitkräfte aus dem Verteidigungsministerium ausgegliedert und zugleich als höchste Führungsorgane zu Kommandobehörden umgegliedert worden. Aus dem Führungsstab der Luftwaffe wurde das Kommando Luftwaffe unter dem Inspekteur der Luftwaffe, das seither seinen Sitz in der historischen Kaserne in Gatow hat.

Der ehemalige Luftbrückenstandort Gatow wurde so zur zentralen Führungs- und Erinnerungsstätte der deutschen Luftstreitkräfte.

RAF Gatow   Kommando Luftwaffe

Einfahrt zum
Kommando Luftwaffe

Eine C-47 Dakota der
Royal Australian Air Force
in Erinnerung an die
Berliner Luftbrücke 1948
vor dem Towergebäude
des MHM Gatow

Das Einsatzgeschwader 1

Im Zuge des Auseinanderbrechens von Jugoslawien nach dem Tode von Präsident Josip Broz Tito waren ab 1991 eine Reihe von Kriegen zwischen den nach Unabhängigkeit strebenden ehemaligen Teilrepubliken und der Jugoslawischen Volksarmee ausgebrochen, deren Ursachen auch in einer komplexen Vermischung von ethnischen, religiösen, sozialen und wachsenden ökonomischen Problemen lagen. Die Kriege führten innerhalb kurzer Zeit zu mehr als 100.000 Toten allein in Bosnien, zu Massenvertreibungen, Fluchtbewegungen und weiträumigen Zerstörungen. Der VN-Sicherheitsrat beschloss daraufhin im Februar 1992 die Überwachung der Waffenstillstandsvereinbarungen und die Stationierung der United Nations Protection Force (UNPROFOR), an der sich Deutschland ab 1995 vor allem mit Kräften zur Luftraumüberwachung beteiligte[164]. Dazu stellte die Luftwaffe aus Teilen des Jagdgeschwaders 32, Lechfeld, und des Aufklärungsgeschwader 51 „Immelmann", Jagel, am 21.07.1995 auf der norditalienischen Luftwaffenbasis Piacenza das Einsatzgeschwader 1 unter der Führung von Oberst Johann-Georg Dora als erstem Kommodore auf und unterstellte es dem Kommandeur des deutschen NATO-Anteils AIRSOUTH in Vincenza. Die Einsätze dienten zunächst vor allem der Luftraumüberwachung zur Einhaltung des Waffenembargos über der Adria, wurden aber schnell zum Schutz der IFOR/SFOR-Truppen ausgeweitet und waren dann durch Beteiligung an der NATO-Operation „Allied Force"[165] im Kosovo und in Serbien ab März 1999 die erste Beteiligung der deutschen Luftwaffe an Kampfeinsätzen. Zeitweilig verfügte das Geschwader über 14 Einsatzmaschinen PA-200 Tornado Recce zur abbildenden Luftaufklärung und Tornado ECR mit Anti-Radar-Flugkörpern HARM zur Aufklärung und Unterdrückung der feindlichen Flugabwehr. Insbesondere die ECR-Tornados waren für den Erfolg der Angriffe entscheidend: Sie flogen den alliierten Angriffsmaschinen und Bombern voraus, identifizierten die serbischen Raketenstellungen und bekämpften sie mit den HARM. Die Aufklärungsergebnisse der Recce-Tornados waren dann die Grundlage für die weitere Missionsplanung und Einsatzdurchführung. Die Missionen waren für die Piloten höchst belastend, dauerten oft bis zu acht Stunden unter ständiger Gefahr, selbst abgeschossen zu werden, und waren mit mehrmaligen Luftbetankungen verbunden Die Operation „Allied Force" wurde am 10. Juni 1999 nach 79 Einsatztagen abgeschlossen; die ECR-Tornados verlegten an ihren Heimatstandort zurück, die Recce-Tornados verblieben vor Ort und unterstützten die SFOR- und KFOR-Truppen. Die Recce-Tornados leisteten insgesamt über 4.700 Missionen mit über 13.000 Aufklärungszielen.

.

Oberst J. Georg Dora; Kommodore des EG 1, wird am 21.07.1995 nach seiner Landung von Generalmajor Jertz (m) und dem italienischen Oberst Cacciatori begrüßt.

Ein Tornado des EG 1 betankt einen Tornado Recce des JaboG 32

Piloten eines Tornados ECR des Einsatzgeschwader 1 nach einem Einsatz

Im August 2001 war der Auftrag des Einsatzgeschwader 1 endgültig erfüllt und das Geschwader konnte aufgelöst werden: Alle 7.274 Einsätze waren ohne eigene oder alliierte Verluste erfolgt – eine Bilanz, auf die die Beteiligten noch heute stolz sind.

Rajlovac (BIH)

Wandel zur Armee im Einsatz

Das Ende des Kalten Krieges war besonders in Deutschland mit großer Hoffnung und in der Erwartung eines stabilen Friedens erlebt worden. Mit großer Sorge mussten die Menschen in Europa jedoch erleben, wie sich neue Sicherheitsrisiken ergaben, Staaten zerbrachen, überwunden geglaubte ethnische Konflikte ausbrachen und religiöser Fanatismus das Gefüge Europas erschütterten. Deutschland musste sich neuen Herausforderungen stellen und gemeinsam mit seinen Partnern auch international neue Verantwortungen übernehmen. Es wurde deutlich, dass Sicherheitsvorsorge nicht nur Schutz der Landesgrenzen bedeutete, sondern dass den Sicherheitsgefahren am Ort ihrer Entstehung begegnet werden muss. Für die Bundeswehr bedeutete dies der Beginn eines Transformationsprozesses, den Umbau von einer Ausbildungs- und Präsenzarmee, die ausschließlich der Landesverteidigung diente, zur auch außerhalb Europas im Rahmen der NATO oder der Vereinten Nationen einsetzbaren Eingreif- und Stabilisierungstruppe[166]. Für die deutsche Gesellschaft bedeutete dies ein Lernprozess, der am 12. Juni 1994 zu einer Grundsatzentscheidung des Bundesverfassungsgerichts führte: Die Beteiligung der Bundeswehr an Maßnahmen der kollektiven Friedenssicherung ist bei vorheriger Zustimmung des Bundestages verfassungsgemäß. Besonders auf dem Balkan, in Kroatien und Bosnien-Herzegowina, brachen immer wieder Kämpfe aus, bei denen seit 1992 mehr als 150.000 Menschen getötet worden waren. Es war eindeutig, dass ohne eine internationale Unterstützung der Friedensprozess nach dem Abkommen von Dayton nicht realisiert werden würde. Am 30. Juni 1995 stimmte der Deutsche Bundestag der Stationierung bewaffneter deutscher Truppen mit großer Mehrheit und in politischem Konsens zu. Die sich anschließenden Einsätze, UN-Protection Force, Implementation Force, Stabilisation Force und SFOR-Folgeoperation, waren die ersten Einsätze des Heeres mit Waffeneinsatz, bei denen durchschnittlich ständig 1.600 Soldaten für jeweils sechs Monate in Kroatien und im Raum Sarajevo – Mostar – Rajlovac neue Feindseligkeiten zu verhindern suchten, die Arbeit internationaler Organisationen schützten und die Rückübertragung ziviler Eigenverantwortung unterstützten.
Anfang 1997 kam es zu einer bedrohlichen Entwicklung im benachbarten Albanien, als dort die staatlichen Strukturen implodierten. Nach einem Hilferuf der Deutschen Botschaft in Tirana ordnete die Bundesregierung am 13. März 1997 die „Operation Libelle" an, bei der deutsche SFOR-Kräfte mit Waffengewalt über 100 Menschen, die in die Botschaft geflüchtet waren, mit Hubschraubern evakuierten und nach Podgorica in Sicherheit brachten.

In der Zeit 1995-1996 wurden in Bosnien mit dem Minenräumpanzer Keiler mehr als 191.000 m² geräumt.

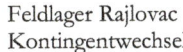

Feldlager Rajlovac
Kontingentwechsel

Evakuierungsoperation Libelle 1997 in Tirana

Die „Operation Libelle" gilt als das erste Gefecht der Bundeswehr; es konnte ohne Verluste erfolgreich durchgeführt werden. Schlüssel für den Erfolg waren Einsatzmotivation, Mut, Entschlusskraft, Durchsetzungswille und Professionalität, insgesamt militärische Tugenden, die auch bei zahlreichen späteren Gefechten in allen Einsatzgebieten entscheidend waren und sich hier überzeugend dargestellt haben.

Luxemburg, Europäischer Gerichtshof, Kirchberg-Plateau

Der Dienst von Frauen

Bei der Gründung der Bundeswehr schloss Art. 12a GG einen Militärdienst von Frauen aus; lediglich in der zivilen Wehrverwaltung wurden Frauen von Anfang an beschäftigt. Erst 1975 schlug Verteidigungsminister Georg Leber vor, approbierte Ärztinnen, Zahnärztinnen, Tierärztinnen und Apothekerinnen als Sanitätsoffiziere in die Bundeswehr einzustellen. Das Kabinett stimmte dem Vorschlag im Februar 1975 zu und schuf mit einer Änderung des Soldatengesetzes und der Wehrdisziplinarordnung die Voraussetzungen für einen militärischen Dienst von Frauen. Die ersten fünf weiblichen Sanitätsoffiziere traten ihren Dienst am 01. Oktober 1975 an. Da Sanitätspersonal nach dem Völkerrecht nicht als Kombattanten gilt und nicht selbst kämpfen darf, erhielten sie eine eingeschränkte Grundausbildung auch an Handfeuerwaffen, um sie zur Selbstverteidigung zu befähigen. Im Juni 1988 erweiterte Verteidigungsminister Rupert Scholz den Dienst der Frauen auf alle Laufbahnen des Sanitäts- und Militärmusikdienstes. Am 01. Juni 1989 traten die ersten 50 weiblichen Sanitätsoffizieranwärter in die Bundeswehr ein; ab Januar 1991 konnten sich Frauen auch für die Laufbahngruppe der Mannschaften und Unteroffiziere im Sanitäts- und Militärmusikdienst bewerben. Der grundgesetzliche Ausschluss vom Dienst an der Waffe blieb für die Frauen jedoch bestehen.

Eine grundsätzliche Änderung ergab sich, nachdem sich 1996 eine als Elektronikerin ausgebildete Frau zum freiwilligen Dienst in der Instandsetzungstruppe bewarb und trotz erfüllter Qualifikation abgewiesen wurde. Gegen die Ablehnung aus allein geschlechtsspezifischen Gründen klagte sie vor dem Verwaltungsgericht Hannover, das eine Entscheidung wegen der grundsätzlichen verfassungsrechtlichen Bedeutung beim Europäischen Gerichtshof beantragte. Das Verfahren 1999 führte am 11. Januar 2000 zu dem Urteil, dass die deutsche gesetzliche Vorschrift des Ausschlusses vom Dienst an der Waffe gegen den in der EU geltenden Grundsatz der Gleichstellung von Männern und Frauen verstößt. Der Bundestag hat daraufhin den Art. 12a GG neu gefasst und das „Gesetz zur Durchsetzung der Gleichstellung von Soldatinnen und Soldaten der Bundeswehr" beschlossen, das seit 01. Januar 2005 gilt[167].

Mittlerweile dienen in der Bundeswehr etwa 22.000 Soldatinnen, davon ca. 5.500 Offiziere, was etwa 13 % des militärischen Personals entspricht[168]. Nach den Erfahrungen anderer Länder wird mit einem weiteren Anstieg der Zahl der Soldatinnen gerechnet. Heute sind Frauen in der Bundeswehr ein selbstverständlicher Teil der Truppe, deren Bild und soldatische Gemeinschaft sie in besonderer Weise prägen.

Die Uniform der weiblichen Sanitätsoffiziere gemäß Kapitel 5 der ZDv 37/10 „Anzugordnung für die Soldaten der Bundeswehr" (März 1982)

Der Europäische Gerichtshof in Luxemburg-Stadt

131

Bonn

Zeitschriften für Soldaten

Für die Medienarbeit der Bundeswehr markiert das Jahr 2001 eine entscheidende Wende. Bis dahin wurde die Truppe mit Zeitschriften und Broschüren versorgt, deren Konzept bei der Aufstellung der Bundeswehr nach 1957 entwickelt worden war und vom Verteidigungsministerium verantwortet wurde. Das Zeitschriftenkonzept war primär Zielgruppen orientiert und hatte danach ausgerichtete thematische Schwerpunkte mit Informationen als Ergänzung dienstlicher Publikationen. Die Zeitschriften hatten nahezu keine unterhaltenden Inhalte, wurden in militärischer Kooperation zivil redigiert und von Partner-Verlagen produziert und vertrieben. Die „Wehrausbildung in Wort und Bild" erschien im Bonner Verlag WEU/Offene Worte und richtete sich an Mannschaften und Unteroffiziere mit Ausbildungshinweisen, Erfahrungsberichten und Hintergrundinformationen zu Vorschriften und Ausbildungsanweisungen. Eine ähnliche Thematik und Ausrichtung, jedoch mit der Zielgruppe der Offiziere, hatte die monatlich erscheinende „Truppenpraxis" des Darmstädter Verlags Wehr und Wissen. Ab 1958 erschien im Frankfurter Umschau-Verlag die „Soldat und Technik" als Truppenzeitschrift und Fachorgan für Technik in der Bundeswehr sowie als Spezialorgan für Technik und Ausrüstung im Warschauer Pakt. Der Führungsstab der Streitkräfte im Verteidigungsministerium war bis 1988 verantwortlicher Herausgeber der Schriftenreihe „Innere Führung", in der in unregelmäßigen Abständen umfangreiche Broschüren mit historischen Themen, sozialwissenschaftlichen Arbeiten und Aufsätzen im Zusammenhang der Inneren Führung erschienen. Damit standen der Truppe über Jahrzehnte sachbezogene und objektive Informationsquellen zur Verfügung, die als Hilfen bei der Ausbildung und zur persönlichen Weiterbildung gern genutzt wurden. Als tägliche, allgemeine Information diente das als Manuskript gedruckte Blatt „Mitteilung für den Soldaten", ab 1971 „bundeswehr aktuell"[169], des IP-Stabs des BMVg.

Im April 2001 wurde im Verteidigungsministerium ein neues Medienkonzept realisiert. Mit der Gründung der Monats-Zeitschrift „Y – Magazin der Bundeswehr" wurde das Erscheinen der bisherigen Periodika eingestellt. Neben einer Einsparung von Mitteln für die Dienstauflagen sollten die Medien der Bundeswehr auch ein modernes Aussehen erhalten. So präsentiert sich „Y" nun als buntes, thematisch breites Magazin für die Zielgruppe der 20 – 35-jährigen Soldaten und ihrer Familien. Von den Zeitungen der Anfangsjahre wurde „Soldat und Technik" unter Eigenverantwortung des Bonner Report-Verlags weitergeführt, ab 2004 als „Strategie und Technik"[170]. Nach der Fusion[171] mit dem Mittler Verlag ist die Zeitschrift heute unter dem Namen „Europäische Sicherheit & Technik" das führende deutsche Magazin für Sicherheitspolitik, Strategie, Wehrtechnik und Rüstung.

oben: „Wehrausbildung",
Ausgabe 3. Jahrg. 1960

rechts: „bundeswehr aktuell",
18.11.1980

rechts außen:
„Schriftenreihe Innere Führung",
Reihe Zeitgeschichte Heft 1, 1966

„Soldat und Technik", Sonderdruck aus Heft 3, 4 und 5/1965
„Strategie & Technik", Juni 2005

Berlin, Hildebrandstraße

Das Ehrenmal der Bundeswehr

Am 8. September 2009 wurde mit einer Festansprache des Bundespräsidenten Horst Köhler in der Berliner Hildebrandstraße am Dienstsitz des Bundesministeriums der Verteidigung das Ehrenmal der Bundeswehr als zentraler Ort des Gedenkens an die militärischen und zivilen Angehörigen der Bundeswehr eingeweiht, die in Ausübung ihrer Dienstpflichten ihr Leben verloren haben. In unmittelbarer Nähe zur Gedenkstätte Deutscher Widerstand hat das Ehrenmal einen prominenten Standort in der Nachbarschaft weiterer wichtiger Denkmäler der deutschen Geschichte. Nahe zu den Stätten der gesetzgebenden und ausführenden Gewalt unseres Staates symbolisiert das Ehrenmal dadurch sowohl die Verankerung der Bundeswehr in der demokratisch parlamentarischen Verfassung als auch die Traditionslinien, die das Selbstverständnis der Bundeswehr kennzeichnen.

Das Ehrenmal ist nach dem Entwurf des Münchner Architekten Professor Andreas Meck ein schlichter Bau von 8 x 32 Metern und 10 Meter Höhe aus Stahlbetonteilen mit einer umgebenden bronzenen Hülle, die in der Form der Erkennungsmarken filigran unterbrochen ist. Der Bau überzeugt als begehbares Gesamtkunstwerk durch die formale Strenge, die Besonderheit der Oberflächengestaltungen und die Licht- und Schattenwirkungen. Eine besondere Wirkung entfaltet als Raum der Stille die Cella, in der mit einer erhöhten Bodenplatte Platz geboten wird, Kränze, Blumen oder Erinnerungsstücke abzulegen. Beim Verlassen der Cella trifft der Besucher auf ein Lichtband, in dem die Namen der Toten in wechselnder Projektion auf lichtdurchlässigem Beton erscheinen. In die bronzene Hülle des Ehrenmals ist das Buch des Gedenkens eingelassen. Auf 20 bronzenen Platten finden sich, nach Jahren geordnet, die Namen der mehr als 3.200 Toten, die die Bundeswehr seit ihrer Gründung 1955 zu beklagen hat. Ihnen gilt die auf einer goldschimmernden Wand zu lesende Widmung:

„DEN TOTEN UNSERER BUNDESWEHR FÜR FRIEDEN RECHT UND FREIHEIT"

Das Ehrenmal wird ergänzt durch den benachbarten „Raum der Information", einem eigenständigen Gebäude, in dem der historische Werdegang der Gedenkkultur der Bundeswehr dargestellt und auf besondere unvergessliche Ereignisse, Unfälle und Entwicklungen hingewiesen wird.

Bonn / Berlin

Die Wehrpflicht

Bei der Gründung der Bundeswehr standen zwei grundlegende Ideen im Vordergrund: Zum einen die Überzeugung Scharnhorsts vom Bewohner eines Staates als dessen geborenem Verteidiger, zum anderen die geschichtliche Erfahrung, die 1949 im Grundgesetz verankert worden war, dass niemand gegen seinen Willen zum Waffendienst gezwungen werden darf. Dementsprechend wurde, erstmals in der deutschen Geschichte, die Bundeswehr als Wehrpflichtarmee in einem demokratischen Staatswesen konzipiert und strukturiert. Die ersten 10.000 Wehrpflichtigen wurden nach Inkrafttreten des Wehrpflichtgesetzes am 21. Juli 1956 zum 1. April 1957 für einen zwölfmonatigen Dienst einberufen. Sie waren die ersten von insgesamt über 8 Millionen junger Männer, die in den folgenden Jahrzehnten Wehrdienst leisteten und mit 45 % bis über 80% den wesentlichen Anteil der Mannschaften[172] ausmachten. Ihr Dienst und seine Organisation waren häufigen Änderungen unterworfen. Dies betraf einerseits die Bestimmungen über Wehrdienstausnahmen, Rückstellungsmöglichkeiten, Tauglichkeitskriterien und Alternativen zum Dienst als auch die Länge des Grundwehrdienstes. Je nach sicherheitspolitischer Einschätzung und demografischer Entwicklung betrug die Dienstzeit wechselnd 12 – 18 Monate, ab 2002 neun Monate mit Flexibilität der Ableistung[173]. In der Öffentlichkeit wurde der Wehrdienst kritisch begleitet und unterschiedlich bewertet. Zahlreiche Wehrpflichtige fühlten sich gegenüber Nichtdienenden benachteiligt und beklagten dienstliche Unzulänglichkeiten, zumal Verkürzungen des Wehrdienstes Einschränkungen der Ausbildung und damit der individuellen Einsatzmöglichkeiten begründeten. Gleichzeitig verstärkte sich die öffentliche Diskussion im Zuge des drastischen Anstiegs der Zahl der Kriegsdienstverweigerer und der sicherheitspolitischen Entwicklung ab Mitte der 1960er Jahre[174]. Das Problem der Wehrgerechtigkeit war ein häufiges Thema der Medien, die die Wehrpflicht als staatlich verordneten Gammeldienst verunglimpften. Die Bundesregierung unter Bundeskanzler Willy Brandt berief schließlich 1970 eine unabhängige Wehrstruktur-Kommission[175], deren Vorschläge jedoch nur teilweise umgesetzt werden konnten. Bundespräsident Roman Herzog nahm als ehemaliger Verfassungsrichter 1995 zur Wehrpflicht Stellung und mahnte, dass sie ebenso wie die Dauer des Grundwehrdienstes ausschließlich sicherheitspolitisch begründet werden müsse, andere Argumente wären stets nachrangig. Parallel zur Verkleinerung der Bundeswehr nach der Wiedervereinigung empfahl dann 1999 die vom ehemaligen Bundespräsidenten Richard von Weizsäcker geleitete Kommission zur Wehrstruktur u.a., die Einberufung von Wehrpflichtigen auf jährlich 30.000 zu begrenzen. Schließlich waren es politischer und parlamentarischer Druck sowie finanzielle Zwänge, Anfang 2010 eine erneute Defizitanalyse zur Lage der Bundeswehr einzuleiten[176] und über grundlegende Veränderungen der Wehrpflicht zu beraten.

Bundespräsident Theodor Heuss hatte sich im September 1958 nach einem Gespräch mit Wehrpflichtigen mit den launigen Worten verabschiedet. **„Nun siegt mal schön!"** Später hat er präzisiert, dass seine heitere Bemerkung weder militaristisch noch ironisch zu verstehen sei.

Karikatur von P. Wolf am 15.09.1958 in „Bild"

Wehrpflichtige des Heeres, der Marine und der Luftwaffe

Im Juni 2010 schlug Verteidigungsminister zu Karl Theodor zu Guttenberg vor, die Wehrpflicht „auszusetzen". Nach Partei-internen Abstimmungen stimmte das Kabinett dem Reformvorschlag des Ministers zu und beschloss die Änderung der Wehrpflicht mit Wirkung vom 01. Juli 2011.[177]

Zum 03. Januar 2011 wurden die letzten 12.000 Wehrpflichtigen einberufen. In den vorhergegangenen 54 Jahren waren die Wehrpflichtigen das Rückgrat der Bundeswehr auf der Ebene der Mannschaften. Deren Engagement, Leistungsvermögen und Fähigkeiten haben die Bundeswehr geprägt. Das im Feierlichen Gelöbnis von den Wehrpflichtigen ausgesprochene Bekenntnis zu unserem Staat hat die deutsche Demokratie gefestigt.

Dresden

Das Militärhistorische Museum der Bundeswehr

Das 1877 entstandene Arsenalgebäude der Königlich Sächsischen Armee ist nach langen Jahren als Armeemuseum des Königreichs Sachsen, der Wehrmacht und der DDR 1994 von Verteidigungsminister Volker Rühe zum zentralen Museum der Bundeswehr[178] bestimmt worden. Als die Bundeswehr 1990 das Gebäude übernahm, beherbergte es eine militär-museale Sammlung, die in erster Linie die Geschichte der Nationalen Volksarmee, deren Bündnispartner im Warschauer Pakt und den Ost-West-Konflikt ideologisch eingefärbt beleuchtete. Eine grundsätzliche Neuausrichtung des Hauses war unausweichlich. Am 14. Oktober 2011 wurde in dem nach Plänen des Architekten Daniel Libeskind spektakulär in sieben Jahren umgebauten historischen Gebäude[179] ein Museum eröffnet, das mit einer neuen Zielsetzung und modernen museumspädagogischen Konzepten keine primär technikgeschichtliche sondern eine kulturhistorische Präsentation bietet, die ohne Pathos geschichtliche Anschauung und Besinnung mit kritischer Auseinandersetzung verbindet. Nach dem Leitgedanken, dass Militärgeschichte stets in wechselvoller Beziehung Teil der Gesellschaftsgeschichte ist, stehen der Mensch im Zentrum der Dauerausstellung und die Frage nach den Ursachen und Folgen von Krieg und Gewalt. Das Militär wird nicht als Institution, sondern als Faktor und Baustein aller Bereiche des öffentlichen Lebens verstanden und in neuen, mitunter überraschenden Funktionszusammenhängen präsentiert. Die Dauerausstellung mit über 10.000 Exponaten bietet in der Darstellung ein spannendes Nebeneinander klassischer und neuartiger Sichtweisen. Beim Besuch des im „Libeskind-Keil" gelegenen Themenparcours erforscht der Besucher in zwölf thematisch geschlossenen Bereichen sehr unterschiedliche Aspekte der Militärgeschichte. Die Themenvielfalt reicht von der Verarbeitung von Kriegen in der individuellen Erinnerung, dem Zusammenwirken von Politik und Gewalt, die Einwirkungen auf die Gesellschaft und über das Leiden im Krieg, der dualen Nutzung von Technologien bis hin zu Zerstörung und Schutz. Der zweite, chronologische Rundgang unterteilt in der Darstellung der Geschichte von 1300 bis heute drei Epochen, zeigt die Entwicklungslinien, Kontinuitäten und Brüche auf, macht sie erfahrbar und konfrontiert die Besucher am Schluss mit den Herausforderungen des 21. Jahrhunderts

Das Museum ist heute eines der größten international anerkannten militärhistorischen Museen in Europa und eines der vier großen Geschichtsmuseen in Deutschland.[180] Die Vermittlungsarbeit für Angehörige der Bundeswehr ist Schwerpunkt des Museums. Die Aus- und Weiterbildungen im Bereich der historischen Bildung sollen zu einer kritischen Auseinandersetzung mit der deutschen Militärgeschichte befähigen. Durch wechselnde Sonderausstellungen rückt das Museum auch kaum präsente Themen in den Fokus der Öffentlichkeit.

Das Hauptgebäude des Militärhistorischen Museums mit dem „Libeskind-Keil"

Die Präsentation der Exponate ist frei von Pathos und fördert kritische Distanz:

Der Geisterreiter (oben), Panzerfragmente (unten)

Schwielowsee-Geltow

Der Wald der Erinnerung

Mit dem Einsatz in Kambodscha 1992 haben die Auslandseinsätze der Bundeswehr begonnen. Waren es zunächst humanitäre und unterstützende Einsätze, bei denen die deutschen Kontingente nicht an Kampfhandlungen beteiligt waren, so haben sich spätestens seit 1995 die Aufgaben, die Einsatzanforderungen und die Gefährdung der Soldaten grundlegend geändert. Auch friedenschaffende Einsätze entwickelten sich zu kriegerischen und forderten Opfer bei Kampfhandlungen, Sprengstoffanschlägen und Attentaten. Opfer sind aber auch alle jene, die bei Unfällen und Selbsttötungen während des Einsatzes ihr Leben verloren. In den Einsatzländern[181] sind im Gedenken an sie von ihren Kameraden durch Eigeninitiative in den jeweiligen Camps und Lagern Ehrenhaine entstanden, die mit einfachen, vor Ort verfügbaren Mitteln gestaltet sind und eine eigene Form der Gedenk- und Erinnerungskultur darstellen. Mit dem Ende des jeweiligen Einsatzes und der Räumung eines Camps wurden auch die dortigen Ehrenhaine abgebaut und nach Deutschland gebracht. Es waren Hinterbliebene, die den Vorschlag zur Gestaltung des Waldes der Erinnerung machten, um einen Ort zu schaffen, an dem aller individuell gedacht werden kann, die im Ehrenmal der Bundeswehr genannt werden. Der Wald der Erinnerung auf dem ausgedehnten Gelände der Henning von Tresckow-Kaserne im Westen Potsdams ist nun seit 2014 der endgültige Ort der Ehrenhaine aus den Einsatzgebieten. Dabei sind die wieder aufgebauten Ehrenhaine weder Denkmäler noch Gräber, gleichwohl bieten sie eine Atmosphäre zum Innehalten und ermöglichen individuelle Trauer und persönliches Gedenken in stiller und würdevoller Umgebung. Die Anlage gliedert sich in einen Weg der Erinnerung mit Namensstelen, den umgebenden Ehrenhainen und den „Ort der Stille" am Ende des Weges sowie den umschließenden Wald, in dem Hinterbliebene einen Baum in Erinnerung an einen Toten namentlich oder individuell kennzeichnen dürfen.

Der Wald der Erinnerung ergänzt das zentrale Gedenken an alle Toten der Bundeswehr am Ehrenmal der Bundeswehr in Berlin sowie an den Ehrenmalen der Teilstreitkräfte – des Heeres auf der Feste Ehrenbreitstein in Koblenz, der Luftwaffe in Fürstenfeldbruck und der Marine in Laboe. Die sehr unterschiedlichen Haine verbinden das gemeinsame Gedenken mit der individuellen Trauer und Erinnerung an die Toten auch durch Angehörige und Hinterbliebene. Jährlich sind es etwa 11.000 Besucher, die den Wald als eine in Deutschland einzigartige Stätte und als Ausdruck gelebter Kameradschaft, Betreuung und Fürsorge erleben.

Der Weg der Erinnerung, eine Namensstele,
der Ort der Stille

Der Ehrenhain aus Kabul

141

Flensburg

Marineschule Mürwik

Seit Oktober 1910 ist die Marineschule Mürwik die Heimat des deutschen Marineoffiziers. Der Bau der Schule in Flensburg-Mürwik war 1906 begonnen worden; mit ihrer einmaligen Lage am Ende der Flensburger Förde, quasi am auslaufenden Ostseefjord gelegen, ragt sie weit über die Förde hinaus, weithin sichtbar im Stile norddeutscher Backsteingotik der Marienburg ähnlich. Das unter Denkmalschutz stehende Schulgebäude wird auch das "Rote Schloss am Meer" genannt. Am 21. November 1910 hatte Kaiser Wilhelm II. in Anwesenheit der gesamten Marineführung die Schule feierlich eingeweiht und in seiner Ansprache das auch heute gültige Fundament für die Ausbildung und Erziehung der Seekadetten gelegt: "Der Seeoffizier muss sehr viel lernen. Er soll ein gebildeter Mann im allgemeinen Sinn sein und er soll sich ein weitgehend technisches Wissen aneignen."

Die nun über 100 Jahre alte Marineschule hat alle Höhen und Tiefen der deutschen Geschichte von 1906 bis heute miterlebt[182] und Marineoffiziere in fünf deutschen Marinen geprägt. Es ist die Geschichte der Marineoffiziere der Kaiserlichen Marine, der Reichsmarine, der Kriegsmarine, der Bundesmarine und der seit 1990 vereinigten Deutschen Marine. Erst nach dem NATO-Beitritt der Bundesrepublik Deutschland 1955 und mit der Aufstellung der Bundeswehr hatte die Marineschule Mürwik ihre eigentliche Bestimmung als Offizierschule der Marine wieder wahrnehmen können. Am 1. November 1956 traf der erste Fähnrichslehrgang an der Marineschule ein. Zum 75-jährigen Jubiläum der Marineschule Mürwik 1985 gratulierte der damalige Bundespräsident Richard von Weizsäcker, dessen Vater (Crew 1900) als Flaggleutnant der Hochseeflotte an der Einweihung der Marineschule im November 1910 teilgenommen hatte: "Meine Glückwünsche an die Marineschule und die Deutsche Marine spreche ich daher gern und mit Überzeugung aus. Der Marineschule Mürwik wünsche ich auch für die Zukunft Erfolg in ihrem Bemühen, Offizieranwärter für die verantwortungsvolle Rolle als Menschenführer, Fachmann und Staatsbürger in Uniform gründlich auszubilden und wertebewusst zu erziehen." Im November 2010 feierte die Deutsche Marine "100 Jahre Marineschule Mürwik" mit den Worten "Happy Birthday Marineschule Mürwik. Ich wünsche Dir, stets die notwendige Handbreit Wasser unterm Kiel, die richtigen Kurse und gute Winde. Vor allem, viele weitere gute und glückliche Jahre als Alma Mater der Deutschen Marine."

Die Marineschule,
das Rote Schloss am Meer

Die Aula der Schule

Vereidigung der Crew 7/2018

Rendsburg, Schleswiger Chaussee 91

Das Zentrum der Flugabwehr

Rendsburg hatte bereits eine lange Garnisonsgeschichte, als bei der Gründung der Bundeswehr mit dem Befehl Nr. 9 am 22. März 1956 die 1939 erbaute Flak-Kaserne zum Stationierungsort der Truppenschule der Flugabwehrtruppen als gemeinsame Schule der Luftwaffe und des Heeres bestimmt wurde. Nach umfangreichen Renovierungsarbeiten bezog bereits im April 1956 das Vorkommando für die Aufstellung des Flugabwehrartillerielehrbataillons die Flak-Kaserne und ab Juli 1956 dann das der Truppenschule. Der Lehrbetrieb begann kurze Zeit später mit Lehrgängen für beide Teilstreitkräfte. In dieser ersten Zeit waren auch die Verbände innerhalb der Flak-Kaserne zeitweise dem Heer, dann der Luftwaffe unterstellt[183]. Die Schule führte die Lehrgänge auch an gemeinsam genutzten Waffensystemen für beide Teilstreitkräfte bis 1964 durch; mit der Entscheidung, die Luftwaffen-Flugabwehr mit Raketensystemen auszustatten, erfolgte die Herauslösung der Luftwaffenanteile.[184]. Diese gründeten in Aachen die Raketenschule der Luftwaffe, die 1966 in die USA nach Fort Bliss, Texas, verlegt wurde.

Mit dem Umgliederungsappell am 06. Oktober 1964 wurde die Heeresflugabwehrschule eine eigenständige zentrale Ausbildungseinrichtung des Heeres; gleichzeitig erhielt die Flak-Kaserne den Namen Rüdel-Kaserne in Andenken an Generaloberst Günter Rüdel, dem ersten Inspekteur der Flak-Artillerie der Wehrmacht, der besonders in der Waffentechnik weit über seine Zeit hinausgehende Ideen und Konzepte entwickelt hatte und als Vater der modernen Flugabwehr gilt[185]. Kernauftrag der Heeresflugabwehrschule waren in den Folgejahren die Laufbahn- und Verwendungslehrgänge für alle Soldaten der Heeresflugabwehrtruppe, daneben war sie federführend in der Ausbildung der Fliegerabwehr aller Truppen. Die Anfang der 1970er Jahre beginnende Umrüstung der Truppengattung auf die Waffensysteme Gepard und Roland sowie die Einführung moderner Führungssysteme machten die Truppengattung einerseits zu der modernsten des Heeres, stellten andererseits die Schule in Verbindung mit den zahlreichen Umgliederungen der Verbände und Heeresreformen vor besondere Herausforderungen, angesichts der rasanten Entwicklung der Luftkriegsmittel in der Weiterentwicklung der Truppengattung und der Lehre der gestiegenen Bedrohung gerecht zu bleiben.

Eine erste Zäsur musste die Heeresflugabwehrschule erleben, als die Kaserne am 08. Mai 2000 durch Verteidigungsminister Rudolf Scharping überraschend und kurzfristig in Feldwebel-Schmid-Kaserne umbenannt wurde[186]. Am 28. November 2007 folgte ein zweiter Tiefpunkt: Infolge einer erneuten Strukturanpassung wurde die Heeresflugabwehrschule formell aufgelöst und als Ausbildungszentrum Heeresflugabwehr in das Ausbildungszentrum Munster integriert. Das Ende der Heeresflugabwehrschule[187] in Rendsburg war auch das Ende der 350-jährigen Garnisonsgeschichte Rendsburgs.

Die Rüdel-Kaserne und die Heeresflugabwehrschule
zu Beginn der 1960er Jahre

Eckernförde, Plön

Die Marineunteroffizierschule

Ihren Anfang hatte die Unteroffizierausbildung der Bundesmarine zunächst in Cuxhaven, dann in Brake und von 1957-1960 in Eckernförde. Am 14. Juni 1960 befahl das Verteidigungsministerium die Verlegung der Marineunteroffizierschule von Eckernförde nach Plön in die Liegenschaft der ehemaligen „King Alfred School", eines Internats für Kinder der britischen Streitkräfte in Deutschland. Am 27. September 1960 zog die Marineunteroffizierschule (MUS) nach vorangegangener Musterung auf dem Plöner Marktplatz mit dem Zwergesel Fridolin als Maskottchen an der Spitze von 600 Angehörigen in die Kaserne Ruhleben ein. Damit wurde Plön zum zweiten Mal Marinegarnison, nachdem am 31. März 1938 die neu errichtete militärische Anlage von der III. Marineunteroffizier-Lehrabteilung übernommen worden war. Seither werden in Plön die Unteroffiziere der Marine ausgebildet.

Die Vorgesetztenausbildung der Marineunteroffizierschule nimmt für sich in Anspruch, die Gesamtpersönlichkeit der Trainingsteilnehmer und -teilnehmerinnen zu aktivieren und entsprechend ihrer Stärken und Fähigkeiten weiterzuentwickeln. So werden methodische und charakterliche Schlüsselqualifikationen vermittelt, die die Marine-Soldaten zum Bestehen als Vorgesetzte in ihren künftigen Tätigkeits- und Einsatzbereichen benötigen. Ferner werden die Grundsätze der Inneren Führung als Basis für den militärischen Dienst in der Bundeswehr und als bestimmendes Merkmal für das Selbstverständnis des Marine-Unterführernachwuchses vermittelt und vorgelebt.

Die einzigartige Lage der Marineunteroffizierschule am „Großen Plöner See", die anspruchsvolle Ausbildung, die maritime Prägung, insbesondere durch den Bootsdienst, und die an Tradition reiche Kasernenanlage bleiben allen, die an der Schule eine Ausbildung absolviert haben, bis an das Ende ihrer Dienstzeit und auch darüber hinaus in Erinnerung.

Während die Maaten-Anwärter ihre Grundausbildung zuvor grundsätzlich an der Marinetechnikschule bzw. der Marineoperationsschule absolvieren, beginnt der Bootsmann-Nachwuchs seine Laufbahn mit der Grundausbildung an der Marineunteroffizierschule und erhält hier bereits seine Prägung als Portepeeunteroffizier-Nachwuchs. Nach einem vierwöchigen Praktikum vorzugsweise in der Flotte schließt sich die insgesamt fünfmonatige Vorgesetztenausbildung an. Im Anschluss werden die angehenden Vorgesetzten in anderen Ausbildungseinrichtungen fachspezifisch qualifiziert.

Die Marineunteroffizierschule versteht sich somit als die Alma Mater der Bootsmänner der Marine.

Luftaufnahme der Marineunteroffizierschule 2017

Kommandeurmusterung

Die Führungsakademie der Bundeswehr

Mit dem Potsdamer Abkommen war Deutschland die Einrichtung eines Generalstabs verboten worden. Da aber auch in der neuen deutschen Armee höheres Führungspersonal für generalstabsdienstliche Funktionen ausgebildet werden musste, setzte sich schon in den ersten Überlegungen im Amt Blank die Überzeugung durch, dass bei der Konzeption der Ausbildung der Generalstabsoffiziere neue Schwerpunkte mit einem anderen Grundansatz entwickelt werden mussten. So fiel frühzeitig die Entscheidung, als gemeinsame Bildungsstätte die Führungsakademie statt teilstreitkrafteigener Akademien aufzubauen. Am 1. Januar 1957 nahm in der ehemaligen Gendarmeriekaserne in Bad Ems ein Vorbereitungsstab seine Arbeit auf und leitete unter sehr beengten, provisorischen Bedingungen ab 01. April 1957 den ersten Lehrgang für Stabsoffiziere des Heeres, ab 01. Oktober 1957 den ersten Admiralstabslehrgang und ab 01. April 1958 den ersten Lehrgang für Stabsoffiziere der Luftwaffe[188]. Im Herbst 1958 wurde die Führungsakademie nach Hamburg-Blankenese verlegt, wo gleichzeitig mit dem Bau neuer Hörsaalgebäude begonnen wurde. Dies schaffte den äußeren Rahmen, dass die Akademie im Geist der preußischen Reformen strukturiert und wissenschaftlich ausgerichtet werden konnte. In der politischen und rechtlichen Ausbildung wurden Themen der demokratischen Legitimierung, das Leitbild des Staatsbürgers in Uniform und das Prinzip der Inneren Führung zentrale Grundsätze. Frühzeitig öffnete sich die Akademie für ausländische Lehrgangsteilnehmer und förderte den Dialog mit vergleichbaren ausländischen Institutionen[189]. 1974 wurde die 1966 geschaffene Stabsakademie in die Führungsakademie integriert, sodass seitdem nach den gleichen Prinzipien die Stabsoffizier- und Auswahllehrgänge an der Führungsakademie in zwei weiteren Kasernen stattfinden konnten. Auf die Aktivitäten der Friedensbewegung der 1980er Jahre reagierte die Akademie mit dem Angebot sicherheitspolitischer Seminare für zivile Multiplikatoren. Auf dem Weg der Bundeswehr zur Armee der Einheit hatte die Akademie mit der Ausbildung von ehemaligen NVA-Kommandeuren und der Bildung eines speziellen Förderkreises eine besonders prägende Funktion[190]. Die Transformation der Bundeswehr zur Einsatzarmee spiegelt sich heute in der auf Fakultäten aufgebauten Gliederung[191] wider und auch in der Ergänzung durch Zentren mit besonderen Aufgaben- und Forschungsbereichen[192]. Die Anpassungen der Ausbildung zu Beginn der 2000er Jahre sind besonders durch die Anforderungen der gewachsenen Multinationalität und Streitkräftegemeinsamkeit begründet.

Die Führungsakademie genießt heute einen international anerkannten, herausragenden Ruf; sie hat das Offizierkorps der Bundeswehr durch die anspruchsvolle Ausbildung geprägt: Die Teilnahme an einem Lehrgang wird von vielen auch nach Jahrzehnten als ein Höhepunkt des militärischen Lebens bewertet.

Eingangsbereich der
Clausewitzkaserne in
Hamburg, 2013

Symposiumsveranstaltung
im Gneisenausaal der
Führungsakademie in
Hamburg, 2014

Taktikausbildung im
internationalen Gene-
ralstabslehrgang: Offi-
ziere aus Ungarn, Sene-
gal und Ukraine

Die Universitäten der Bundeswehr

Seit Beginn der Ausbildung an den Offizierschulen und Akademien der Teilstreitkräfte sollte eine an wissenschaftlichen Kriterien orientierte Ausbildung vermittelt werden, allerdings war es nicht möglich, an den Offizierschulen einen zivilberuflich anerkannten Abschluss zu erreichen. Dies führte zunehmend zu einem Nachteil im Rahmen der Nachwuchsgewinnung und brachte schließlich Verteidigungsminister Helmut Schmidt dazu, im Juni 1970 durch Erlass eine Kommission zur Neuordnung der Ausbildung und Bildung in der Bundeswehr einzusetzen. Den Vorsitz übernahm der Frankfurter Politikwissenschaftler Thomas E. Ellwein[193], der im Mai 1971 in seinem Gutachten empfahl, Offizieranwärtern mit einer Verpflichtungszeit von mindestens zwölf Jahren ein dreijähriges Studium an einer Hochschule der Bundeswehr anzubieten. Am 29. Juni 1972 stimmte das Bundeskabinett dem Konzept zu und billigte die Einrichtung von Hochschulen der Bundeswehr. Auf Grundlage von Abkommen zwischen der Bundesregierung und der Freien und Hansestadt Hamburg sowie dem Freistaat Bayern wurde die Bildung von Gründungsausschüssen für zwei Hochschulen in Hamburg und München[194] verfügt und die Billigung des Verteidigungsausschusses des Deutschen Bundestages am 14. Februar und am 4. April 1973 eingeholt. Anschließend erteilte Verteidigungsminister Georg Leber im Juli 1973 die Befehle für die Aufstellung der Hochschulen und den Beginn des Lehr- und Forschungsbetriebs am 1. Oktober 1973. Seit Mitte der 1960er Jahre bestanden in Darmstadt die Akademie des Heeres für Maschinenwesen[195], in München an der Pionierschule die für Bauwesen und in Neubiberg die Technische Akademie der Luftwaffe, an denen Studiengänge als graduierter Ingenieur abgeschlossen werden konnten und die in die universitären Hochschulen integriert wurden. Im Dezember 2003 erhielt die Universität in Hamburg nach einem Beschluss ihres Akademischen Senats und der Genehmigung des Verteidigungsministeriums den zusätzlichen Namen „Helmut-Schmidt-Universität". Unverändert gilt seit Aufnahme des Lehrbetriebs an beiden Universitäten das trimestrige Studienmodell, das in der Regel in drei Jahren absolviert und mit Zuerkennung des Bachelors oder Masters nach Hamburger bzw. Bayerischem Hochschulrecht abgeschlossen wird. Die Studierenden[196] sind während des Studiums weiterhin Soldaten, ihr Rechtsverhältnis zur Universität wird jedoch durch das Hochschulrecht des jeweiligen Landes geregelt[197]. Beide Universitäten haben seit den Anfangsjahren eine beachtliche wissenschaftliche Entwicklung sowohl in der Lehre als auch in der Forschung vollzogen, sind in die Universitätslandschaft Deutschlands eingebunden und haben sich international ein hohes Renommee erworben. Sie sind vergleichsweise klein, damit überschaubar und bieten den Studierenden mit einer sehr guten Ausstattung, der unmittelbaren Nähe von Wohn- und Arbeitsbereichen, Hörsälen, Laboren und Sporteinrichtungen alle Möglichkeiten einer Campus-Universität.

HELMUT SCHMIDT
UNIVERSITÄT
Universität der Bundeswehr Hamburg

Andernach, Bremen, Garlstedt

Die Logistikschulen

Die Ursprünge der heutigen Logistikschule der Bundeswehr liegen in Andernach, wo sie am 1. Juli 1956 als Quartiermeistertruppenschule den Lehrbetrieb aufnahm, ehe sie 1959 nach Bremen-Grohn verlegt und unter dem Namen Schule der Technischen Truppe 2 und ab 1992 als Nachschubschule des Heeres zur zentralen Ausbildungsstätte für das Führungs- und Funktionspersonal der Nachschubtruppe und -dienste des Heeres wurde. Seit Beginn der Schule gehören zu den primären Aufträgen die Aus-, Fort- und Weiterbildung des logistischen Führungs-, Fach- und Funktionspersonals, im Bereich des militärischen Kraftfahrwesens die der Fahrlehrer für Heer und Marine sowie der amtlich anerkannten Sachverständigen und Prüfer und der Gesamtausbildungsumfang des Gefahrgutwesens. Besondere Auswirkungen hatten die neuen Strukturen der Bundeswehr zu Beginn der 1990er Jahre: Die Schule verlegte im Zeitraum 1993 bis Ende 2000 in die Lucius D. Clay-Kaserne im niedersächsischen Garlstedt[198] und schaffte damit die Voraussetzung, die Ausbildung auch im Hinblick auf die damals bereits laufenden und andauernden Auslandseinsätze in einem deutlich erweiterten Rahmen und Umfang durchzuführen. Am 1. Juli 2005 wurde der Unterstellungswechsel vom Heer zur Streitkräftebasis vollzogen; am 1. Oktober 2006 wurde die Nachschubschule des Heeres unter Einbeziehung der Marineversorgungsschule List auf Sylt zur Logistikschule der Bundeswehr. Weitere Schwerpunkte der Schule sind heute die Einsatzvorbereitung aller logistischen Kräfte unter Ausrichtung auf die Landes- und Bündnisverteidigung, die Koordinierung und Durchführung der Individual- und Teamausbildung sowie die Inübunghaltung des deutschen und multinationalen Personals im Bereich multinationaler logistischer Führung. Darüber hinaus erfolgt eine lehrgangsgebundene Ausbildung sowie Dienstpostenausbildung der Spezialpionierkräfte und der Materialbewirtschaftungs-, Umschlag- und Transportkräfte der Bundeswehr. Diese fachspezifischen Ausbildungen erfordern neben klassischen Unterrichtsräumen auch die Bereitstellung der Ausbildungsanlagen und Sonderinfrastruktur. In der weiteren Verantwortung[199] der Schule liegen die taktischen und logistischen Einsatzprüfungen an Landsystemen der Bundeswehr gemäß dem Verfahren zur Einführung neuen Wehrmaterials.

Als zentrale streitkräftegemeinsame Ausbildungsstätte ist die Logistikschule der Bundeswehr dem Logistikkommando der Bundeswehr in Erfurt unterstellt und an den Standorten Osterholz-Scharmbeck (Ortsteil Garlstedt), Plön und Putlos stationiert. Sie ist damit eine der größten und modernsten Ausbildungseinrichtungen der Bundeswehr.

Die Logistikschulen in Andernach (li), Bremen-Grohn (re.) und Garlstedt (unten)

Theoretische logistische Ausbildung: Erkundung eines Versorgungspunktes

Munster

Die Schulen der gepanzerten Kampftruppe

Als Geburtsurkunde des heutigen Ausbildungszentrums Munster gilt der Aufstellungsbefehl Nr. 9 vom 22. März 1956, der die Aufstellung der vier Truppenschulen der Panzertruppe und der Panzergrenadiere in Munster, Hauptlager, sowie der Panzeraufklärungs- und der Panzerjägertruppe in Bremen, Tirpitzkaserne, anordnete[200]. Der - auch heute gültige - Auftrag der Schulen in Munster umfasste die Erziehung und Ausbildung der zukünftigen Führer und Unterführer der beiden Truppengattungen und ließ recht bald erkennen, dass wegen ihres engen Zusammenwirkens auf dem Gefechtsfeld auch ihre Einsatzgrundsätze und folgerichtig die Ausbildung der Panzer- und der Panzergrenadiertruppe aufeinander abzustimmen waren. So wurde bereits im Oktober 1957 durch Zusammenlegung der beiden Schulen die Panzertruppenschule gebildet und ihr die beiden 1956 aufgestellten Lehrbataillone unterstellt. Beginnend 1958 erfolgten in den 1960er Jahren weitere Aufstellungen von Lehrgruppen und Umgliederungen durch Verlegung der beiden Truppenschulen aus Bremen sowie die Aufstellung der Panzerlehrbrigade. Durch diese Erweiterungen etablierte sich in der folgenden Zeit die Panzer-/ Kampftruppenschule als „Schaufenster des Heeres" und erwarb sich durch die professionellen Lehrübungen, Vorführungen und Truppenversuche, insbesondere bei der Entwicklung und Einführung der neuen Panzer-Generation, eine hohe nationale und internationale Anerkennung. Im Zuge der Strukturreformen des Heeres erlebte auch die Schule in Munster mehrere Umgliederungen und Namensänderungen[201]; im Oktober 1975 wurde die Fachschule des Heeres für Erziehung angegliedert. Damit wurde jedoch die infrastrukturelle Kapazität der Kasernen in Munster erschöpft, was ab Ende der 1970er Jahre zur Verlagerung mehrerer Ausbildungsbereiche an andere Schulen des Heeres führte[202]. Schließlich erhielt sie 1991 wieder ihren traditionellen Namen Panzertruppenschule, der bis zur Umgliederung der Schulen des Heeres in die neue Struktur der Ausbildungszentren Bestand haben sollte und heute als Bezeichnung der Kaserne weiter besteht. Das Jahr 2006 war wesentlich durch die Aufstellung des Offizieranwärter-Bataillons und die Umgliederung der Ausbildungseinrichtungen in das Ausbildungszentrum Munster gekennzeichnet. Die Aufstellung des Zentrums galt als Pilotprojekt für alle Truppenschulen des Heeres in der neuen Heeresstruktur. Integriert wurden die Ausbildungszentren Heeresflugabwehr[203] und Heeresaufklärungstruppe[204].

Seit 2016 ist die Einnahme der aktuellen Gliederung im Rahmen der Struktur HEER2011 abgeschlossen: der Standort Munster mit seinen umliegenden Truppenübungs- und Schießplätzen ist so unverändert der Ort, an dem die Grundlagenausbildung im Kampf wie auch die Weiterentwicklung der Kampfkraft zu Lande zentral verantwortet wird.

Stabsgebäude der Panzertruppenschule, Vereidigung der Stäbe und Lehrbataillone am 01.12.1956

Panzerkompanie bei der Lehr- und Versuchsübung 1958 auf dem Truppenübungsplatz Munster

Das Ausbildungszentrum Munster 2006

Fliegerhorst Faßberg

Die flugzeugtechnische Ausbildung

Der Fliegerhorst Faßberg[205] ist flächenmäßig einer der größten Militärflugplätze in Deutschland, nach Kriegsende war er von den Briten besetzt und bis 1956 als RAF Fassberg genutzt worden. In diese Zeit fiel die Berliner Luftbrücke, bei der der Fliegerhorst eine bedeutende Rolle erhielt, da er im Einflugbereich des mittleren und kürzesten der drei alliierten Luftkorridore lag. Von Faßberg aus wurde Berlin vom Juni 1948 bis Mai 1949 mit Kohle versorgt: Im Schnitt startete alle fünf Minuten ein Flugzeug mit Kohlesäcken an Bord nach Berlin, am Ende waren es 539.112 t Kohle. Seit 1990 erinnert vor Ort die Erinnerungsstätte Luftbrücke an diese historische Leistung.

Bei der Aufstellung der Bundeswehr wurde in Faßberg[206] als erste Ausbildungseinrichtung die Offizierschule der Luftwaffe eingerichtet, ab 1. Oktober 1956 rückten die ersten Offizieranwärter zur Ausbildung ein. Nach der Fertigstellung von Neubauten in Neubiberg erfolgte dorthin die Verlegung Ende September 1958, kurz nachdem in Faßberg der erste Stabsoffizierlehrgang begonnen hatte. Anschließend wurde der Fliegerhorst ein Zentrum der fliegertechnischen Ausbildung. Die im Mai 1956 in Lechfeld aufgestellte Technische Schule L nahm im Mai 1957 den Ausbildungsbetrieb von flugzeugtechnischem Personal aller Teilstreit-kräfte mit der Bezeichnung Technische Schule 3 in Faßberg auf, die bis Januar 1968 bereits von 50.000 Lehrgangsteilnehmern absolviert wurde. Neben der TSLw 3 bestand auf dem Fliegerhorst Faßberg bis zu ihrer Verlegung nach Ahlhorn 1975 die Hubschrauberführerschule der Luftwaffe (HFSLw), die aus der Lehrgruppe C der Flugzeugführerschule S hervorgegangen war und Hubschrauberpiloten aller Teilstreitkräfte, der Polizei und des Bundesgrenzschutzes sowie befreundeter Staaten ausbildete. Faßberg hat sich seitdem als teilstreitkraftgemeinsames Ausbildungszentrum weiterentwickelt. Ab Februar 1980 wurde dort das Heeresfliegerregiment 10 aus Celle stationiert, heute, nach Übernahme der Transporthubschrauber NH 90, unter dem Namen Transporthubschrauberregiment 10 „Lüneburger Heide". Gleichfalls befindet sich dort die Deutsch-Französische Ausbildungseinrichtung Tiger, sodass die systemgebundene technische Ausbildung am Transporthubschrauber NH90 und am Kampfhubschrauber Tiger an einem Ort konzentriert ist. 2013 wurde die TSLw 3 aufgelöst und 2014 als Technisches Ausbildungszentrum der Luftwaffe[207] neu aufgestellt.

Der Fliegerhorst Faßberg ist heute, auch mit der beachtenswerten Nachkriegsgeschichte, ein herausragendes Beispiel für eine vielfältig und intensiv genutzte militärische Liegenschaft, die in besonderer Weise die Entwicklung der technischen Ausbildung in der militärischen Luftfahrt widerspiegelt.

Einfahrt zum Fliegerhorst Faßberg, ca. 1960

Der Fliegerhorst Faßberg, 2015

Flugzeugtechnische Ausbildung an einer Turbine

Die Offizierschulen des Heeres

Eine Erkenntnis Scharnhorsts prägte die Überlegungen und Planungen zur Aufstellung der Offizierschulen des Heeres, kurzzeitig als Heeresakademien bezeichnet. Danach muss sich der Offizier die Theorie seines Berufs bewusst machen, muss sich geistig mit ihren Grundlagen auseinandersetzen und sie in jeder Lage praktisch gebrauchen, „damit ihn nicht widrige Verhältnisse in der Not des Krieges versagen lassen."[208] Mit dem Aufstellungsbefehl Nr. 7 vom 16. März 1956 wurde als erste der drei Erziehungsstätten des Heeres die Heeresoffizierschule I in Hannover in der Emmich-Cambrai-Kaserne[209] aufgestellt. Dort begann bereits am 02. Juli 1956 der erste Fahnenjunkerlehrgang, am 01. Oktober 1956 der zweite. Die Heeresoffizierschule II hatte ihre Anfänge im November 1956 in Husum in der ehemaligen Fliegerhorstkaserne der Marine, wo im Januar 1957 der dritte Fahnenjunkerlehrgang begann. Im Juli 1958 wurde der Umzug nach Hamburg-Wandsbek in die Douaumont-Kaserne beschlossen. An der Heeresoffizierschule III in München[210] begannen ein erster Vorbereitungslehrgang im April 1958 und der erste Offizieranwärterlehrgang im Juli. Die Unterbringung erfolgte zunächst in der Stetten- und in der Funkkaserne. Wie an allen Standorten der drei Schulen, waren die Anfangsjahre des Lehrbetriebs stark von räumlichen Provisorien geprägt, die überall längere Baumaßnahmen erforderlich machten. Institutionell haben sich die Offizierschulen eng an das Organisationsprinzip ihrer Vorgänger zur Zeit der Friedensausbildung 1935-1939 angelehnt, erweitert durch die neuen technischen und praktischen Erfordernisse sowie durch die Vermittlung pädagogisch-methodischer Grundsätze und militärhistorischer Themen. Grundsätzlich wurde angestrebt, an den drei Schulen eine Standardisierung der Ausbildung zu erreichen, dabei entwickelten die Schulen jedoch jeweils eigene Schwerpunkte und Stile, bis die Gründung und der Aufbau der Bundeswehrhochschulen in Hamburg und München eine neue Entwicklung erzwang. Am 5. Juli 1974 wurden die drei Schulen aufgelöst und zur Offizierschule des Heeres (OSH) in Hannover zusammengeführt, die bis 1998 als zentrale Ausbildungsstätte für Offizieranwärter und Fachdienstoffiziere bestand.

Nach einer politischen Entscheidung 1993 wurde innerhalb von drei Jahren auf dem Areal der historischen Albertstadt in Dresden eine neue Offizierschule gebaut, die am 14. September 1998 durch Verteidigungsminister Volker Rühe feierlich ihrer Bestimmung übergeben wurde. Seitdem ist Dresden das Zentrum für die Offizierausbildung des Heeres und der Streitkräftebasis. Das als internes Verbandsabzeichen getragene Wappen wurde 1974 aus Elementen der Wappen der drei früheren Offizierschulen gebildet, seine Symbole stehen für die den deutschen Offizier auszeichnenden Tugenden.

Heeresoffizierschule 1 Hannover, 1966: Taktikausbildung im Offizierlehrgang II

Offizierschule des Heeres in der Dresdner Albertstadt; Neubaubereich 2007

Niedermendig, Bückeburg

Das Zentrum der Heeresflieger

Der Flugplatz Niedermendig wurde im Mai 1957 zum Geburtsort der Heeres-fliegertruppe, als dort mit den ersten Hubschraubern Bell 47 G-2 und Verbin-dungsflugzeugen Dornier Do-27[211] die erste fliegende Einheit des Heeres, die Heeres-fliegerstaffel 811, aufgestellt wurde. Etwas später wurde die Heeresfliegerwaffenschule 1959 gleichfalls in Niedermendig aufgestellt, jedoch bereits 1960 nach Bückeburg in die Jägerkaserne und auf den Flugplatz Achum verlegt. Dort hat die Truppengattung seit-dem ihre zentrale Ausbildungsstätte. Die damals definierten Ausbildungsinhalte, die allgemein militärische, die technische und die fliegerische Ausbildung der Heeresflieger sind auch heute noch Kern der Ausbildung. Wesentliche Veränderungen, auch der Ausbildungsschwerpunkte, ergaben sich in den folgenden Jahrzehnten durch Auswir-kungen der Heeresstrukturen, durch die Einführung neuer Luftfahrzeugmuster und schließlich durch die Erweiterung der Schule zum Internationalen Hubschrauber-ausbildungszentrum ab 2015. Die Vielfalt der in dieser Zeit eingesetzten Hubschrauber-typen[212] lässt erkennen, wie sehr die Ausbildungsinhalte sowohl für fliegerisches und technisches Personal als auch für das Führungspersonal angepasst werden mussten. Dies galt für alle Einsatzbereiche, sowohl der Verbindungs- als auch der Transportflie-ger. 1980 erfolgte mit der Einführung der Panzerabwehrhubschrauber Bo-105 P eine wesentliche Einsatzerweiterung, die auch einen Mentalitätswandel erforderte: Die Pilo-ten wurden zu fliegenden Kämpfern, für die der Hubschrauber „nur noch" Mittel zum Zweck ist, die unter extremen Flugbedingungen die Duellsituation suchen und in Kon-frontationssituationen bestehen müssen. Mit der Einführung des Kampfhubschraubers Tiger ab 2005 und der Ausbildung in deutsch-französischer Kooperation in Le Luc hat diese Entwicklung ihren aktuellen Stand gefunden[213]. Mit dem Beginn der Einführung des Transporthubschraubers NH 90 wurde das Zentrum auch die zentrale Stelle für die fliegerische Grundausbildung der Hubschrauberpiloten aller Teilstreitkräfte[214] und die waffensystemgebundene technische Ausbildung NH 90 und Tiger in Faßberg. Die In-ternationalität des Hubschrauberausbildungszentrums umfasst heute auch die fliegeri-sche Ausbildung von Luftfahrzeugführern verbündeter Nationen, insbesondere aus Schweden, Belgien und den Niederlanden[215].

Die frühere Heeresfliegerwaffenschule und heute das Internationale Hub-schrauberausbildungszentrum haben in besonderer Weise die Truppengattung geprägt, ihre Leistungsfähigkeit begründet und darüber hinaus durch viele internationale Aktivi-täten Bückeburg zu einem international bekannten und geachteten Begriff der Luft-fahrtgeschichte entwickelt.

Die Luftfahrzeuge der ersten Generation:
Do-27 und Alouette II (oben); Sikorsky S58 und Vertol H21 (unten)

Der Flugplatz Achum bei Bückeburg

Sonthofen, Warendorf

Die Sportschule der Bundeswehr

In der Generaloberst-Beck-Kaserne[216] im schneesicheren Sonthofen begann an der neu aufgestellten Sportschule der Bundeswehr am 05. Februar 1957 der erste sechswöchige Sportleiter-Lehrgang, der sich weitgehend an den Prinzipien des Vereins- und Schulsports orientierte[217]. Seit dieser Zeit ist die Schule die zentrale Ausbildungsstätte für die Ausbildung von Übungs- und Fachsportleitern und verantwortlich für die Weiterbildung und zentrale fachliche Führung aller Sportlehrer der Bundeswehr sowie für die Forschung und Weiterentwicklung in den einsatzrelevanten Bereichen Sport und körperliche Leistungsfähigkeit. Bei der Vorbereitung auf die Olympischen Sommerspiele 1968 in Mexiko[218] und 1972 in München kam es zu einer politischen Neubewertung der Sportförderung, in deren Folge auf Antrag des Innenausschusses des Deutschen Bundestages bei der Bundeswehr Sportfördergruppen und Sportkompanien[219] mit Stellen an den Leistungszentren des zivilen Sports eingerichtet wurden. Zugleich wurden jedoch erste Planungen für eine Verlegung der Schule angestellt, die 1969 zur Entscheidung des Verteidigungsminister Dr. Schröder führten, die Sportschule in einen Neubaukomplex nach Warendorf zu verlegen[220]. Dies konnte nach mehrjähriger Bauzeit 1977/1978 erfolgen. Seither können die Lehrgänge der Sportschule in einer der modernsten und größten zusammenhängenden Sportanlagen Deutschlands stattfinden. Mehrere Sporthallen einschließlich einer Leichtathletikhalle, Leichtathletikstadien mit Flutlichtanlagen, Rasen-/ Kunstrasenplätze und Schwimmhallen bieten herausragende Bedingungen, um Sportausbildung auf höchstem Niveau zu gewährleisten. Alljährlich sind die Anlagen Austragungsort nationaler und internationaler Großveranstaltungen wie Militärweltmeisterschaften im Rahmen des Conseil International du Sport Militaire (CISM). Eine besondere Partnerschaft pflegt die Schule mit der französischen Sportschule Ecole Interarmées des Sports in Fontainebleau.

Das oberste Ziel der Sportausbildung der Bundeswehr ist es, den vielfältigen körperlichen Anforderungen des Soldatenberufs gerecht zu werden. Dafür ist ein strukturiertes und zielgerichtetes Training der körperlichen Leistungsfähigkeit (KLF) erforderlich. Gleichzeitig gilt es, mit präventiven, regenerativen und rehabilitativen Maßnahmen die Wiederherstellung und Steigerung der körperlichen Leistungsfähigkeit zu unterstützen. Insbesondere zur Wiederherstellung der Leistungsfähigkeit einsatzgeschädigter Soldaten arbeitet die Sportschule mit dem Zentrum für Sportmedizin der Bundeswehr zusammen. Darüber hinaus wird in einem Kompetenzverbund die eigene wissenschaftliche Expertise, die des Zentralinstitutes des Sanitätsdienstes der Bundeswehr Koblenz sowie des Instituts für Sportwissenschaft der Universität der Bundeswehr München in den unterschiedlichen Disziplinen mit Relevanz für Sport/KLF gebündelt.

Die Gründung der Sportschule erfolgte 1957 in Sonthofen

Seit 1978 hat die Sportschule ihren Hauptsitz in Warendorf (unten), häufig Schauplatz internationaler Wettbewerbe, hier die Militärweltmeisterschaft im Handball 1997, Spiel Deutschland gegen Russland (rot).

Hürth

Das Bundessprachenamt

In der Zeit des Kalten Krieges hatte die Bundeswehr einen sehr hohen Bedarf an fremdsprachlich ausgebildeten Soldaten, nicht nur in den westlichen Sprachen, sondern besonders auch in den in den Streitkräften des Warschauer Paktes gesprochenen. Daher wurde am 04. Juli 1969 das Bundessprachenamt als Obere Bundesbehörde des Verteidigungsministeriums eingerichtet. Seinen Hauptsitz bezog das Amt in Hürth bei Köln, seine Aufgaben sind seit seiner Gründung die Sprachausbildung in allen Sprachen, für die Bedarf in der Bundeswehr und weiterer Ressorts der Bundesregierung besteht, Dolmetschen und Übersetzen sowie die Terminologiearbeit für alle Bundesressorts und Bundesländer. Das Amt ist heute mit den drei Abteilungen Sprachausbildung, Sprachmittlerdienst und Zentrale Angelegenheiten und insgesamt etwa 975 Mitarbeitern, darunter 420 Lehrkräften, wissenschaftlichen Mitarbeitern und Fremdsprachenassistenten an 60 Dienststellen im In- und Ausland vertreten. Die Tätigkeitsbilanz des Amtes ist beeindruckend: die Sprachausbildung erfolgt für Angehörige der Bundeswehr, des Bundes und der Länder in bis zu 47 Sprachen, jährlich besuchen ca. 20.000 Lehrgangsteilnehmer die Lehrgänge. Die Ausbildung „Deutsch als Fremdsprache" absolvieren jährlich etwa 1.000 ausländische Soldaten aus 60 Ländern, außerdem wird in 36 Ländern die Deutschausbildung vorbereitend unterstützt. Die Abteilung Sprachmittlerdienst fertigt jährlich ca. 180.000 Seiten Übersetzungen in justiziabler Qualität an und dolmetscht 20.000 Stunden. Das militärische Personal des Amtes, die Inspektionen in Hürth, Naumburg, Münster und Ellwangen sowie die Betreuung ausländischer Lehrgangsteilnehmer sind dem Beauftragten für Angelegenheiten des militärischen Personals[221] zugeordnet.

Die Sprachausbildung des Bundessprachenamtes ist überaus praxisorientiert und effizient. Das didaktische Konzept, verbunden mit dem NATO-standardisierten Sprachleistungsprofil[222], stellt seit Bestehen des Amtes sicher, dass Soldaten aller Dienstgradgruppen und zivile Angehörige die sprachlichen Anforderungen auf Auslandsdienstposten und im Kontakt mit NATO Truppen erfüllen. Die zwischenzeitlich zahlreichen sprachlichen Leitfäden und Taschenkarten mit Hinweisen in der jeweiligen Landessprache sind unverzichtbar für Auslandseinsätze und Grundlage für interkulturelle Kompetenz. So hat das Bundessprachenamt die sprachliche Kompetenz der Bundeswehr entscheidend geprägt.

Die Einfahrt zum Bundessprachenamt; Ausbildung im Sprachlabor

Sonthofen, Aachen

Die Schulen der Instandsetzungstruppe

Bereits am 1. Juli 1956 begannen an der in der Generaloberst-Beck- und in der Jäger-Kaserne in Sonthofen aufgestellten Schule der Feldzeugtruppen die ersten Lehrgänge, in denen ehemalige Offiziere und Unteroffiziere der Wehrmacht der Fachrichtungen Waffen-, Kraftfahrzeug- und Panzerinstandsetzung und Munition zu Führern und Unterführern der im Aufbau befindlichen Feldzeugtruppe geschult wurden. Im Januar 1959 erfolgte eine Neueinteilung der Truppengattungen des Heeres, bei der die Feldzeug- und die Quartiermeistertruppen zur Technischen Truppe zusammengelegt wurden. Die Schule wurde entsprechend mit einer neuen Gliederung und einem erweiterten Ausbildungsauftrag umbenannt[223]. Auch dadurch hatte sich die Schule auf drei Kasernen ausgebreitet, ohne dass die provisorischen Unterbringungsmöglichkeiten und begrenzten Ausbildungskapazitäten jedoch wesentlich gebessert werden konnten, zumal gleichzeitig die Einführung neuer Waffensysteme, Fahrzeuge und Panzer neue Anforderungen mit sich brachten. Schließlich erzwangen die räumlichen Gegebenheiten[224] den Standortwechsel der Schule nach Aachen zum Jahreswechsel 1964/1965, wo anschließend nach weiteren Baumaßnahmen der Schulstab, zentrale Organisationseinheiten und die technischen Lehrgruppen C und D mit einer Lehrkompanie in der Lützow-Kaserne, die Lehrgruppen A und B in der Theodor-Körner-Kaserne untergebracht wurden. Weitere Umgliederungen, Abgaben an die Raketenschule des Heeres in Eschweiler, Umbenennungen und die Übernahme zusätzlicher Aufträge wie die Integration der Heeresunteroffizierschule II prägten die Schule, die ab Juli 1973 den Namen „Schule Technische Truppe I und Fachschule des Heeres für Technik" führte. Bis zum Ende der 1970er Jahre wuchs die Schule zur größten Truppenschule des Heeres auf, die durch die vom Heeresamt übertragene Gesamtverantwortung für logistische Truppenversuche und ihre Bewertung für das gesamte Heer eine zentrale Bedeutung erhielt.

Die heutige Bezeichnung „Ausbildungszentrum Technik Landsysteme" wurde bei der Einnahme der Struktur HEER2011 zugewiesen. Disloziert in vier Kasernen in Aachen und Eschweiler[225] deckt das Zentrum mit 550 Soldaten und 130 zivilen Mitarbeitern den technischen und logistischen Ausbildungsbedarf der Streitkräfte und militärischen Organisationsbereiche in 290 verschiedenartigen Lehrgängen. Auch wenn die Masse der Lehrgangsteilnehmer die Ausbildung an der Schule, und heute am Zentrum, nur kurzzeitig besuchen und keine tiefe Bindung an den Standort Aachen entwickeln, so ist doch erkennbar, wie sehr der „blaue Geist Aachens" Innovationskraft und Leistungsvermögen der Instandsetzungstruppe geprägt haben.

Die Generaloberst-Beck-Kaserne in Sonthofen

Ausbildungswerkstatt Leopard 1 Instandsetzung Waffenanlage, ca. 1975

Ausbildung am Rechnergestützten Einheitlichen Meß- und Prüfsystem REMUS, ca. 1985

Gürzenich / Iserlohn / Appen

Die Unteroffizierschulen der Luftwaffe

Die Aufstellung der ersten Unteroffizierschule der Luftwaffe geht 1964 auf den damaligen Inspekteur der Luftwaffe, Generalleutnant Werner Panitzki, zurück. Er übergab sie in Gürzenich-Wald ihrer Bestimmung, zehn Prozent des Unteroffiziernachwuchses der Luftwaffe in einem fünfmonatigen Lehrgang so auszubilden und zu erziehen, dass der junge Unterführer als verantwortlich mitdenkender Vorgesetzter einer kleinen Kampfgemeinschaft die Vorgaben der Führung sinnvoll umzusetzen weiß. Die überwiegende Mehrheit der angehenden Unteroffiziere wurde jedoch dezentral in den Verbänden der Luftwaffe auf ihre Tätigkeiten vorbereitet. Im Jahre 1969 wurde der Ausbildungsauftrag der Unteroffizierschule der Luftwaffe im Zuge einer Umstrukturierung geändert, für die Truppenschule der Luftwaffe in Hamburg waren nun Feldwebellehrgänge durchzuführen. Hiermit zeichnete sich bereits der Zusammenschluss beider Ausbildungseinrichtungen zur „Truppendienstlichen Fachschule der Luftwaffe" ab, der am 21. September 1971 in Iserlohn erfolgte. Diese definierte sich als Ausbildungseinrichtung der Luftwaffe für truppendienstliche und technisch-betriebliche Fachaufgaben. Mit dem Ziel einer weitergehenden Zentralisierung ging die Ausbildung der Unteroffiziere und Feldwebel der Luftwaffe 1988 auf die erneut gegründete Unteroffizierschule der Luftwaffe mit dem Stammsitz in Appen über. Schon bei ihrer Aufstellung wünschte sich der damalige Inspekteur der Luftwaffe, Generalleutnant Horst Jungkurth, dass sie die geistige Heimat aller Unteroffiziere in Luftwaffenuniform werden möge. In den Folgejahren erfolgte die vollständige Übernahme der Lehrgänge aus den verschiedenen Standorten Deutschlands und damit einhergehend eine immer weiter voranschreitende Zentralisierung der allgemeinmilitärischen Ausbildung der Unteroffiziere und Feldwebel der Luftwaffe. In der heutigen Form besteht die Unteroffizierschule der Luftwaffe aus dem Stab, der Ausbildungsunterstützungsgruppe sowie je einer Lehrgruppe in Appen und in Heide. Hier wird der Unteroffiziernachwuchs der Luftwaffe geprägt und auf seine kommenden Aufgaben in der Bundeswehr vorbereitet. Die künftigen Fach- und Führungskräfte werden mit einer zeitgemäßen Ausbildung anhand moderner Methoden der Erwachsenenbildung aus- und weitergebildet. Dabei werden technologiegestützte Ausbildung und Kompetenzorientierung zunehmend bedeutend.

Die Ausbildung der Unteroffizier- und Feldwebelanwärter an der Unteroffizierschule der Luftwaffe und die Entwicklung der Persönlichkeit des Einzelnen schaffen die Voraussetzungen für die Befähigung der Soldatinnen und Soldaten zur Erfüllung ihrer Aufgaben im Grundbetrieb und im Einsatz. Als geistige Heimat der Unteroffiziere in Luftwaffenuniform leistet die Unteroffizierschule der Luftwaffe damit einen wichtigen Beitrag zur Erhöhung der Attraktivität des Dienstes in der Luftwaffe, zur Einsatzbereitschaft der Streitkräfte und zur Motivation der Soldaten.

Die Wappen der Unteroffizierschule der Luftwaffe Gürzenich 1964 (l), der Truppenschule der Luftwaffe Hamburg 1957 (m) und der Truppendienstlichen Fachschule der Luftwaffe Iserlohn 1971 (r)

Gruppenselbstarbeit und Gefechtsausbildung 1966 in Gürzenich

Übergabe der Truppenfahne durch den Inspekteur der Luftwaffe an den ersten Kommandeur der Unteroffizierschule der Luftwaffe, Oberst Hermann Hambach, beim Appell zur Neuaufstellung am 4. Juli 1988

Köln, Koblenz

Das Zentrum der Inneren Führung

Nach ihrer Gründung in Köln[226] am 1. Oktober 1956 ist die Schule der Bundeswehr für Innere Führung seit 1957 in Koblenz auf der Pfaffendorfer Höhe beheimatet. Sie ist die zentrale Institution für die Schulung militärischen Personals und ziviler Führungskräfte sowie für die Forschung in allen die Innere Führung betreffenden Fragen. Mit einer akademischen Ausrichtung[227] hat sich die Schule als zentrale Ausbildungseinrichtung für das soldatische Berufsbild, militärische Führungsphilosophie und Unternehmenskultur institutionalisiert und auch international Anerkennung erworben. Anfänglich gliederte sich die Schule in zwei Lehrgruppen und einen Wissenschaftlichen Forschungs- und Lehrstab, erlebte aber nach 1968 mehrere Aus- und Umgliederungen[228], bis sie 1981 im Auftrag des Generalinspekteurs in Zentrum Innere Führung umbenannt und ihr Auftrag um die Leitfunktion im Aufgabenverbund Innere Führung in allen Fragen der Konzeption und Anwendung erweitert wurde. Das Zentrum ist dem Verteidigungsministerium direkt unterstellt und hat einen Schwerpunkt in der Fortentwicklung der Führungskonzeption sowie der Analyse der inneren und sozialen Lage der Streitkräfte sowie der Implikationen sicherheitspolitischer Entwicklungen. Ab Oktober 1990 war das Zentrum mit der Ausbildung von Offizieren der ehemaligen Nationalen Volksarmee besonders gefordert; die als wesentlicher Beitrag bei der Verwirklichung der „Armee der Einheit" anzuerkennen ist. Ähnlich zu bewerten ist der Anteil des Zentrums an der seit 1993 stattfindenden Ausbildung von Führungs- und Schlüsselpersonal deutscher Einsatzkontingente, auf die sich die Professionalität der „Armee im Einsatz" heute gründen kann. Zur Intensivierung der Lehre und zur Nutzung der universitären und politischen Möglichkeiten der Hauptstadt Berlin hat das Zentrum 1994 eine Außenstelle in Strausberg mit den Lehrbereichen Politische Bildung und Internationale Kooperation eingerichtet.

Seit April 2013 ist das Zentrum auch verantwortlich für zahlreiche bis dato ministerielle Aufgaben[229], wodurch sichergestellt wird, dass die Innere Führung nicht nur gelehrt, sondern weiterentwickelt sowie in einem weitgefassten Rahmen gelebt wird. Das Leitbild des „Staatsbürgers in Uniform" steht immer wieder im Fokus zukünftiger Veränderungen, aber als Aufgabe gilt unverändert, dass der Dienst der Streitkräfte in Freiheit, Gleichheit und Würde dem Menschenbild der Demokratie entspricht.

Das Hauptgebäude in Koblenz,
Von-Witzleben-Straße

Übergabe der Truppenfahne
durch den Generalinspekteur,
General Harald Wust,
am 9. Oktober 1984

Rede der Verteidigungsministerin Ursula von der Leyen
zur Inneren Führung am 25. August 2017

Hammelburg

Das Herz der Infanterie

Das Herz der Infanterie schlägt in Hammelburg. Generationen von Infanteristen wurden hier geprägt und haben das heutige Ausbildungszentrum Infanterie zum Mutterhaus der deutschen Infanterie gemacht.

Bis Juni 1956 war das Camp Denny T. Clark und der Truppenübungsplatz Hammelburg von der U.S. Armee an die Bundeswehr übergeben worden, und bereits am 2. Juli 1956 nahm die neu aufgestellte Infanterieschule ihren Lehrbetrieb mit der Lehrgruppe A und zwei Inspektionen[230] auf. 1962 erfolgte die Umgliederung zur Kampftruppenschule 1, bevor die Einrichtung im Jahr 1988 wieder Infanterieschule genannt wurde. Die letzte Zäsur folgte im Jahr 2015: Die Schule wurde zum Ausbildungszentrum Infanterie und erhielt die Ausbildungsstützpunkte Gebirgs- und Winterkampf in Mittenwald sowie Luftlande und Lufttransport in Altenstadt unterstellt. Auch die Luftwaffensicherungstruppe wird als infanteristisch eingesetzte Kräfte in Hammelburg ausgebildet.

Seit 1956 gibt es für alle Soldaten ein verbindendes Element, welches sie in Hammelburg lernen: Einsatzbereitschaft und der Wille zum Kampf. Insbesondere die Führungskräfte der Infanterie werden dahin gehend geprägt. Für sie ist ein soldatisches Selbstverständnis mit Wertebindung sinn- und traditionsstiftend, das sich nicht allein auf professionelles Können im Gefecht reduziert. Gelebte Tradition spricht nicht nur Kopf und Verstand an, sondern in besonderer Weise auch Herz und Gemüt. Daher wird die eigene Geschichte am Standort durch Lehrsammlungen und Ausstellungen[231] greifbar gemacht. Insgesamt gibt das Ausbildungszentrum Infanterie allen angehenden Führern stets einen Vierklang mit auf dem Weg: Sie sollen ihren Soldaten als Ausbilder, Erzieher, Führer und vor allem als Kämpfer ein Vorbild sein. Mit diesem Grundgerüst haben sie ein Fundament zum Führen von Vorn und mit Auftrag.

Die Soldaten der Bundeswehr sind der Menschlichkeit verpflichtet, auch unter Belastung und im Gefecht. In Hammelburg lernen sie dies unter anderem im Einzelkämpferlehrgang, einem der ältesten Lehrgänge der Bundeswehr. Für Generationen von Offizieren und Unteroffizieren – nicht nur der Kampftruppe – war dieser Lehrgang prägend; auch heute ist er Teil der Ausbildungsgänge in der Kampftruppe. Wer ihn besteht, zeigt mit einem Uniform-Abzeichen, auch unter höchsten körperlichen Belastungen den Anforderungen an einen militärischen Führer genügen zu können. Mit ihren Lehrgängen leistet das Ausbildungszentrum Infanterie einen wichtigen Beitrag der Streitkräfte zum internationalen Krisenmanagement sowie zu ihrem Erfolg in Einsätzen und im Gefecht.

173

Idar-Oberstein

Hochburg der Artillerie

Die dünne Besiedelung des Hunsrücks und die vorhandene militärische Infrastruktur, die bereits von der Wehrmacht und seit 1945 von den französischen Besatzungskräften als Artillerieschule „Jeanne d'Arc" genutzt wurde, sowie der benachbarte Truppenübungsplatz Baumholder gaben den Ausschlag, die neue Artillerieschule der Bundeswehr und ihre Lehrtruppe in Idar-Oberstein zu stationieren: So wurde der Name Idar-Oberstein gleichsam zu einem Synonym für die Artillerieschule: Im Juni 1956 begann in der Klotzbergkaserne der Ausbildungsbetrieb der Truppenschule der Artillerie. Mit dem Aufwuchs der Artillerie zur größten Truppengattung des Heeres waren aber bald organisatorische und infrastrukturelle Erweiterungen erforderlich, die mit dem Bau der Rilchenberg Kaserne rechtzeitig zur 100-Jahrfeier deutscher Artillerieschulen[232] am 4. Juli 1967 realisiert wurden. Dies ermöglichte die Vereinigung der Ausbildungsstätten von Rohr-, Raketen- und Aufklärender Artillerie sowie der zugehörigen Topographietruppe „unter einem Dach". In den 1980er Jahren erreichte die Artillerietruppe in der Heeresstruktur 4 / Artilleriestruktur 85 mit einer Stärke von mehr als 40.000 Soldaten und 80 Bataillonen ihren größten Umfang. Nach der deutschen Wiedervereinigung erfuhr auch die Artillerie eine Zäsur. Die Neuausrichtung der Streitkräfte von der Bündnis- und Landesverteidigung hin zu Einsätzen im erweiterten Aufgabenspektrum bedeutete für die Artillerietruppe eine drastische Reduzierung um ca. 95 % ihres vormaligen Umfangs. Gleichzeitig jedoch wurde das Aufgabenspektrum der Ausbildungseinrichtung um den Anteil „Streitkräftegemeinsame Taktische Feuerunterstützung" (STF, Joint Fire Support) erweitert. Mit der Reform der Schulorganisation der Bundeswehr wurde die Artillerieschule am 30. Juni 2015 außer Dienst gestellt und als Ausbildungsbereich STF/Indirektes Feuer dem Ausbildungszentrum Munster unterstellt. Um die traditionsreiche Bezeichnung weiter zu führen, war bereits 2014 die Rilchenberg Kaserne in „Kaserne Artillerieschule" umbenannt worden. Mit der Übernahme der Ausbildungsverantwortung für das Mörser-Personal der Infanterie wurde das Aufgabenspektrum des Ausbildungsbereiches abermals erweitert. Seit 2006 werden ständig auch niederländische Artilleristen in Idar-Oberstein ausgebildet. Sie waren die Vorboten einer immer schneller fortschreitenden Multinationalisierung, die derzeitig durch Aufbau einer multinationalen Ausbildungseinrichtung weiter vorangetrieben wird.

Bei allen Veränderungen ist und bleibt das Mutterhaus der Artillerietruppe aber das Zentrum im Bewusstsein einer geschichtsträchtigen und stolzen Truppengattung.

Die Klotzbergkaserne in Idar-Oberstein in den 1990er Jahren

Die Heilige Barbara, Schutzpatronin der Artillerie, am Haupttor und der Platz der Deutschen Artillerie in der Artillerieschule

Die Offizierschule der Luftwaffe

Die Ausbildungsweisung Nr. 4 vom 04. Juli 1956 und der Aufstellungsbefehl Nr. 25 vom 21. August 1956 waren die Grundlagen, auf denen die Offizierschule der Luftwaffe auf dem Fliegerhorst Faßberg gegründet wurde und am 1. Oktober mit 241 Lehrgangsteilnehmern der erste Offizieranwärterlehrgang beginnen konnte. Die Aufstellung war in Faßberg von Anfang an als vorübergehend geplant, parallel dazu wurde auf dem Fliegerhorst Neubiberg südlich Münchens die Aufnahme der Offizierschule vorbereitet. Die Verlegung konnte zum 1. Oktober 1958 erfolgen, ab 1962 stand ein großzügiger Neubaubereich zur Verfügung, in dem die Laufbahnlehrgänge aller Offizieranwärter, die Überleitungslehrgänge für Fachoffiziere und die Auswahl- und Abschlusslehrgänge für Stabsoffiziere stattfinden konnten. Dieser Bereich wurde jedoch ab 1973 für den Aufbau der Hochschule der Bundeswehr benötigt, sodass 1977 eine erneute Verlegung der Schule notwendig wurde. Auf dem Fliegerhorst Fürstenfeldbruck[233] konnte der Lehrbetrieb im Sommer 1977 fortgesetzt werden. Durch markante Neubauten[234] wurde der Schulbereich zu einer der modernsten Offizierschulen der NATO-Luftstreitkräfte, die im Laufe der Jahre in ihrem Anspruch als „Wiege der Luftwaffe" durch den Besuch zahlreicher Spitzenpolitiker und internationaler Militärs gewürdigt wurde sowie sich durch die Ausrichtung politisch-historischer Ausstellungen[235], die Veranstaltung wissenschaftlicher Konferenzen und die Einrichtung der Wehrgeschichtlichen Lehrsammlung eine über die Schule hinausgehende Anerkennung erwarb. Eine besondere integrative Funktion erfüllte die Offizierschule 1990–1994 durch Vorlaufausbildung und Informationslehrgänge für Luftwaffenoffiziere der ehemaligen Nationalen Volksarmee, durch die für die Realisierung des Konzepts der Armee der Einheit im Bereich der Luftwaffe die entscheidenden Grundlagen gelegt wurden. Die Offizierschule pflegt vielfältige internationale Kooperationen, insbesondere zur United States Air Force Academy und zur École de l'Air Frankreichs, mit der es gegenseitige Austauschprogramme gibt, die den Kadetten bzw. Offizieranwärtern eine mehrmonatige Lehrgangsteilnahme ermöglichen.

Im Mittelpunkt der allgemeinmilitärischen Ausbildung stehen neben der fachlichen, beruflichen Qualifikation und der Fähigkeit zur Führung und Zusammenarbeit mit Kameraden und Mitarbeiten in der Luftwaffe unverändert seit Beginn der Lehrgänge in Faßberg die Prägung der Persönlichkeit der Lehrgangsteilnehmer sowie die dafür erforderlichen Kompetenzen. Die Benennung des Auditorium Maximum als „Ludger-Hölker-Saal" zu Ehren des 1964 verunglückten Oberleutnant Hölker[236] ist Ausdruck dieses Ausbildungsziels, das sich auch im Motto der Offizierschule der Luftwaffe spiegelt: „Ich will".

Die Offizierschule der Luftwaffe in Neubiberg, ca. 1965

Die Offizierschule der Luftwaffe auf dem Fliegerhorst Fürstenfeldbruck:
unten rechts der „Kilometerbau" von 1935, in der Bildmitte das „Blaue Palais"

Erding

Instandsetzungszentrum im Süden

Seit im April 1956 die ersten deutschen Soldaten auf dem bis dahin amerikanischen Fliegerhorst[237] ihren Dienst aufnahmen und, eingewiesen von US-Soldaten, eine Vorbereitungsstelle für Material aufstellten, aus der dann am 01. Juni 1956 das Materialkommando der Luftwaffe hervorging, steht der Fliegerhorst vorrangig im Zeichen der Logistik. Als erstes wurde im September 1956 das Luftwaffenversorgungsregiment 1 aufgestellt, das 1959 dann in Luftwaffenparkregiment umbenannt wurde. Verteidigungsminister Franz-Josef Strauß und der Inspekteur der Luftwaffe, General Josef Kammhuber, waren bei der Indienststellung des ersten Lufttransportgeschwaders LTG 61 im August 1957 anwesend und übernahmen persönlich am 14. Dezember 1957 den Fliegerhorst von der USAF[238]. Das erste Flugzeug, das zur Instandsetzung nach Erding kam, war 1957 eine Nord Noratlas und steht am Anfang der Typenliste, die in den Hallen des Fliegerhorsts mit industriellen Verfahren bearbeitet wurden. Das Parkregiment führte als Regiment fünf spezialisierte Staffeln zur Instandsetzung von Zellen, Avionik und Waffen. Ab 1960 erfolgte die Erweiterung auf die Instandsetzung des Starfighter F-104 und seines Triebwerks. 1968 und in der Folgezeit erfolgten mehrere Umbenennungen und Umgliederungen zum Luftwaffenversorgungsbereich 1, zum Luftwaffenversorgungsregiment 1 mit fünf unterstellten Werften und schließlich die Aufstellung von Technischen Gruppen im Zuge der Einführung des Jagdbombers Panavia Tornado. Die Technische Gruppe 11 übernahm alle neuen Maschinen vom Hersteller, rüstete sie mit Außenlastträgern und spezifisch deutschen Ausrüstungsteilen aus und überführte sie dann an die Geschwader. Gleichzeitig wurden die bei den Verbänden ausgemusterten F-104 in Erding zusammengezogen und teilweise an andere Nationen abgegeben.

Eine Besonderheit der Instandsetzung war seit 1960 die auf dem Fliegerhorst durchgeführte duale Ausbildung zum Fluggerätemechaniker in verschiedenen Fachrichtungen und zum Elektroniker in eigenen Ausbildungswerkstätten – ein für Erding bedeutsames Ausbildungsangebot, das von fast 2.000 Lehrlingen genutzt werden konnte.

Die Wiedervereinigung und die resultierende Reform der Bundeswehr führten zu weiteren Umgliederungen und gleichzeitig, insbesondere wegen der Nähe des Münchner Flughafens, zu Einschränkungen des Flugbetriebs. Der Fliegerhorst erhielt als Standort des Luftwaffeninstandhaltungsregiments 1 eine primäre Funktion als Instandsetzungsflugplatz, von dem aus Testflüge absolviert wurden. Der letzte Tornado verließ Erding am 16. September 2014. Heute wird der Fliegerhorst militärisch nicht mehr angeflogen; als letzte Einheit ist das Instandsetzungszentrum 11 der Hauptnutzer des Fliegerhorstes[239] zur Instandsetzung und Wartung von Geräten.

Der Fliegerhorst Erding 2002

Verteidigungsminister F.-J. Strauß am 14.12.1957 bei der Übernahme des Fliegerhorstes

Abschluss der Überholung der 200. Maschine T-33, 1966

„Fly-Out" des letzten Tornado 45+61 am 16.09.2014

München-Oberföhring

Die Pionierschule

Als das Verteidigungsministerium im Rahmen der Aufstellung der Bundeswehr am 22. März 1956 die Aufstellung der „Truppenschule Pioniere" in der damaligen Lohengrin-Kaserne in München anordnete, wurde eine 100-jährige Pionier-Geschichte[240] fortgesetzt. Die Pionierschule nahm bereits am 1. Juli 1956 mit drei Lehrgruppen und sechs Inspektionen den Lehrbetrieb auf, von Beginn an unterstützt durch verschiedene Pionierlehrverbände und -einheiten, die von 1956 – 1993 in der Funkkaserne in München und ab 1963 mit Teilen auch in Krailling stationiert waren. Nach bedarfsgerechten Erweiterungen und Anpassungen der Infrastruktur an die Erfordernisse der Ausbildung erfolgte dann 1964 die Umbenennung der Kaserne in „Prinz Eugen-Kaserne". In den Folgejahren erfolgten ständig Ausweitungen des Ausbildungsauftrags: 1966 erhielt die Pionierschule zeitgleich mit dem Abschluss des ersten Fachhochschulstudienganges Bauingenieurwesen im Rahmen der Ausbildung der Pionieroffiziere die Zusatzbezeichnung „Akademie des Heeres für Ingenieurbau", 1971 begann die Ausbildung von Bautechnikern für die Pioniertruppe, und ein Jahr später erfolgte die Umbenennung in „Pionierschule und Fachschule des Heeres für Bautechnik". 1977 wurde das Euro NATO Training Engineer Centre (ENTEC) der Schule organisatorisch zugeordnet.
Der Bedarf an Ausbildungskapazität wuchs weiter und führte zur Verlegung der Unteroffizierausbildung der Schule ab 1981 in die Stettenkaserne in München sowie die direkte Unterstellung des Pionierlehrbataillons 220 der Pionierschule im Frieden bis zu seiner Auflösung im Jahr 1993. Schließlich erfolgte 1993 die Verlegung der Lehrgruppe B in den Standort Ingolstadt, der mit seinem Wasserübungsplatz an der Donau bereits lange als zentraler Ausbildungsort für die Wasserausbildung auf schnell fließenden Gewässern für die Pioniertruppenteile der Bundeswehr bedeutend war. 1996 wurde das „Lager übende Truppe" Münchsmünster mit dem Wasserübungsplatz Wackerstein der Schule unterstellt und wurde Standort für die Aufstellung der „Bauinstandsetzungseinrichtung" (BIE) zur bauhandwerklichen Ausbildung und Vorbereitung von Pionieren auf Auslandseinsätze.

2006 feierte die Pionierschule ihr 50-jähriges Bestehen und bekam anlässlich des Jubiläums das Fahnenband des Bayerischen Ministerpräsidenten verliehen. Zeitgleich fiel jedoch im Rahmen der Neuordnung der Schullandschaft der Bundeswehr die Entscheidung zur Verlegung der Pionierschule von München nach Ingolstadt in einen Neubau in der „Pionierkaserne auf der Schanz" für das Jahr 2009. Am 22. Januar 2009 verabschiedete sich die Pionierschule nach 53jähriger Stationierung mit einem Festakt offiziell aus dem Standort München und beendete damit die lange Geschichte der Pioniere Münchens.

Stabsgebäude 1956 in der Lohengrin-Kaserne

Die Pionierschule in der Prinz-Eugen-Kaserne 2005, umgeben von Wohngebieten

München, Ernst-von-Bergmann-Kaserne

Die "Alma Mater" des Sanitätsdienstes

Wer heute im Münchner Norden die Sanitätsakademie der Bundeswehr besucht, ahnt kaum, welche wechselvolle Geschichte sich hinter den imposanten Kasernenmauern aus dem Jahre 1936[241] verbirgt. Seit 1980 hat die Sanitätsakademie der Bundeswehr in der nunmehr nach Ernst-von Bergmann benannten, generalsanierten Liegenschaft ihr Quartier. Dieser berühmte deutsche Chirurg des ausgehenden 19. Jahrhunderts widmete sich in hohem Maße auch der Kriegschirurgie und dem bayerischen und preußischen Militärsanitätswesen. Über 50 Jahre steht die Sanitätsakademie nun im Dienst der Gesundheit für unsere Soldatinnen und Soldaten und blickt als bedeutendste Bildungseinrichtung des Sanitätsdienstes auf eine höchst erfolgreiche Geschichte zurück. Ihre eigenen Wurzeln beginnen in einer über 200-jährigen Traditionsfolge der preußischen militärärztlichen Bildungsanstalten 1956 mit der Sanitätstruppenschule des Heeres in Degerndorf am Inn. Bereits ein Jahr später wurde sie aufgrund der besseren universitären Anbindung in die Luitpoldkaserne nach München verlegt und zur „Sanitätsschule der Bundeswehr" erweitert. Am 29. Oktober 1963 erhielt sie den Namen „Akademie des Sanitäts- und Gesundheitswesens der Bundeswehr" und seit 1997 die heutige Bezeichnung „Sanitätsakademie der Bundeswehr". Nahezu jeder Angehörige des Sanitätsdienstes kennt die Akademie aus eigener Anschauung. Manche wurden hier eingestellt[242], haben ihre ersten Schritte im Sanitätsdienst gewagt, andere absolvieren monatelange Lehrgänge oder kommen regelmäßig zu Tagungen und Symposien. In den vergangenen Jahrzehnten hauptsächlich als reine Ausbildungseinrichtung gefordert, befindet sich die Sanitätsakademie seit einiger Zeit in einem Umgliederungsprozess. Unter Berücksichtigung der Vorgaben der Neuausrichtung und der Attraktivitätsoffensive verfolgt sie das Ziel, ein attraktives, international ausgerichtetes Kompetenzzentrum für sanitätsdienstliche Forschung und Weiterentwicklung, vernetzt mit Ausbildung und Lehre zu werden. Nicht zu vergessen ist auch die hier wahrgenommene Fachaufgabe des medizinischen ABC-Schutzes in der Bundeswehr mit den drei angegliederten Ressortforschungsinstituten für den medizinischen ABC-Schutz der Bundeswehr.

Für die Akademie ist aber nach wie vor am wichtigsten, einen unabhängigen wissenschaftlichen Diskurs zu ermöglichen und genauso für die vielen Lehrgangsteilnehmer ein Ort einer freien kritischen Rede zu sein.

Die Ernst-von-Bergmann-Kaserne in München Milbertshofen

Das Auditorium Maximum „Hans Scholl" der Akademie

Feldafing, Pöcking

Die Wiege der Fernmeldetruppe

Als Truppenschule Fernmeldetruppe am 26. Juni 1956 in Sonthofen aufgestellt, wurde sie im August 1956 bereits in Fernmeldeschule des Heeres umbenannt und am 7. September 1959 in die Kasernenneubauten bei Feldafing und Pöcking am Starnberger See verlegt. Zunächst bildete die Schule ausschließlich die Soldaten des Fernmeldeverbindungsdienstes und der Elektronischen Kampfführung des Heeres aus. Im Zuge der Neukonzeption der Ausbildung und Bildung in der Bundeswehr 1972 erfolgte eine Umstellung des Lehrbetriebes und mit der Einrichtung der Fachschule des Heeres für Elektrotechnik eine Aufwertung des Auftrags, was sich in der Umbenennung in „Fernmeldeschule und Fachschule des Heeres für Elektrotechnik" zeigte. Die zunehmende technische Entwicklung von Führungsinformationssystemen und neuen Führungsorganisationen brachten der Schule neue Betätigungsfelder in Lehre und Weiterentwicklung der Truppengattung. So wurde das Führungsgrundgebiet 6 (Führungsdienst) in die alleinige Ausbildungsverantwortung für das Heer übernommen. Große Anteile der Ausbildung in der Datenverarbeitung[243] machten die Schule im Laufe der Jahre zu einem Zentrum der Ausbildung und Weiterentwicklung in gesamtem Bereich der Informationsübertragung und Informationsverarbeitung.

Ein Meilenstein in der Geschichte der Fernmeldeschule war 1972 die Vorbereitung und Durchführung des Fernmelde- und des EDV-Einsatzes bei den XX. Olympischen Sommerspielen. Ab Juli 1972 beherbergte die Schule für zwei Monate im Rahmen des CISM-Programms Militärsportler aus aller Welt. Von 1995 bis 2002 war der Kommandeur der Schule zugleich „General der Fernmeldetruppen" und damit ihr höchster Repräsentant. In dieser Funktion konnte Brigadegeneral Konrad Bader 1999 das 100-jährige Bestehen der Fernmeldetruppe unter Beteiligung aller Verbände feiern.

Der Unterstellungswechsel der Schule vom Heer zur Streitkräftebasis 2005 und die Umbenennung in Führungsunterstützungsschule der Bundeswehr 2006 erweiterte die Ausbildung teilstreitkraftübergreifend[244]. Die Kaserne in Feldafing blieb aber für die Fernmelder stets das „Mutterhaus der Fernmeldetruppe". Dies gilt auch, nachdem die Schule 2013 dem Führungsunterstützungskommando der Bundeswehr unterstellt wurde und mit der Aufstellung des neuen Organisationsbereiches „Cyber und Informationsraum" ihren heutigen Namen „Schule Informationstechnik der Bundeswehr" erhielt. Sie bildet teilstreitkraftübergreifend das IT-Fachpersonal aller Dienstgradgruppen aus und ist somit nun die identitätsstiftende und prägende Einrichtung für alle Fernmelder und das IT-Personal der Bundeswehr.

Neubau der Kaserne in Feldafing, öffentlicher Einmarsch am 7. September 1959

Einrichtung eines zweiten Olympischen Dorfes für CISM-Sportler,
Juli 1972

Kaufbeuren

Die technische Ausbildung im Süden

Der Fliegerhorst Kaufbeuren gehört zu den ersten vier Fliegerhorsten, die der Luftwaffe im Dezember 1957 von der US-Air Force übergeben wurden. Bereits zwei Tage später, am 16. Dezember 1957, wurde die Technische Schule „K" aufgestellt und Ende November in Technische Schule der Luftwaffe 1 umbenannt,, die als erste Ausbilder Soldaten rekrutierte, die in den Monaten zuvor bei der 7331st Technical Training Group der USAF auf ihre Lehrtätigkeit vorbereitet worden waren. Der Auftrag bestand seit Beginn des Lehrbetriebs in der Grundlagenausbildung an den fliegenden Waffensystemen, beginnend mit dem Schulflugzeug T-6 und der F-84F Thunderstreak, später bis zu Phantom, Tornado und ab 2004 Eurofighter, sowie deren Bewaffnungen[245]. Als weitere Schwerpunkte bildeten sich in den Folgejahren die Teilbereiche elektronische Kampfführung, militärische Flugsicherung und computergestützte Betriebsführung heraus. Mit der Anerkennung als Elektronik-Schulungsstätte zum Erwerb des bundeseinheitlichen, zivil anerkannten Elektronikpasses erwarb sich die Schule ab 1971 einen beispielhaften Ruf in der gewerblichen Ausbildung, insbesondere 2004 nach der Aufnahme der Lehrwerkstatt des aufgelösten JaBoG 34 „Allgäu" und der Inbetriebnahme von neu gebauten Ausbildungshallen und -werkstätten für Fluggerätemechaniker. Die Anpassung der Lehraufträge war seit Anfang an auch meist verbunden mit Umgliederungen und Unterstellungswechseln. So wurde bereits 1960 die Ausbildung des Luftbildpersonals an die Waffenschule 50 Erding abgegeben. 1994 erfolgte eine Verschmelzung mit der Technischen Schule 2 Lager Lechfeld unter Beibehaltung des Namens TSLw 1 und spezialisierten Ausbildungsstätten in Lechfeld, Erndtebrück, Brakel, Karlsruhe, Neubiberg und Laage. Eine entscheidende Zäsur erfolgte im Zuge der Neuausrichtung der Bundeswehr, als 2011 veröffentlicht wurde, den Standort Kaufbeuren zu schließen. Diese Planung wurde in so weit realisiert, dass die eigenständigen Technischen Schule 1 und 3 in Faßberg aufgelöst und im Technischen Ausbildungszentrum der Luftwaffe (TAusbZLw) mit Hauptsitz in Faßberg zusammengefasst wurden. Seit dem 1. Januar 2014 fungiert der Fliegerhorst Kaufbeuren als Abteilung Süd des TAusbZLw und führt systembezogene Lehrgänge für technisches Personal aller militärischen Organisationsbereiche der Bundeswehr durch[246].

Über die Jahrzehnte hat der Standort Kaufbeuren eine wechselvolle Geschichte mit besonderen Herausforderungen und steten Anpassungen erlebt, ist dabei jedoch stets seiner herausragenden Bedeutung für die Prägung des technischen Personals der Luftwaffe, des Heeres, der Marine und der Streitkräftebasis gerecht geworden.

Technische Schule der Lw 1:
Ausbildung der Warte am
WaSys Tornado

Der Fliegerhorst Kaufbeuren

Die Heimat der Fallschirmjäger

Neun Offiziere und zwei Unteroffiziere, unterstützt von einer Angestellten, begannen am 1. November 1956 in der ehemaligen Flak-Kaserne in Altenstadt mit dem Aufbau der Luftlandeschule, die seitdem die Heimstätte der Luftlandetruppe der Bundeswehr ist. Die ersten Ausbilder der Luftlandeschule hatten von November 1956 bis Februar 1957 bei der 11th Airborne Division (US) in Gablingen bei Augsburg an der Sprungausbildung teilgenommen, sodass ab Ende 1957 in Altenstadt der Lehrbetrieb aufgenommen werden konnte. Seither gehören zum Kernauftrag der Schule die taktische Ausbildung nach der Luftlandung, die Überlebensausbildung für fliegendes Personal und die Ausbildung in Lufttransport und Luftumschlag mit Transportflugzeugen und Transporthubschraubern sowie die Ausbildung von Fallschirmprüfern und Fallschirmpackern. Die ersten Springer wurden damals aus dem Transportflugzeug Noratlas auf dem jetzigen Kleinflugplatz südlich Peiting abgesetzt. Die Luftlandeschule als Ausbildungseinrichtung der ersten Stunde erlebte in den Folgejahren mehrfach Umgliederungen und Strukturanpassungen entsprechend der sicherheitspolitischen Rahmenbedingungen sowie Auftragserweiterungen und war fast 60 Jahre als „Luftlande- und Lufttransportschule (LL/LTS)" eine moderne „Joint"- Schule der Fallschirmjägertruppe und der Luftwaffe. Gleichzeitig wurde sie ein vollkommen integrierter Bestandteil und wichtiger Wirtschaftsfaktor Altenstadts.

Im Zuge der Neuausrichtung der Bundeswehr wurde 2011 die Auflösung der Schule beschlossen. Nachdem ursprüngliche Planungen zur Verlagerung der Ausbildung auf erheblichen politischen Widerstand stießen, erfolgte 2015 die Einrichtung des heutigen „Ausbildungsstützpunkts Luftlande-Lufttransport (AusbStpLL/LTrsp)" als ausgegliedertes Element des Ausbildungszentrums Infanterie in Hammelburg[247]. Als spezialisierter Ausbildungsstützpunkt konnte eine Konzentration auf Modernisierung und Internationalisierung mit dem Ziel eines European Center of Excellence im Bereich Lufttransport erfolgen, die sich auch in der seit 1997 bestehenden Partnerschaft mit der französischen Fallschirmjägertruppe zeigt. Zahlreiche erfolgreiche Spitzensportler haben in der Sportfördergruppe der Bundeswehr an der LL/LTS trainiert und die Bundeswehr bei Internationalen Militärsprungmeisterschaften vertreten.

Heute ist der Altenstadter Stützpunkt mit dem angeschlossenen Heeresflugplatz unverändert die einzige Ausbildungseinrichtung für alle Arten von Fallschirmsprung in der Bundeswehr, sowohl für die Fallschirmjägertruppe des Heeres als auch für alle Spezialeinheiten der Bundeswehr und des Bundes.

Sprungausbildung am Sprung-
turm, Fallschirmspringer im
Reihensprung.

Luftlandekräfte sichern das Ab-
setzen von leicht gepanzerten
Waffenträgern Wiesel

Sonthofen

Gewachsenes Zentrum der ABC-Abwehr

Als 1956 die ersten ABC-Abwehreinheiten und die „Heeresschule für ABC-Abwehr"[248] in Sonthofen in der Jägerkaserne aufgestellt wurden, war es das Chemical Corps der US-Army, das die Aufstellungsphase mit amerikanischem Gerät und Organisationsvorbildern bestimmte. Am 1. Oktober 1956 begann mit US Unterstützung der Lehrgangsbetrieb in einem Lehrgang für Truppenfachlehrer und leitende ABC-Abwehroffiziere. Diese Offiziere waren zugleich die Ausbilder, welche die Themen des Lehrgangs selbst zu erarbeiten und vorzutragen hatten. Die gewonnenen Kenntnisse wurden in Merkblättern umgesetzt und bildeten die Grundlage für die fachlich einheitliche ABC-Abwehrausbildung aller Truppen. Im Juli 1957 bezog die ABC-Abwehrschule für sieben Jahre die Generaloberst-Beck-Kaserne[249] In diesen Jahren wurden Lehrkompanien aufgebaut, die dann 1963 eine ABCAbwUffz-Lehrinspektion bildeten, und zugleich erfolgte die Einrichtung wissenschaftlicher Laboratorien und einer Fachbibliothek, die bis heute die naturwissenschaftliche Kompetenz und den internationalen Ruf der Schule mitbegründen. 1963 erhielt die Schule den zusätzlichen Auftrag Luft- und Brandschutz, weshalb sie umgegliedert und 1964 in „ABC-Abwehr- und Luftschutzschule", ab 1965 treffender in „ABC-und Selbstschutzschule" umbenannt wurde. Unter diesem Namen war die Schule bis 2013 die zentrale Ausbildungseinrichtung für die ABC-Abwehrtruppe des Heeres, die ABC-Abwehr aller Truppen sowie die Brandschutzkräfte der Bundeswehr. Sie führte darüber hinaus die Ausbildung im Selbst-, Strahlen- und Umweltschutz sowie im Arbeitsschutz für alle Organisationsbereiche der Bundeswehr durch. Mit dem Wechsel der ABC-Abwehrtruppe in die Streitkräftebasis im April 2013 ist die Schule dem ABC-Abwehrkommando der Bundeswehr unterstellt und wird nun als „Schule ABC-Abwehr und Gesetzliche Schutzaufgaben" bezeichnet.

In den mehr als 60 Jahren ihres Bestehens konnte sich die Schule am Standort Sonthofen konsolidieren. Das weitaus höchste Aufkommen an Lehrgangsteilnehmern erreichte die Truppenschule in der zweiten Hälfte der 80er Jahre, als jede Einheit des Heeres einen oder mehrere Unteroffiziere als ABC/Se-Truppführer und den Kompanietruppführer als ABC/Se-Feldwebel auszubilden hatte. Seit den 1990er Jahren ist das Ausbildungsangebot um die Bereiche Umwelt- und Arbeitsschutz erweitert, gleichzeitig wurden Lehrgänge in Katastrophenhilfe und in Vorbereitung von VN-Missionen sowie für militärisches Personal befreundeter Streitkräfte im Zuge des zweiten Golfkriegs eingerichtet. Ein besonderes Merkmal ihrer internationalen Anerkennung[250] ist auch die Kooperation, die die Schule mit den ABC-Abwehrschulen Österreichs und der Schweiz pflegt.

Hörsaalgebäude der Jäger-
kaserne in Sonthofen

Ausbildung zum ABC-
Abwehr-Unteroffizier

Ausbildung mit dem
TPz 1 ABC-Spürpanzer

191

Sonthofen, Hannover

Die Schule für Feldjäger und Stabsdienst der Bundeswehr

Die Auseinandersetzung mit dem Selbstverständnis der Feldjägertruppe als Militärpolizei der Bundeswehr kann aus durchaus unterschiedlichen historischen Betrachtungswinkeln geschehen. Ein Feldjäger, der sich auf die Suche nach diesem Selbstverständnis macht, wird unweigerlich auf die Kabinettsorder vom 24. November 1740 stoßen, mit der Friedrich der Große das Reitende Feldjägercorps zu Pferde aufstellte und „treue Leute von guten Verstande" suchte. Sodann führt ihn seine Suche zur Tischrede von Moltke dem Älteren, der sagte: „Wenn man einem Feldjäger einen Befehl übergab, war man sicher." Mit Blick auf sein Barett sieht er den Hohen Orden zum Schwarzen Adler mit der Inschrift „Suum Cuique", sein Dienstanzug hat orangefarbene Kragenspiegel. Wenn unser Feldjäger seine Ausbildung zwischen 1956 bis 2009 absolviert hat, so geschah dies in Sonthofen in der Generaloberst-Beck-Kaserne, wo die Feldjägerschule am 23. Juni 1956 aufgestellt worden war. In den folgenden Jahrzehnten erlebte die Schule mehrere Umgliederungen, jeweils verbunden mit Namensänderungen: 1972 wurde sie zur Schule für Feldjäger und Stabsdienst erweitert, 1975 erhielt sie die Fachschule (später Fachakademie) des Heeres für Wirtschaft zugeteilt und eine dritte Lehrgruppe für Fachlehrgänge Betriebswirtschaft. 2002 wechselte die Truppengattung zur Streitkräftebasis, und die Schule wurde 2003 in „Schule für Feldjäger und Stabsdienst der Bundeswehr" umbenannt.

2009 erfolgte eine entscheidende Zäsur: Nach 53 Jahren in Sonthofen wurde die Truppenschule nach Hannover verlegt. Neue Heimat wurde die grundlegend modernisierte Emmich-Cambrai-Kaserne, die bis dato Standort der Offizierschule des Heeres war. Die Verlegung veranlasste, darüber nachzudenken, wie Erinnerungen identitätsstiftend für Soldaten sein können, angelehnt an Baudissins Gedanken zur Tradition als „Stiftung von Kontinuität in die Zukunft hinein". An der Truppenschule hilft dabei die militärgeschichtliche Lehrsammlung des Aufgabenbereiches Feldjägerwesen Bundeswehr. In direkter räumlicher Nähe wurde 2011 der Platz der Erinnerung errichtet, der zum Innehalten und Nachdenken einlädt und für den der Offizierlehrgang 3 die jährliche Patenschaft übernimmt. Die Gedanken der Erinnerungskultur sind jedoch nicht ausschließlich auf die Feldjägerei anwendbar, sondern haben vielmehr auch für die vielen Lehrgangsteilnehmer, die im Bereich des Stabsdienstes ausgebildet werden, allgemeingültigen Charakter mit ihren jeweils unterschiedlichen militärischen Sozialisationen. Den Gedanken zeitgemäßer Erinnerungskultur berücksichtigend, erfolgte 2018 die Umbenennung der Emmich-Cambrai-Kaserne in „Hauptfeldwebel-Lagenstein-Kaserne" zu Ehren des ersten gefallenen Feldjägers der Bundeswehr[251].

Die neue Einfahrt zur
Hauptfeldwebel-
Lagenstein-Kaserne

Offen gestaltet und an
zentraler Stelle:
der Platz der Erinnerung

Moderne Ausbildungsein-
richtungen erlauben
Ausbildung im Stabs-
dienst nach modernen
methodisch-didaktischen
Grundsätzen

Sonthofen / Aachen / Münster / Weiden / Koblenz
Delitzsch

Die Unteroffizierschulen des Heeres

„Der Unteroffizier spielt traditionell in deutschen Armeen eine besondere Rolle. Zum einen ist er auf der Ebene der Feldwebel Experte und Fachmann hohen Grades – halt der „Meister seines Fachs". Zum anderen ist er als Feldwebel im Truppendienst als Führer von Teileinheiten für die Führung, Ausbildung und Erziehung der Soldaten verantwortlich." Mit diesen Worten eröffnete der Amtschef des Heeresamtes, Generalmajor Jürgen Ruwe, am 23. Oktober 2003 die heutige Unteroffizierschule des Heeres in Delitzsch und beschrieb mit ihnen den Kern des Ausbildungsauftrags, der bereits bei der Aufstellung der ersten Heeresunteroffizierschulen 1964 in Sonthofen (HUS I) und Aachen (HUS II) prägend war. Zu dieser Zeit war das Bild des Unteroffiziers in der Öffentlichkeit besonders stark durch Kriegserlebnisse, literarische Überzeichnungen und auch durch eine kritische Berichterstattung über Vorkommnisse in der Truppe belastet. Den Schulen gelang es aber, in kurzer Zeit durch eine besondere Lehrgangsgestaltung und auch durch beispielhaftes Verhalten ihres Lehrpersonals zu überzeugen und als beste Unteroffizier-Ausbildung ihrer Zeit gelten zu lassen. Gleichwohl war es nur ein kleiner Teil – ca. 10 % – der Unteroffiziere, die diese Ausbildung haben durchlaufen können, bis die Schulen im Zuge einer neuen Heeresstruktur 1972 aufgelöst und die Unteroffiziergrund- und -aufbaulehrgänge an die Schulen der Truppengattungen des Heeres verlagert wurden. In den 1970er und 1980er Jahren kam es häufig zu Nachwuchsmangel, dem durch mehr zivil anerkannte Ausbildungsinhalte begegnet werden sollte. Die früheren positiven Erfahrungen der truppengattungs-übergreifenden Ausbildung der beiden Unteroffizierschulen konnten dabei jedoch nicht umgesetzt werden, waren aber ein Argument, als Ende der 1980er Jahre beschlossen wurde, in jedem der drei Korps eine Heeresunteroffizierschule einzurichten. Mit Wirkung vom 1. August 1990 wurden die Heeresunteroffizierschule I in Münster, die HUS II in Weiden und die HUS III[252] in Koblenz Lahnstein aufgestellt, die am 1. Oktober den Ausbildungsbetrieb aufnahmen; für das neu gebildete IV. Korps wurde als Standort der HUS IV 1991 Delitzsch[253] festgelegt.

Die Zeit war geprägt durch den tiefgreifenden Wandel, den die Bundeswehr insgesamt in allen Bereichen zu vollziehen hatte. Für die Heeresunteroffizierschulen besonders bedeutsam war die Einführung der Feldwebellaufbahn 2002 und damit einhergehend eine grundlegende Neuordnung der Unteroffizierausbildung[254]. Diese führte schließlich 2003 zur Zusammenlegung aller vier Unteroffizierschulen zur Unteroffizierschule des Heeres in Delitzsch[255] als zentraler Ausbildungseinrichtung des Heeres und der Streitkräftebasis. Heute bildet die Unteroffizierschule mit unterstellten Anwärter-Bataillonen an sechs Standorten[256] aus und ist zu einem der größten und modernsten Schulungsorte der Bundeswehr geworden: Heimat für die *Meister ihres Fachs*.

Eröffnung der HUS I am 30.10.1964 in Sonthofen durch (v.l.) Bundeskanzler Erhard, Verteidigungsminister von Hassel, Generalleutnant de Maizière, Schulkommandeur Oberst Bürger

Indienststellungsappell der USH am 23.10.2003 auf dem Marktplatz in Delitzsch: Generalmajor Ruwe übergibt die Truppenfahne an den Schulkommandeur Oberst Gaide

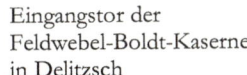

Eingangstor der Feldwebel-Boldt-Kaserne in Delitzsch

Mittenwald, Bad Reichenhall

Nachschub auf vier Hufen

Als am 1. Januar 1958 die Gebirgstragtierkompanie 8 in der Edelweißkaserne zu Mittenwald aufgestellt wurde und die ersten 22 Haflinger im Januar 1958 sowie im April die ersten 22 Maultiere der Kompanie zur Erprobung zugewiesen wurden, ahnte sicher niemand etwas von der wechselvollen Entwicklung des Tragtierwesens, den Umgliederungen und Umbenennungen. Zunächst wurde die Kompanie 1960 Teil des Gebirgsversorgungsbataillons 8 und unterstützte mit einem Zug die Gebirgsjägerbrigade 23 in Bad Reichenhall. Zwischenzeitlich hatte die Erprobung und ein Vergleich zwischen Maultieren und Haflingern die absolute Überlegenheit des Maultieres in Trittsicherheit, Genügsamkeit, Robustheit und Tragevermögen ergeben, so das 1960/1961 sizilianische Maultiere angekauft wurden und der Bestand an Tragtieren auf insgesamt 132 vervollständigt wurde. Ab Januar 1967 wurden aus den bisherigen Zügen eigenständige Tragtierkompanien der Versorgungsbataillone der beiden Gebirgsjägerbrigaden 22 und 23. Nach der Auflösung der Bataillone 1973 wurden sie zu selbstständigen Kompanien (GebTrgtKp 220 und 230) umgegliedert. Jede Tragtierkompanie verfügte über 60 Tragtiere, davon zwei Drittel Maultiere und ein Drittel Haflinger. Im Zuge von Umstrukturierungs- und Neuausrichtungsmaßnahmen der 1. Gebirgsdivision wurde im April 1981 die Gebirgstragtierkompanie 220 in Mittenwald aufgelöst. Seit diesem Zeitpunkt ist die Gebirgstragtierkompanie 230 in Bad Reichenhall die einzige Pferde haltende Einheit der Bundeswehr, gleichwohl trotz allseitiger Anerkennung ihrer Leistungen[257] und ihres guten Rufes immer wieder von einer Auflösung bedroht. Im Jahr 1993 wurde für das Tragtierwesen ein weiterer Meilenstein für seine Weiterentwicklung gelegt. Es erfolgte die Umgliederung zu nun 3 Tragtierzügen und die neue Namensgebung „Einsatz- und Ausbildungszentrum für Gebirgstragtierwesen 230". In den Jahren 2002 bis 2004 bewies das Zentrum im 6-monatigen Wechsel seine Einsatzfähigkeit sowie Durchhaltefähigkeit im Kosovo. Im Rahmen der Strukturreform HEER2011 erhielt das Zentrum 2014 den bis heute gültigen Namen "Einsatz- und Ausbildungszentrum für Tragtierwesen 230". Heute ist das Zentrum[258] eine voll-motorisierte Nachschubeinheit der Gebirgsjägerbrigade 23. Es zählt zu den Heereslogistiktruppen und ist in der Lage, Nachschub von Versorgungsgütern aller Art in unwegsamem Gelände insbesondere im Gebirge und unter schwierigen Wetterverhältnissen sowie bei Spezialoperationen sicherzustellen. Die drei Tragtierzüge verfügen über je 8 Haflinger als Reit- und Tragtiere[259] und 16 Maultiere.

Wie kaum eine andere Einheit der Bundeswehr hat sich die Tragtierkompanie, das heutige Einsatz- und Ausbildungszentrum, in den Jahrzehnten des Bestehens eine besondere Stellung erworben: Neben der hohen professionellen Spezialisierung wird eine beispielhafte Verbundenheit der Bundeswehr zu den Menschen der Region[260] gelebt.

Queren der Tiroler Ache, 1980

Die ersten berittenen Erkunder, 2000

Die Aufführung der Stallweihnacht durch Soldaten und Tiere des Ausbildungszentrums ist seit 1962 alljährlich ein kultureller Höhepunkt in Bad Reichenhall.

Mittenwald

Gebirgs- und Winterkampfschule

Der heutige Ausbildungsstützpunkt Gebirgs- und Winterkampf hat seine Wurzeln im Lager Luttensee bei Mittenwald, wo der Ausbildungsbetrieb der Gebirgs- und Winterkampfschule im September 1956 begann. Auch wenn in den Folgejahren die Organisation, die Unterstellungsverhältnisse, Phasen der Eigenständigkeit und damit die Bezeichnung oftmals wechselten, blieben der Verbund mit der Infanterie und der Kernauftrag der Ausbildungsstätte doch stets der gleiche: Ausbildung und Lehre mit Durchführung von Laufbahn- und Verwendungslehrgängen der Gebirgsjägertruppe sowie von Sonderlehrgängen für alle Bereiche der Bundeswehr und befreundeter Streitkräfte im Winterkampf, in der Bergrettung und im Kampf in schwierigem Gelände und unter besonderen Umweltbedingungen. Vorrangig und herausragend ist dabei seit jeher der Heeresbergführerlehrgang, dessen Qualifikationsstufe mit hohem Ansehen verbunden ist[261]. Dies gründet sich insbesondere auf die Fähigkeit der Bergführer, Bergrettungen zu organisieren, zu leiten und auch als Flugretter Einsätze mit Hubschraubern durchzuführen.

Seit April 2000 ist die Gebirgs- und Winterkampfschule dem General der Infanterie unterstellt. Im Juli 2015 wurde die Schule im Rahmen der Struktur HEER2011 zum Ausbildungsstützpunkt Gebirgs- und Winterkampf umgegliedert. Das Ausbildungslager Luttensee dient dem Ausbildungsstützpunkt heute als Biwakplatz und Ausbildungsstätte, die Infanteriekompanien aller Teilstreitkräfte umfassende und abwechslungsreiche Übungsmöglichkeiten bieten. In insgesamt 43 verschiedenen Laufbahn-, Verwendungs- und Sonderlehrgängen werden jährlich circa 2.500 deutsche und bis zu 300 ausländische Lehrgangsteilnehmer aus über 30 Nationen in allen gebirgsspezifischen Bereichen bis hin zum Hochgebirgs-Scharfschützen ausgebildet. Der Ausbildungsstützpunkt ist international ausgerichtet. Die Heeresbergführer-Ausbildung sowie die Heereshochgebirgsspezialisten-Ausbildung werden in Kooperation mit dem österreichischen Gebirgskampfzentrum in Saalfelden durchgeführt.

Es ist ein besonderes Kennzeichen des heutigen Ausbildungsstützpunktes, dass er die Traditionen der Gebirgs- und Winterkampfschulen und den von tiefer Kameradschaft geprägten Geist der Gebirgsjägertruppe seit Aufstellung der Bundeswehr pflegen konnte. Dabei hat er durch einen hohen Ausbildungs- und Kompetenzstandard ein besonderes internationales Ansehen erringen können. Als Mitglied der Internationalen Vereinigung der militärischen Gebirgsschulen (IMMS) vertritt der Ausbildungsstützpunkt Gebirgs- und Winterkampf die deutschen Interessen und nimmt Anteil am Erfahrungsaustausch mit den Gebirgstruppen von Frankreich, Österreich, Italien, Schweiz, Spanien, Slowenien, USA, Belgien und Argentinien.

Die Einfahrt in die Karwendel Kaserne

Bergretter im Einsatz

Die Raketenschule der Luftwaffe

Schon bei der Aufstellung der Bundeswehr lag der Schwerpunkt der bodenständigen Flugabwehr bei der Luftwaffe; ihr war die Federführung in allen Grundsatzfragen der Luftverteidigung zugewiesen, dem Heer die Zuständigkeit für die Feldflugabwehr[262]. Daraus entwickelte sich die Aufgabenteilung zwischen Luftwaffe und Heer, die sich auch in der Ausstattung mit Waffensystemen niederschlug und die das parallele System von Luftverteidigung und Flugabwehr für Jahrzehnte prägte. Seit Mitte 1956 wurden bereits die ersten Luftwaffensoldaten an der U.S.-Army Anti Aircraft Artillery and Guided Missile School in Ft. Bliss, Tx., ausgebildet, im November wurde dort der Deutsche Luftwaffenverbindungsstab eingerichtet. Nach der Entscheidung für die Einführung des Waffensystems Nike-Ajax/-Hercules begann im Januar 1958 die Ausbildung des Kaderpersonals im sog. Package Training[263], eine Ausbildung, die ab 1961 auch für das Waffensystem Hawk übernommen wurde. An der gemeinsamen Flugabwehrschule in Rendsburg bestand seit 1961 für das FlaRak-Personal der Lehrstab 3, der im Oktober 1964 ausgegliedert wurde und in Aachen die neuaufgestellte Raketenschule der Luftwaffe bildete, die im Mai 1966 in Aachen außer Dienst gestellt und nach Ft. Bliss verlegt wurde. Dort hat sie am 08. Juli 1966 der Inspekteur der Luftwaffe, Generalleutnant Panitzki, als Raketenschule der Luftwaffe USA in Dienst gestellt; der bisherige Verbindungsstab wurde Lehrgruppe C. In den folgenden Jahrzehnten führte die Schule sowohl System-bezogene Lehrgänge an den Systemen Nike und Hawk, später Patriot, als auch Lehrgänge für höhere FlaRak-Verwendungen und für Qualifikationen der NATO-integrierten Luftverteidigung eigenständig durch, stets in enger Kooperation mit der U.S.-Army Air Defense Artillery School. Die Raketenschule erlebte in dieser Zeit mehrere Unterstellungswechsel, Umgliederungen und Strukturänderungen und übernahm mit zusätzlich gebildeten Inspektionen auch die Ausbildung des Wartungs- und Instandsetzungspersonals, jeweils bis zum Nutzungsende der Systeme. Mitte der 1980er Jahre verfügte die Raketenschule über ca. 300 Soldaten an Stammpersonal. Zusammen mit Lehrgangsteilnehmern und Familienangehörigen waren ca. 2.000 deutsche Angehörige der Raketenschule ständige Bürger in Ft. Bliss und El Paso. 1986 wurde die Nike-Ausbildung eingestellt und die am System Patriot aufgenommen, 2005 endete die Zeit der Hawk in der Luftwaffe, automatisierte Kampfführungsanlagen und Führungsgefechtsstände wurden neue Herausforderungen. Dies zog weitere tiefgreifende Änderungen am Aufbau[264], der Lehrgangsstruktur und den -inhalten nach sich, ohne jedoch dabei den Stil und das Selbstverständnis der Schule zu verändern. So wie in den Anfangsjahren der Schule amerikanische Ausbilder das Ausbildungsgeschehen dominierten, so wurden auch später die deutsche Ausbildung und damit die FlaRak-Soldaten durch die amerikanische Ausbildungsphilosophie geprägt.

Antreten in der RakSLw in Aachen, ca. 1965

Erste Ausbildung deutscher
Luftwaffen Soldaten,
Zeitschrift vom 24.06.1956

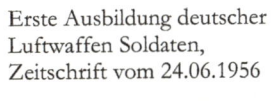

Erste Ausbildung am WaSys Nike in Ft. Bliss 1958

Appell zum 10-jährigen Bestehen der RakSLw USA 1976

Williams AFB (AZ) / Luke (AZ)
Holloman (NM) / Sheppard AFB (TX) USA

Fliegerische Ausbildung in den USA

Wegen der im Deutschland eingeschränkten Bedingungen für den schnellen Aufbau fliegender Kampfverbände bei Luftwaffe und Marine wurde ab 1958 entschieden , die fliegerische Grund- und Fortgeschrittenenausbildung in die USA zu verlagern. Als erstes fand die Sprachausbildung in Lackland AFB, TX, statt. An diese schloss sich die Anfangsausbildung auf T-37 und T-33 in Williams AFB, AZ[265]. Anwärter auf F-84F Thunderstreak setzten die Ausbildung in Luke AFB, AZ, zunächst auf den Mustern T-33 und dann F-84F fort. Mit der Einführung neuer Waffensysteme wurde die Tradition deutscher Waffensystemausbildung in den USA aufrechterhalten. Geschult wurde in Luke auf F-104 G Starfighter, in George AFB, CA, später Holloman AFB, NM, auf F-4E/F Phantom, in Shaw AFB, SC, auf RF-4E und ebenfalls in Holloman AFB auf Tornado. Mit der Einstellung der Ausbildung auf Tornado in Holloman AFB Ende 2019 wurde das Kapitel deutscher Ausbildung auf Einsatzmustern in den USA nach 63 Jahren geschlossen. Was jedoch bleibt, ist das Initial Flying Training in Goodyear, AZ[266], in dem Piloten und Waffensystemoffiziere (WSO) gemeinsam trainiert werden. Von dort wechseln die Flugzeugführeranwärter zum Undergraduate Pilot Training (UPT) nach Sheppard AFB, TX, das dort nach Umzug der 1. DtLwAusbStff USA von Williams AFB seit 1966 durchgeführt wird. Für die WSOs findet das weitere Training[267] auf der Naval Air Station Pensacola, FL, mit den Mustern T-6 Texan II und T-45 Goshawk statt. Für die Grund- und Fortgeschrittenenausbildung in Sheppard AFB wurden durch die Luftwaffe insgesamt 47 Cessna T-37 Tweet und 46 Northrop T-38 Talon beschafft, die in der gemeinsamen Ausbildung mit den USA übergreifend genutzt wurden. 1980 wurden die Ausbildungsmöglichkeiten auf weitere 15 NATO-Mitglieder durch Gründung des Euro NATO Joint Jet Pilot Training (ENJJPT) erweitert. Die Ausbildungsinhalte, -methoden und -mittel unterliegen einer permanenten Anpassung an die Anforderungen neuer Flugzeuggenerationen. So wurden die T-37 durch die Beechcraft T-6 Texan II und werden die T-38C ab 2024 durch Boeing/Saab T-X mit u.a. einem kleinen AESA Radar ersetzt. Neben den Vorteilen der effizienten Ausbildung bei ENJJPT wird zusätzlich durch das gemeinsame Training ein solides fliegerisches Grundverständnis der beteiligten NATO-Partner für zukünftige nationenübergreifende Operationen geschaffen. Das taktische Grundverständnis für die Waffensysteme in der NATO wird durch Verlegung deutscher Kontingente von Eurofightern oder Tornados zu sogenannten Flag Excercises in den USA (Alaska/Nevada) oder Kanada (CFB Cold Lake) aufwendig erweitert.

Neben den militärischen Aspekten hat die deutsche Ausbildung in den USA mit allein in Sheppard von über 2.600 deutschen Lehrgangsteilnehmern einen Beitrag zur Verständigung zwischen beiden Völkern geleistet; sie wird diesen auch weiterhin leisten.

Überflug von drei T-38 über Sheppard AFB, der Wiege deutscher Flugzeugführer auf Kampfflugzeugen

Dieser Hinweis am Eingang des Staffelbereichs spiegelt das gute Verhältnis zwischen den „Krauts" und den amerikanischen Fluglehren in der 4512 Squadron, Luke AFB, wider.

Schulflugzeug für die Anfangausbildung: Beechcraft T-6 Texan II

Kasernennamen der Bundeswehr

Die Liste führt die Kasernennamen auf, die von der Bundeswehr seit ihrer Aufstellung mit dem Beziehen der jeweiligen Kaserne genutzt wurden. Ehemalige Kasernennamen früherer deutscher Armeen und die Namen während der Belegung durch alliierte Truppen werden nicht erwähnt.

Kaserne	Namensgeber / Bemerkung	Ort
Aartalkaserne (aufgegeben 1993)	Geographische Bezeichnung	Herborn-Seelbach
Admiral-Brommy-Kaserne (aufgegeben 1997)	Karl Rudolf Brommy (1804-1860) war Marineoffizier und deutscher Konter-admiral. Er war ab 1849 Befehlshaber der Reichsflotte, der ersten gesamt-deutschen Marine.	Brake
Ahrtal-Kaserne (aufgegeben 2014)	Regionale Bezeichnung	Bad Neuenahr-Ahrweiler
Alb-Kaserne	Regionale Bezeichnung	Stetten am kalten Markt
Alfred-Delp-Kaserne (aufgegeben 2014)	Alfred Friedrich Delp SJ (1907-1945) war Mitglied des Kreisauer Kreises im Widerstand gegen den National-sozialismus.	Donauwörth
Alheimer-Kaserne (aufgegeben 2016)	Der Alheimer nahe Rotenburg ist der zweithöchste Berg im Stölzinger Ge-birge.	Rotenburg an der Fulda
Allgäu-Kaserne 1964-1995 Generaloberst Dietl-Kaserne	Geographische Bezeichnung Der General der Gebirgstruppen, Eduard Wohlrath Christian Dietl (1890-1944) ist für Kriegsverbrechen der Wehrmacht mitverantwortlich.	Füssen
Alsberg-Kaserne	Max Alsberg (1877-1933) entstammte einer jüdischen Familie und war Jurist und Schriftsteller. Er gehörte zu den bekanntesten Strafverteidigern der Weimarer Republik und wurde in die Emigration getrieben.	Rennerod
Alte Artillerie-Kaserne	Historische Bezeichnung	Mainz
Altmark-Kaserne	Geographische Bezeichnung	Hansestadt Gardelegen, Ortsteil Letzlingen

Kaserne	Namensgeber / Bemerkung	Ort
Am-Loh-Kaserne (aufgegeben 1993)	Regionale Bezeichnung	Baunatal
Argonnen-Kaserne (aufgegeben 1994)	Die Argonnen in Nordfrankreich waren im Ersten Weltkrieg Schauplatz heftiger Kämpfe.	Weingarten
Arnulf-Kaserne	Arnulf von Kärnten (850-899) war der letzte ostfränkische König und ab 896 deutscher Kaiser.	Roding
Artillerie-Kaserne	Bezeichnung seit 1962	Garmisch-Partenkirchen Eggesin (aufgegeben 2015) Kempten (aufgegeben 2016)
Artillerieschule 1960-2014 Rilchenberg-Kaserne	Bezeichnung als Erinnerung Ehemals geographische Bezeichnung	Idar-Oberstein
Artland-Kaserne (seit 1969)	Bezeichnung der Region um Quakenbrück	Quakenbrück
Auburg-Kaserne (aufgegeben 2002)	Name einer Burganlage des Mittelalters	Wagenfeld
Augusta-Kaserne	Seit 1938 benannt nach Kaiserin Augusta (1811-1890), Ehefrau Kaiser Wilhelms I.	Koblenz
Bajuwarenkaserne (aufgegeben 2005)	Benannt nach der ursprünglichen Namensform der Bayern	Regensburg
Balthasar-Neumann-Kaserne	Johann Balthasar Neumann (1687-1753) war einer der bedeutendsten Baumeister des Barock und des Rokoko in Süddeutschland.	Veitshöchheim Ebern (aufgegeben 2004)
Barnim-Kaserne	Bezeichnung der Region	Strausberg
Bayern-Kaserne (aufgegeben 2011)	Name des Freistaats	München
Bayerwald-Kaserne (seit 1960)	Regionale Bezeichnung	Regen

Kaserne	Namensgeber / Bemerkung	Ort
Becelaere-Kaserne (aufgegeben 1994)	Benannt nach dem Ort Becelaere bei Ypern, wo das 1915 in der Kaserne stationierte II. Bataillon des Infanterieregiments Nr. 125 im Ersten Weltkrieg gekämpft hatte.	Esslingen am Neckar
Bergische Kaserne	Geographische Bezeichnung	Düsseldorf
Berg-Kaserne (aufgegeben 1994)	Regionale Landschaftsbezeichnung	Gießen
Bernhard-Hülsmann-Kaserne (aufgegeben 1994)	Unteroffizier Bernhard Hülsmann (1920-1945, verm.) erhielt wegen besonderer Tapferkeit 1943 das Ritterkreuz und wurde 1944 zum Leutnant befördert.	Iserlohn
Bismarck-Kaserne (aufgegeben 1997)	Otto Eduard Leopold Fürst von Bismarck (1815-1898) war Ministerpräsident des Königreichs Preußen, von 1867 bis 1871 zugleich Bundeskanzler des Norddeutschen Bundes sowie von 1871 bis 1890 erster Reichskanzler des Deutschen Reiches.	Wentorf bei Hamburg
Bleiberg-Kaserne	Bezeichnung in Erinnerung auf den 1394 erstmals beurkundeten Bergbau	Mechernich
Bleidorn-Kaserne	Rudolf Bleidorn (1864-1937) war General der Artillerie der Reichswehr.	Ulm
Blücher-Kaserne	Gebhard Leberecht von Blücher, Fürst von Wahlstatt, (1742-1819) war preußischer Generalfeldmarschall.	Berlin Münster Schwerin (aufgegeben 2007) Aurich (aufgegeben 2014) Hessisch Lichtenau (aufgegeben 2006) Hemer (aufgegeben 2007)
Boehn-Kaserne (aufgegeben 1993)	Max Ferdinand Karl von Boehn (1850-1921) war preußischer Generaloberst im Ersten Weltkrieg.	Hamburg

Kaserne	Namensgeber / Bemerkung	Ort
Boelcke-Kaserne	Oswald Boelcke (1891-1916) war einer der bekanntesten deutschen Jagdflieger im Ersten Weltkrieg und Träger des Ordens Pour le Mérite.	Kerpen Koblenz Langenhagen (Evershorst) (aufgegeben 1992) Ulm (aufgegeben 1993)
Bose-Bergmann-Kaserne (aufgegeben 1995)	Friedrich Julius Wilhelm Graf von Bose (1809-1894) war preußischer General der Infanterie. Walter Friedrich Adolf von Bergmann (1864-1950) war General der Infanterie der Reichswehr.	Wentorf bei Hamburg
Brückberg-Kaserne	Die Kaserne liegt im Siegburger Stadtteil Brückberg.	Siegburg
Bülow-Kaserne (aufgegeben 2007)	Bernhard Heinrich Martin Karl von Bülow, ab 1905 Fürst von Bülow (1849-1929) war seit 1897 Staatssekretär (Minister) des Äußeren und von Oktober 1900 bis Juli 1909 Reichskanzler des Deutschen Kaiserreichs.	Detmold
Burgwaldkaserne	Geographische Bezeichnung	Frankenberg (Eder)
Cambrai-Kaserne (aufgegeben 1994)	Benannt nach der Schlacht von Cambrai während des Ersten Weltkriegs im November 1917.	Lübeck
Cambridge-Dragoner-Kaserne (aufgegeben 1996)	Benannt nach dem Reiterregiment, das ab 1842 in der Kaserne stationiert war.	Celle
Carl-Schurz-Kaserne	Carl Schurz (1829-1906) war Ende der 1840er Jahre ein radikaldemokratischer deutscher Revolutionär.	Hardheim
Caspari-Kaserne (aufgegeben 2002)	Karl Georg Erwin Walter Caspari (1877-1962) war ein Militär- und Polizeioffizier sowie Führer eines nach ihm benannten Freikorps, der maßgeblich an der Niederschlagung der Bremer Räterepublik 1919 beteiligt war.	Delmenhorst

Kaserne	Namensgeber / Bemerkung	Ort
Clausewitz-Kaserne	Carl Philipp Gottlieb von Clausewitz (1780-1831) war preußischer General-major, Heeresreformer, Militärwissen-schaftler und -ethiker.	Burg (bei Magdeburg) Hamburg Nienburg/Weser Oldenburg (Olden-burg) (aufgegeben 1994)
Colmar-Kaserne (aufgegeben 1993)	Seit 1938 nach der elsässischen Stadt Colmar benannt	Wuppertal
Dahme-Spree-Kaserne	Geographische Bezeichnung seit 1998	Berlin
Damerow-Kaserne (aufgegeben 2006)	Ortsteilbezeichnung	Karow (Plau am See)
Damloup-Kaserne (aufgegeben 2014)	Vaux-devant-Damloup ist eine fran-zösische Gemeinde im Departement Meuse, die in der Schlacht um Verdun 1916 vollkommen zerstört wurde.	Rheine
Deines-Bruchmüller-Kaserne	Benannt nach den Artillerie-Generalen Gustav Adolf von Deines (1852-1914) und Georg Bruchmüller (1863-1948), die die Taktik der modernen Artillerie mitbegründeten.	Lahnstein
Desenberg-Kaserne (aufgegeben 1994)	Der Desenberg bei Daseburg im nord-rhein-westfälischen Kreis Höxter ist mit 343,6 m die markanteste Erhebung der Warburger Börde.	Borgentreich
Deutschorden-Kaserne (aufgegeben 1993)	Der Deutsche Orden ist eine römisch-katholische Ordensgemeinschaft in der Nachfolge der Ritterorden aus der Zeit der Kreuzzüge.	Bad Mergentheim
Diedenhofen-Kaserne ab 1994 Generaloberst-Hoepner-Kaserne (aufgegeben 2005)	Seit 1939 benannt nach dem Lothrin-ger Ort Diedenhofen Erich Hoepner (1886-1944) war aktiv am Widerstand gegen Hitler beteiligt und zum Tode verurteilt worden.	Wuppertal

Kaserne	Namensgeber / Bemerkung	Ort
Dithmarsen-Kaserne (aufgegeben 2008)	Regionale Bezeichnung	Albersdorf
Donnerberg-Kaserne	Geographische Bezeichnung	Eschweiler
Donnerschwee-Kaserne (aufgegeben 2006)	Ortsteilname Oldenburgs	Oldenburg (Oldenburg)
Dörnberg-Kaserne (aufgegeben 2005)	Geographische Bezeichnung	Homberg (Efze)
Dörndich-Kaserne (aufgegeben 1994)	Regionale Bezeichnung (FlgH Pferdsfeld)	Sobernheim
Douaumont-Kaserne	Historische Bezeichnung nach dem Fort Douaumont, Teil der französischen Festungsanlage bei Verdun	Hamburg
Dr. Leo Löwenstein-Kaserne, 1961-2014 Gallwitz-Kaserne	Der Naturwissenschaftler Dr. Leo Löwenstein (1879-1956) entstammte einer jüdischen Aachener Familie und war Offizier im Ersten Weltkrieg. General Max von Gallwitz wird heute wegen antisemitischer Einstellungen kritisiert.	Aachen
Dr.-Dorothea-Erxleben-Kaserne (aufgegeben 2007)	Dorothea Christiane Erxleben (1715-1762) war 1754 die erste promovierte deutsche Ärztin und eine Pionierin des Frauenstudiums.	Halle (Saale)
Dragoner-Kaserne (aufgegeben 1994)	Historische Kasernenbezeichnung	Bruchsal
Dragoner-Kaserne (aufgegeben 2014)	Kasernenbezeichnung seit 1843	Karlsruhe
Eberhard-Finckh-Kaserne (aufgegeben 1994)	Eberhard Finckh (1899-1944) war ein am militärischen Widerstand gegen den Nationalsozialismus beteiligter deutscher Offizier der Wehrmacht.	Engstingen
Eberhard-Ludwig-Kaserne (aufgegeben 1994)	1938 benannt nach Herzog Eberhard Ludwig (1676-1733) war der zehnte Herzog von Württemberg und barocker Gründer des Residenzschlosses und der Stadt Ludwigsburg.	Ludwigsburg
Ebkeriege-Kaserne	Stadtteilbezeichnung	Wilhelmshaven

Kaserne	Namensgeber / Bemerkung	Ort
Edelweiß-Kaserne	Traditionelle Bezeichnung	Mittenwald
Eggerstedt-Kaserne (aufgegeben 2003)	Ortsteilname von Pinneberg	Pinneberg
Eiderkaserne (aufgegeben 2007)	Geographische Bezeichnung	Rendsburg
Eifel-Kaserne	Regionale Bezeichnung	Gerolstein
Eifel-Maar-Kaserne (aufgegeben 1996)	Geographische Bezeichnung	Ulmen (Eifel)
Eisberg-Kaserne (aufgegeben 1996)	Regionale Bezeichnung	Nagold
Eisenbahn-Kaserne (aufgegeben 1976)	Historische Bezeichnung seit 1890	München
Elbe-Weser-Kaserne	Bezeichnung der Kaserne im Ortsteil Hesedorf	Bremervörde
Elb-Havel-Kaserne	Geographische Bezeichnung	Havelberg
Emil-von-Behring-Kaserne (aufgegeben 1996)	Emil Adolf von Behring (1854-1917) war Immunologe und Serologe. Er erhielt 1901 den ersten Nobelpreis für Medizin.	Giebelstadt
Emscher-Kaserne (aufgegeben 2005)	Regionale Bezeichnung	Holzwickede
Ermekeilkaserne (aufgegeben 2013)	Die Bonner Gastwirts-Familie Ermekeil hat 1870 das damals noch gänzlich unbebaute Areal gekauft und erschlossen.	Bonn
Ernst-Moritz-Arndt-Kaserne	Ernst Moritz Arndt (1769-1860) war Schriftsteller, Historiker, Freiheits-kämpfer und Abgeordneter der Frankfurter Nationalversammlung.	Hagenow Neustadt (Hessen) (aufgegeben 2015)
Ernst-von-Bergmann-Kaserne (seit 1968)	Ernst Gustav Benjamin von Berg-mann (1836-1907) war Chirurg und Professor der Medizin an den Univer-sitäten Dorpat, Würzburg und Berlin.	München
Erzgebirgs-Kaserne	Geographische Bezeichnung	Marienberg
Estetal-Kaserne (aufgegeben 1994)	Regionale Bezeichnung	Buxtehude

Kaserne	Namensgeber / Bemerkung	Ort
Evenburg-Kaserne	Benannt nach dem Wasserschloss im Leeraner Ortsteil Loga unweit der Leda.	Leer (Ostfriesland)
Falckenstein-Kaserne	Seit 1938 benannt nach dem preußischen General der Infanterie Maximilian Vogel von Falckenstein (1839-1917), der Kommandierender General des VIII. Armee-Korps in Koblenz war.	Koblenz
Fallschirmjäger-Kaserne	Kaserne von Teilen einer Luftlandebrigade	Seedorf (bei Zeven)
Fehmarnsund-Kaserne (aufgegeben 2004)	Geographische Bezeichnung	Großenbrode
Fehn-Kaserne	Friesisches Wort für „Moor"	Wiesmoor
Feldwebel-Anton-Schmid-Kaserne	Anton Schmid (1900-1942) war als Österreicher Soldat der Wehrmacht und hat im Ghetto Wilna hunderten Juden das Leben gerettet.	Blankenburg (Harz)
Feldwebel-Schmid-Kaserne 1956-1964 Flak-Kaserne 1964-2000 Rüdel-Kaserne	Anton Schmid s.o. Günther Rüdel (1883-1950) war zuletzt Generaloberst der Luftwaffe im Zweiten Weltkrieg und war erster General der Flugabwehrtruppe.	Rendsburg (aufgegeben 2010)
Feldwebel-Boldt-Kaserne	Feldwebel Erich Boldt (1933-1961) hat 1961 bei einer Sprengausbildung durch Einsatz seines Lebens das zweier Soldaten gerettet.	Delitzsch
Feldwebel-Lilienthal-Kaserne	Diedrich Lilienthal (1921-1944) war Feldwebel der Wehrmacht im Zweiten Weltkrieg und Ritterkreuzträger, ausgezeichnet wegen besonderer Tapferkeit.	Delmenhorst
Ferdinand-von-Schill-Kaserne	Ferdinand Baptista von Schill (1776-1809) war ein preußischer Offizier, der als Freikorpsführer in den Kriegen von 1806/07 und 1809 bekannt wurde.	Torgelow
Fichtelgebirgs-Kaserne (aufgegeben 1993)	Landschaftsbezeichnung	Wunsiedel

Kaserne	Namensgeber / Bemerkung	Ort
Fläming-Kaserne	Geographische Bezeichnung seit 1991	Brück
Fliegerhorst Neuburg und Wilhelm Frankl-Kaserne	Wilhelm Frankl (1893-1917) war Jagdflieger und Träger des Ordens Pour le Mérite im Ersten Weltkrieg.	Neuburg an der Donau
Fliegerhorst-Kaserne	Bezeichnung der dem Fliegerhorst stadteinwärts zugeordneten Kaserne	Husum
Fliegerkaserne Brauheck	Regionale Bezeichnung	Cochem
Franken-Kaserne (aufgegeben 2006)	Geographische Bezeichnung	Marktbergel
Frankenwaldkaserne (aufgegeben 1992)	Regionale Bezeichnung	Naila
Franz-Josef-Strauß-Kaserne	Franz-Josef Strauß (1915-1988) war Bayerischer Ministerpräsident und 1944 Soldat in der Kaserne.	Altenstadt (Landkr. Weilheim-Schongau)
Freiherr-vom-Stein-Kaserne	Heinrich Friedrich Karl Reichsfreiherr vom und zum Stein (1757-1831) war preußischer Beamter, Staatsmann und Reformer.	Coesfeld (aufgegeben 2010) Diez (aufgegeben 2016)
Freiherr-von-Boeselager-Kaserne	Philipp Freiherr von Boeselager (1917-2008) war ein früherer Berufsoffizier der Wehrmacht und einer der letzten Überlebenden des innersten Kreises der militärischen Widerstandsgruppe um Generalmajor Henning von Tresckow und Oberst Claus Schenk Graf von Stauffenberg	Munster
Freiherr-von-Fritsch-Kaserne	Thomas Ludwig Werner Freiherr von Fritsch (1880-1939) war zuletzt Generaloberst und von 1936 bis zu seinem Sturz 1938 Oberbefehlshaber des Heeres. Sein Wirken als Oberbefehlshaber wird heute wegen seiner Unterstützung des Nationalsozialismus kritisiert.	Celle (aufgegeben 2006) Breitenburg (aufgegeben 2007) Hannover (aufgegeben 2008)
Fritsch-Kaserne	Thomas Ludwig Werner Freiherr von Fritsch (s.o.)	Koblenz (aufgegeben 1998)
Friedenstein-Kaserne	Bezeichnung seit 1992 unter Verweis auf das Schloss Friedenstein	Gotha

Kaserne	Namensgeber / Bemerkung	Ort
Friedrich-Wilhelm-Lübke-Kaserne (aufgegeben 2005)	Friedrich Wilhelm Lübke (1887-1954) war deutscher Politiker (CDU) und von 1951 bis 1954 Ministerpräsident des Landes Schleswig-Holstein.	Tarp
Frieslandkaserne (aufgegeben 2007)	Regionale Bezeichnung	Varel
Fritz-Erler-Kaserne (aufgegeben 2007)	Fritz Erler (1913-1967) war SPD-Politiker und galt als Experte für Verteidigungsfragen.	Fuldatal
Fünf-Seen-Kaserne (aufgegeben 1997)	Regionale Bezeichnung	Plön
Funkkaserne (aufgegeben 1994)	Kasernenname seit 1938	München
Fürstenberg-Kaserne	Die Fürstenberg sind ein südwestdeutsches Adelsgeschlecht des Hochadels, das in Deutschland zwischen Schwarzwald, Hochrhein, Bodensee und der Schwäbischen Alb gelebt hat.	Donaueschingen
Fürst-Wrede-Kaserne (seit 1972)	Carl Philipp Joseph von Wrede (1767-1838) war bayerischer Generalfeldmarschall und Diplomat sowie Berater am bayerischen Hof und Oberbefehlshaber des bayerischen Heeres.	München
Gallwitz-Kaserne (aufgegeben 1992)	General Max von Gallwitz (1852-1937) war preußischer General der Artillerie im Ersten Weltkrieg. Nach dem Krieg war er Reichstagsabgeordneter; er wird heute wegen antisemitischer Einstellungen kritisiert.	Hildesheim
Gäubodenkaserne	Geographische Bezeichnung	Feldkirchen (Niederbayern)
General Dr. Speidel-Kaserne	General Dr. Hans Speidel unterstützte 1944 die Staatsstreichpläne des 20. Juli, gehörte zu den ersten Soldaten der Bundeswehr und war von 1957 bis 1963 Oberbefehlshaber der alliierten Landstreitkräfte der NATO in Mitteleuropa.	Bruchsal

Kaserne	Namensgeber / Bemerkung	Ort
Generalfeldmarschall-Rommel-Kaserne (seit 1961)	Generalfeldmarschall Erwin Rommel (1891-1944) ist heute wegen seiner politischen und militärischen Rolle im nationalsozialistischen Deutschland sowie wegen seines Verhältnisses zur Widerstandsgruppe vom 20. Juli 1944 umstritten.	Augustdorf Osterode am Harz (aufgegeben 2004)
Generalfeldzeugmeister Kaserne	Erinnerung an das in Mainz stationierte Fußartillerie-Regiment General-Feldzeugmeister (Brandenburgisches) Nr. 3	Mainz
General-Fellgiebel-Kaserne	Fritz Erich Fellgiebel (1886-1944) war General der Nachrichtentruppe und Widerstandskämpfer des 20. Juli 1944.	Pöcking
General-Heinrich-August-von-Helldorff-Kaserne	Heinrich August Freiherr von Helldorff (1794-1862) war preußischer Generalmajor und gilt als Held in den Napoleonischen Befreiungskriegen.	Hohenmölsen
General-Henke-Kaserne (aufgegeben 2000)	Karl Henke (1896-1945) war General der Pioniere, Ritterkreuzträger und gilt als Schöpfer der Flusspioniere.	Neuwied
General-Kammhuber-Kaserne (aufgegeben 2001)	Josef Kammhuber (1896-1986) war der erste General der Nachtjagd der Luftwaffe im Zweiten Weltkrieg; von 1957 bis 1962 und als General erster Inspekteur der Luftwaffe der Bundeswehr.	Karlsruhe
Generalleutnant-Graf-von-Baudissin-Kaserne 1936-1994 General-Schwartzkopff-Kaserne	Wolf Stefan Traugott Graf von Baudissin (1907-1993) war Generalleutnant, Militärtheoretiker und Friedensforscher und maßgeblich am Aufbau der Bundeswehr und insbesondere an der Entwicklung der Inneren Führung beteiligt. Gen. Günter Schwarzkopf (1898-1940) galt als Vorreiter der Sturzkampftechnik	Hamburg

Kaserne	Namensgeber / Bemerkung	Ort
Generalmajor-Freiherr-von-Gersdorff-Kaserne	Rudolf-Christoph Freiherr von Gersdorff (1905-1980) war zuletzt Generalmajor im Zweiten Weltkrieg und Mitglied des aktiven Widerstandes von Offizieren der Wehrmacht.	Euskirchen
General-Martini-Kaserne (aufgegeben 2004)	Wolfgang Martini (1891-1963) war zuletzt General der Luftnachrichtentruppe der Luftwaffe	Osnabrück
Generaloberst-Beck-Kaserne	Ludwig August Theodor Beck (1880-1944) war als Generaloberst am Staatsstreich vom 20. Juli 1944 gegen Adolf Hitler beteiligt.	Sonthofen
Generaloberst-Weise-Kaserne (aufgegeben 2004)	Hubert Weise (1884-1950) war zuletzt Generaloberst der Luftwaffe im Zweiten Weltkrieg.	Rottenburg an der Laaber
General-Olbricht-Kaserne	Benannt nach dem General der Infanterie Friedrich Olbricht (1888-1944), der beteiligt war am Attentat auf Adolf Hitler vom 20. Juli 1944.	Leipzig
General-Steinhoff-Kaserne	General Johannes Steinhoff (1913-1994) war von 1966 bis 1970 Inspekteur der Luftwaffe und 1971 bis 1974 Vorsitzender des NATO-Militärausschusses.	Berlin
General-von-Seidel-Kaserne (aufgegeben 2014)	Hans-Georg von Seidel (1891-1955) diente im Ersten Weltkrieg als Heeresoffizier und war als Luftwaffenoffizier im Zweiten Weltkrieg zuletzt General der Flieger.	Trier
General-von-Stein-Kaserne (aufgegeben 2005)	Dietrich Karl Hermann Freiherr von Stein (1859-1928) war bayerischer Offizier, zuletzt General der Artillerie im Ersten Weltkrieg.	Freising
General-von-Steuben-Kaserne (aufgegeben 2004)	Friedrich Wilhelm von Steuben (1730-1794) war preußischer Offizier und US-amerikanischer General.	Hemau

Kaserne	Namensgeber / Bemerkung	Ort
General-Weber-Kaserne	Generalmajor Gottfried Ludwig Weber (1899-1958) diente als Generalleutnant im Zweiten Weltkrieg und war zuletzt als Generalmajor der Bundeswehr Inspekteur der Infanterie.	Höxter
General-Wever-Kaserne (aufgegeben 2007)	Walther Wever (1887-1936) war zuletzt in der Wehrmacht Generalleutnant und Chef des Generalstabes der Luftwaffe.	Rheine
Georg-Friedrich-Kaserne (Heeresflugplatz Fritzlar)	Seit 1964 benannt nach Feldmarschall Georg Friedrich von Waldeck-Eisenberg (1620–1692).	Fritzlar
Glückauf-Kaserne	Bezeichnung nach dem Bergmannsgruß	Unna
Gneisenau-Kaserne	Seit 1938 benannt nach August Wilhelm Antonius Graf Neidhardt von Gneisenau (1760-1831), preußischer Generalfeldmarschall und Heeresreformer.	Koblenz Wolfenbüttel (aufgegeben 1993) Naunhof (aufgegeben 2005)
Görmar-Kaserne (aufgegeben 2015)	Name des Ortsteils von Mühlhausen	Mühlhausen
Graf-Aswin-Kaserne	Bezeichnung nach einem legendären Bogener Grafen, der durch seine Tapferkeit gegen angreifende Böhmen berühmt wurde.	Bogen
Graf-Goltz-Kaserne (aufgegeben 1992)	Gustav Adolf Joachim Rüdiger Graf von der Goltz (1865-1946) war Generalleutnant, Freikorpsführer im Baltikum und Gegner der Weimarer Republik.	Hamburg
Graf-Haeseler-Kaserne	Seit 1966 benannt nach Generalfeldmarschall Gottlieb von Haeseler (1836-1919), der den Lebacher Raum und den Hoxberg um 1890 als Oberbefehlshaber des XVI. Armee-Korps aus Metz als Manövergelände nutzte.	Lebach Kassel (aufgegeben 1994)

Kaserne	Namensgeber / Bemerkung	Ort
Gräfin-von-Maltzan-Kaserne	Maria Helene Françoise Izabel Gräfin von Maltzan, Freiin zu Wartenberg und Penzlin (1909-1997) war Biologin, Tierärztin und Widerstandskämpferin gegen die Nationalsozialisten.	Ulmen (Eifel) OT Vorpochten
Graf-Stauffenberg-Kaserne	Claus Philipp Maria Schenk Graf von Stauffenberg (1907-1944) war als Offizier der deutschen Wehrmacht während des Zweiten Weltkriegs eine der zentralen Persönlichkeiten des militärischen Widerstandes gegen den Nationalsozialismus.	Dresden Sigmaringen (aufgegeben 2015)
Graf-Werder-Kaserne	Karl Friedrich Wilhelm Leopold August Graf von Werder (1808-1887) war ein preußischer General der Infanterie.	Saarlouis
Graf-Yorck-Kaserne	Peter Graf Yorck von Wartenburg (1904-1944) war ein deutscher Jurist und prominenter Widerstandskämpfer gegen den Nationalsozialismus, der zum Kern der Verschwörer vom 20. Juli 1944 zählte.	Cammin-Prangendorf Möhnesee-Echtrop (aufgegeben 2005)
Graf-Zeppelin-Kaserne	Ferdinand Adolf Heinrich August von Zeppelin (1838-1917) war ein württembergischer Graf, General der Kavallerie und der Entwickler und Begründer des Starrluftschiffbaus.	Calw
Grenzland-Kaserne	Regionale Bezeichnung seit 1961	Oberviechtach
Grenzland-Kaserne (aufgegeben 1993)	Regionale Bezeichnung im Stadtbezirk Klues	Flensburg
Grimmershörn-Kaserne (aufgegeben 1995)	Ortsteil von Cuxhaven	Cuxhaven
Grünten-Kaserne	Der Grünten ist ein Bergrücken der Allgäuer Alpen.	Sonthofen
Gunther-Plüschow-Kaserne (aufgegeben 2007)	Gunther Plüschow (1886-1931) war Marineoffizier und Flugpionier.	Mendig

Kaserne	Namensgeber / Bemerkung	Ort
Gustav-Heinemann-Kaserne (aufgegeben 2003)	Gustav Walter Heinemann (1899-1976) war der dritte Bundespräsident der Bundesrepublik Deutschland.	Essen
Haard-Kaserne (aufgegeben 2002)	Landschaftliche Bezeichnung	Datteln
Hachenberg-Kaserne	Geographische Bezeichnung	Erndtebrück
Hafen-Kaserne (aufgegeben 1988)	Bezeichnung der Kasernenlage	Wiesbaden-Schierstein
Hahnenkamm-Kaserne (aufgegeben 2004)	Geographische Bezeichnung	Heidenheim (Mittelfranken)
Hainberg-Kaserne (aufgegeben 2006)	Geographische Bezeichnung	Mellrichstadt
Hammerstein-Kaserne (aufgegeben 2007)	Kurt Gebhard Adolf Philipp Freiherr von Hammerstein-Equord (1878-1943) war Generaloberst des Heeres, Ehrenritter des Johanniterordens und gehörte zum militärischen Widerstand gegen Adolf Hitler.	Wesendorf
Hanseaten-Gallwitz-Kaserne (aufgegeben 1992)	General Max von Gallwitz (1852-1937) war preußischer General der Artillerie im Ersten Weltkrieg. Nach dem Krieg war er Reichstagsabgeordneter; er wird heute wegen antisemitischer Einstellungen kritisiert.	Itzehoe
Hanseaten-Kaserne (aufgegeben 1992)	Geschichtlich regionale Bezeichnung	Lübeck
Hans-Joachim-von-Zieten-Kaserne	Hans Joachim von Zieten (1699-1786) war einer der berühmtesten Reitergeneräle und ein enger Vertrauter Königs Friedrich des Großen.	Beelitz
Harthberg-Kaserne (aufgegeben 2006)	Geographische Bezeichnung	Schwalmstadt-Treysa

Kaserne	Namensgeber / Bemerkung	Ort
Hauptfeldwebel-Lagenstein-Kaserne 1956-2018: Emmich-Cambrai-Kaserne	HFw Tobias Lagenstein (1980-2011) ist am 28.05.2011 als erster Feldjäger der Bundeswehr im Einsatz in Afghanistan gefallen. Benannt nach dem preußischen General der Infanterie Otto von Emmich und nach der Schlacht von Cambrai während des Ersten Weltkriegs.	Hannover
Havelland-Kaserne	Seit 2001 regionale Bezeichnung	Potsdam
Heeresflugplatz/ Waldersee-Kaserne (aufgegeben 2004)	Alfred Heinrich Karl Ludwig Graf von Waldersee (1832-1904) war preußischer Generalfeldmarschall. Von 1888 bis 1891 war er Chef des Großen Generalstabs und um 1900 Oberbefehlshaber eines multinationalen Truppenkontingents, zur Niederschlagung des chinesischen Boxeraufstands.	Hohenlockstedt
Heeresflugplatz Celle - Immelmann-Kaserne	Max Franz Immelmann (1890-1916) zählte zu den bekanntesten deutschen Jagdfliegern des Ersten Weltkrieges. Er war mit der höchsten Tapferkeitsauszeichnung Preußens– dem Pour le Mérite - ausgezeichnet.	Celle
Heidekaserne (aufgegeben 1997)	Regionale Bezeichnung	Bad Düben
Heinrich-der-Löwe-Kaserne (aufgegeben 2004)	Heinrich der Löwe (um 1129-1195), aus dem Geschlecht der Welfen, war von 1142 bis 1180 Herzog von Sachsen sowie von 1156 bis 1180 Herzog von Bayern.	Braunschweig
Heinrich-Hertz-Kaserne	Heinrich Rudolf Hertz (1857-1894) war ein deutscher Physiker, der 1886 als Erster elektromagnetische Wellen im Experiment erzeugen und nachweisen konnte.	Daun Birkenfeld (Nahe) (aufgegeben 2017)
Hellweg-Kaserne (aufgegeben 1994)	Bezeichnung nach der Lage der Kaserne an dem Westfälischen Hellweg, einer wichtigen mittelalterlichen Heerstrasse.	Unna

Kaserne	Namensgeber / Bemerkung	Ort
Hendrik-de-Wynen-Kaserne (aufgegeben 2007)	Hendrik de Wynen ist eine legendäre Heerführergestalt aus dem 13. Jahrh. Borkens.	Borken
Henne-Kaserne	Regionale Bezeichnung	Erfurt
Henning-von-Tresckow-Kaserne	Henning Hermann Robert Karl von Tresckow (1901-1944) war zuletzt Generalmajor der Wehrmacht und neben Claus Schenk Graf von Stauffenberg die zentrale Figur des militärischen Widerstandes gegen den Nationalsozialismus.	Oldenburg (Oldenburg) Schwielowsee, (OT Geltow)
Hermann-Köhl-Kaserne	Hermann Köhl (1888-1938) war Flugpionier und Kampfflieger im Ersten Weltkrieg, und baute ab 1925 bei der Junkers Luftverkehr AG den zivilen Nachtflugverkehr auf.	Niederstetten
Hermann-Löns-Kaserne (aufgegeben 1995)	Hermann Löns (1866-1914) war Journalist und Schriftsteller.	Bergisch Gladbach
Hermannsberg-Kaserne (aufgegeben 2001)	Geographische Bezeichnung	Marienheide
Herrenwald-Kaserne	Bezeichnung nach dem Waldgebiet in der Region	Stadtallendorf
Herzog-Albrecht-Kaserne (aufgegeben 2004)	Albrecht Maria Alexander Philipp Joseph Herzog von Württemberg (1865-1939) war im Ersten Weltkrieg Generalfeldmarschall und kommandierte 1917 als Oberbefehlshaber der Heeresgruppe „Herzog Albrecht" den gesamten Südabschnitt der Westfront.	Münsingen
Herzog-Johann-von-Cleve-Kaserne (aufgegeben 1989)	Johann I. (1419-1481) war von 1448 bis 1481 Herzog von Kleve, Graf von der Mark und Herr von Ravenstein.	Soest
Herzog-von-Braunschweig-Kaserne	Karl Wilhelm Ferdinand von Braunschweig-Wolfenbüttel (1735-1806) wurde in der Schlacht bei Jena und Auerstedt 1806 tödlich verwundet.	Minden
Hessen-Kaserne	Bw-Kaserne seit 1959	Stadtallendorf

Kaserne	Namensgeber / Bemerkung	Ort
Hindenburg-Kaserne	Paul Ludwig Hans Anton von Beneckendorff und von Hindenburg (1847-1934) war Generalfeldmarschall und Politiker und wurde 1925 zum zweiten Reichspräsidenten der Weimarer Republik gewählt.	Munster Kassel (aufgegeben 1994) Neumünster (aufgegeben 2004) Ulm (aufgegeben 2015)
Hinrich-Wilhelm-Kopf-Kaserne (aufgegeben 2014)	Hinrich Wilhelm Kopf (1893-1961) war der erste Ministerpräsident des 1946 gegründeten Landes Hannover und danach erster Ministerpräsident von Niedersachsen.	Cuxhaven
Hochmeister-Kaserne (aufgegeben 1997)	Der Hochmeister ist das höchste Amt im Deutschen Orden.	Feuchtwangen
Hochstaufen-Kaserne 1966 bis 2012 General-Konrad-Kaserne	Geographische Bezeichnung Der General der Gebirgstruppe Rudolf Konrad (1891-1964) wird heute wegen seines harten Vorgehens im Kampf gegen Partisanen und antisemitischer Befehle kritisiert.	Bad Reichenhall
Hochwald-Kaserne (aufgegeben 2007)	Bezeichnung der Schwarzwald Region	Hermeskeil
Hohenberg-Kaserne (aufgegeben 2011)	Die Grafen von Hohenberg waren ein schwäbisches Adelsgeschlecht.	Horb am Neckar
Hohenbogen-Kaserne (aufgegeben 2005)	Benannt nach dem regionalen Höhenzug Hoher Bogen	Kötzting
Hohl-Kaserne (aufgegeben 2004)	Stadtteilname	Idar-Oberstein
Hugo-Junkers-Kaserne	Hugo Junkers (1859-1935) war ein bedeutender Luftfahrt-Ingenieur, Unternehmer und Gegner des Nationalsozialismus.	Alt Duvenstedt Dessau (aufgegeben 2005)
Hülsmeyer-Kaserne (aufgegeben 2005)	Christian Hülsmeyer (1881-1957) gilt in Deutschland als Erfinder des Radars.	Barnstorf
Hümmling-Kaserne (aufgegeben 2003)	Name eines Geestrückens im Emsland	Werkte
Hunsrück-Kaserne	Geographische Bezeichnung seit 1964	Kastellaun

Kaserne	Namensgeber / Bemerkung	Ort
Husaren-Kaserne (aufgegeben 1994)	Das Braunschweigische Husaren-Regiment Nr. 17 war ein Kavallerie-verband in der Braunschweigschen Armee, später Preußischen Armee.	Braunschweig
Husaren-Kaserne (aufgegeben 2008)	Benennung der Neubau-Kaserne 1966 auf Wunsch des damaligen Bürger-meisters	Sontra
Infanterie-Kaserne (Wallenstein-Kaserne) (aufgegeben 1994)	Kasernenbezeichnung seit 1956 an der Wallensteinstrasse	Nürnberg
Jägerhof-Kaserne (aufgegeben 1994)	Regionale Bezeichnung	Ludwigsburg
Jägerkaserne	Bezeichnung der Gebirgsjägerkaserne seit 1967	Bischofswiesen Bückeburg (seit 1867) Sonthofen (seit 1936) Kassel (aufgegeben 1994, auch bezeichnet als Husarenkaserne) Marburg (seit 1868, aufgegeben 1994) Schneeberg (Erzgebirge) (aufgegeben 2008) Trier (aufgegeben 2014) Arnsberg (bis 1994 Reigersvliet-Kaserne, aufgegeben 2007)
Julius-Leber-Kaserne	Julius Leber (1891-1945) war ein deutscher SPD-Politiker, Reichstags-abgeordneter und Widerstandskämp-fer gegen den Nationalsozialismus.	Berlin Husum
Junkerhohlweg-Kaserne (aufgegeben 1994)	Benannt nach der Straße im Stadtbe-zirk Duburg	Flensburg
Kaiser-Wilhelm-Kaserne (aufgegeben 1992)	Kaiser Wilhelm I (1797-1888) war ab 1871 erster Deutscher Kaiser des Deutschen Reiches.	Amberg

Kaserne	Namensgeber / Bemerkung	Ort
Kai-Uwe-von-Hassel-Kaserne	Kai-Uwe von Hassel (1913-1997) war von 1954 bis 1963 Ministerpräsident des Landes Schleswig-Holstein und von 1963 bis 1966 Bundesminister der Verteidigung.	Kropp
Karfreitkaserne (aufgegeben 2010)	Die Kaserne war nach der Schlacht von Karfreit im Ersten Weltkrieg (12. Isonzo-Schlacht 1917) benannt.	Brannenburg
Karl-Günther-Kaserne	Karl Günther von Schwarzburg-Sondershausen (1830-1909) war der letzte Fürst von Schwarzburg-Sondershausen in der Zeit vom 17. Juli 1880 bis 1909.	Sondershausen
Karl-von-Müller-Kaserne (aufgegeben 1997)	Karl Friedrich Max von Müller (1873-1923) war Kapitän zur See und der letzte Kommandant des Kleinen Kreuzers SMS EMDEN.	Emden
Karwendel-Kaserne 1964-1995 General-Kübler-Kaserne	Geographische Bezeichnung Ludwig Kübler (1889-1947) war General der Gebirgstruppe im Zweiten Weltkrieg und gilt als Organisator der Gebirgstruppe. Im Mai 1945 geriet er in jugoslawische Kriegsgefangenschaft und wurde wegen seiner drakonischen Maßnahmen während des Ostfeldzuges und seiner auf dem Balkan begangenen Kriegsverbrechen zum Tode verurteilt und hingerichtet. Er wird heute auch wegen seiner positiven Einstellung zum Nationalsozialismus kritisiert.	Mittenwald
Kaserne Allmannsweiler (aufgegeben 1993)	Regionale Stadtteilbezeichnung	Friedrichshafen
Kaserne am Goldenen Steig	Geographische Bezeichnung	Freyung
Kaserne am Rennsteig	Geographische Bezeichnung	Oberschönau
Kaserne An den Landwehren (aufgegeben 2004)	Regionale Bezeichnung	Lohne

Kaserne	Namensgeber / Bemerkung	Ort
Kaserne Auf der Ell	Regionale Bezeichnung seit 1968	Merzig
Kaserne Auf der Freiheit (aufgegeben 2004)	Geographische Bezeichnung seit 1937	Schleswig
Kaserne Carlshöhe (aufgegeben 2002)	Bezeichnung eines Eckernförder Stadtteils	Eckernförde
Kaserne Demminer Land	Bezeichnung der Region	Utzedel
Kaserne Eiche II (aufgegeben 2003)	Ortsteilname von Potsdam	Potsdam
Kaserne Empfingen (aufgegeben 1989)	Ortsbezeichnung	Empfingen
Kaserne Fünfeichen (aufgegeben 2016)	Stadtteilname Neubrandenburgs	Neubrandenburg
Kaserne Gellendorf (aufgegeben 2006)	Ortsteilbezeichnung	Rheine
Kaserne Gürzenich (aufgegeben 2009)	Regionale Bezeichnung	Düren
Kaserne Haus Hardt	1959 auf den Resten des ehemaligen Reichskrankenhauses als Neubau errichtet.	Nörvenich
Kaserne Lehnsheide (aufgegeben 2015) bis 2005 Mölders Kaserne	Regionale Bezeichnung Werner Mölders (1913-1941) war Jagdflieger der deutschen Luftwaffe im Spanischen Bürgerkrieg und im Zweiten Weltkrieg und einer der höchstdekorierten Soldaten der Luftwaffe.	Visselhövede
Kaserne Mecklenburgische Schweiz (aufgegeben 2016)	Regionale Landschaftsbezeichnung	Stavenhagen, OT Basepohl
Kaserne Meierwik	Regionale Bezeichnung seit 1950	Glücksburg (Ostsee)
Kaserne Neu Tramm (aufgegeben 1994)	Regionale Bezeichnung	Dabel
Kaserne Panzertruppenschule	Benennung des Ausbildungsbereichs Panzertruppen seit 1991	Munster
Kaserne Roter Sand (seit 2010 privatisiert)	Roter Sand ist der Name eines Leuchtturms in der Deutschen Bucht.	Bremerhaven

Kaserne	Namensgeber / Bemerkung	Ort
Kaserne Sprötau (aufgegeben 1994)	Bezeichnung seit 1990	Sprötau
Kaserne Vollmerhausen (aufgegeben 2002)	Ortsteilbezeichnung	Gummersbach
Kemmel-Kaserne (aufgegeben 2005)	Benannt nach den Kämpfen bei Kemmel in Flandern während der Vierten Flandernschlacht im April 1918	Murnau a. Staffelsee
Kienlesberg-Kaserne (aufgegeben 2005)	Regionale Ortsbezeichnung einer Festungsanlage	Ulm
Kirchfeld-Kaserne 1964-2016 General-Fahnert-Kaserne	Regionale Bezeichnung Friedrich Fahnert (1879-1964) war General der Luftnachrichtentruppe der Wehrmacht und wird heute wegen seiner nationalsozialistischen Weltanschauung kritisiert.	Karlsruhe
Klotzberg-Kaserne	Geographische Bezeichnung seit 1938	Idar-Oberstein
Knüll-Kaserne	Bezeichnung nach dem Knüllgebirge in der Region	Schwarzenborn
Konrad-Adenauer-Kaserne	Konrad Hermann Joseph Adenauer (1876-1967) war von 1949 bis 1963 der erste Bundeskanzler der Bundesrepublik Deutschland.	Köln
Krahnenberg-Kaserne (1956-1967: Truppenlager)	Geographische Bezeichnung	Andernach
Kronprinz-Rupprecht-Kaserne (aufgegeben 1992)	Rupprecht von Bayern (1869-1955) war der letzte bayerische Kronprinz und Heerführer in der deutschen Armee im Ersten Weltkrieg.	München
Kürassier-Kaserne	Bezeichnung nach der gepanzerten Reitertruppe des 17. Jahrhunderts	Viereck
Kurhessen-Kaserne (aufgegeben 1993)	Historische Landesbezeichnung	Hannoversch Münden
Kurmainz-Kaserne	Historische regionale Namensgebung	Mainz
Kurmainz-Kaserne (aufgegeben 2008)	Historische Bezeichnung der Region	Tauberbischofsheim

Kaserne	Namensgeber / Bemerkung	Ort
Kurmark-Kaserne	Regionale Bezeichnung	Storkow (Mark)
Kurpfalz-Kaserne (aufgegeben 2016)	Historisch regionale Bezeichnung	Speyer
Kurt-Georg-Kiesinger-Kaserne	Seit 1989 benannt nach Kurt Georg Kiesinger (1904-1988) war von 1966 bis 1969 dritter Bundeskanzler der Bundesrepublik Deutschland.	Laupheim
Kurt-Schumacher-Kaserne (seit 1975)	Kurt Ernst Carl Schumacher (1895-1952) war Parteivorsitzender der SPD von 1946 bis 1952.	Hannover
Kyffhäuser-Kaserne	Geographische Bezeichnung	Bad Frankenhausen
Langemarck-Kaserne	Seit 1936 benannt nach dem Schlachtfeld, auf dem am 10. November 1914, in der dritten Phase der Ersten Flandernschlacht im Ersten Weltkrieg, ein Angriff deutscher Truppen stattfand.	Koblenz
Lassigny-Kaserne (aufgegeben)	Der Kasernenname erinnert an die verlustreichen Kämpfe im Ersten Weltkrieg bei Lassigny, Département Oise, im März 1918.	Neuburg an der Donau
Lausitz-Kaserne (aufgegeben 2007)	Landschaftliche Bezeichnung	Doberlug-Kirchhain
Lechrainkaserne (aufgegeben 1993)	Regionale Bezeichnung	Landsberg am Lech
Ledebur-Kaserne (aufgegeben 2005)	Leopold von Ledebur (1868-1951) war zuletzt General der Infanterie der Reichswehr.	Hildesheim
Lent-Kaserne (seit 1964)	Oberst Helmut Lent (1918-1944) war zuletzt Kommodore des Nachtjagdgeschwaders 3 der Luftwaffe im Zweiten Weltkrieg.	Rotenburg (Wümme)

Kaserne	Namensgeber / Bemerkung	Ort
Leopold-Kaserne	Leopold Maximilian Joseph Maria Arnulf Prinz von Bayern (1846-1930) war Generalfeldmarschall im 1. Weltkrieg.	Amberg
Lettow-Vorbeck-Kaserne	Paul Emil von Lettow-Vorbeck (1870-1964) war deutscher General der Infanterie sowie Kommandeur der Schutztruppe für Deutsch-Ostafrika im Ersten Weltkrieg.	Hamburg (aufgegeben 1999) Bremen (aufgegeben 1994) Bad Segeberg (aufgegeben 2008)
Leutnant-Müller-Kaserne (aufgegeben 1992)	Wolfgang Müller (1901-1986) war Offizier und Widerstandskämpfer des 20. Juli 1944.	Braunschweig
Liliencron-Kaserne (aufgegeben 2008)	Detlev von Liliencron, eigentlich Friedrich Adolf Axel Freiherr von Liliencron, (1844-1909) war nach einer kurzen Militärkarriere und einigen Jahren in der Verwaltung ein Lyriker, Prosa- und Bühnenautor.	Kellinghusen
Limes-Kaserne (aufgegeben 1993)	Benannt nach dem römischen Grenzwall, der über mehrere Hundert Jahre die Region prägte.	Lich
Lipperland-Kaserne (aufgegeben 2007)	Regionale Bezeichnung	Lippstadt
Löberfeld-Kaserne	Regionale Bezeichnung	Erfurt
Lohengrin-Kaserne (aufgegeben 2009)	Sagengestalt der Schwanenrittersage, Kasernenname 1936-1945/1955-1964, dann Umbenennung in Prinz-Eugen Kaserne	München
Lucius-D.-Clay-Kaserne	Lucius Dubignon Clay (1898-1978) war General der US Army und von 1947 bis 1949 Militärgouverneur der amerikanischen Besatzungszone in Deutschland.	Osterholz-Scharmbeck
Ludwig-Erhard-Kaserne (aufgegeben 1994)	Ludwig Wilhelm Erhard (1897-1977) war Politiker und Wirtschaftswissenschaftler. Von 1963 bis 1966 war er der zweite Bundeskanzler der Bundesrepublik Deutschland.	Neuhausen ob Eck

Kaserne	Namensgeber / Bemerkung	Ort
Ludwig-Frank-Kaserne (aufgegeben 1994)	Ludwig Frank (1874-1914) war Rechtsanwalt und Politiker der Sozial-demokratischen Partei Deutschlands (SPD).	Mannheim
Luitpold-Kaserne	Luitpold Karl Joseph Wilhelm von Bayern (1821-1912) war von 1886 bis zu seinem Tod Prinzregent des König-reiches Bayern.	Dillingen an der Donau Lindau (Bodensee) (aufgegeben 1973) Ludwigsburg (aufgegeben 1994) München (aufgegeben 2002)
Luttensee-Kaserne	Übernahme des Namens eines US-Lagers 1946-1952 für jüdische und ukrainische so genannte Displaced Persons (DPs).	Mittenwald
Lüttich-Kaserne (aufgegeben 1992)	Sowohl im Ersten als auch im Zweiten Weltkrieg war Lüttich wegen seiner Lage an einem wichtigen Maas-Übergang hart umkämpft.	Kassel
Lützow-Kaserne	Ludwig Adolf Wilhelm von Lützow (1782-1834), war als Führer des Lützowschen Freikorps im Jahre 1813 Symbolfigur für den deutschen Frei-heitswillen.	Aachen Münster Schwanewede (aufgegeben 2015)
Mackensen-Kaserne	Anton Ludwig Friedrich August von Mackensen (1849-1945) war preußi-scher Generalfeldmarschall, der im Ersten Weltkrieg ein erfolgreicher Heerführer war, später aber ein Anhänger Hitlers wurde.	Bad Bergzabern Karlsruhe (aufgegeben 1998) Hildesheim (aufgegeben 2008)
Mainfranken-Kaserne	1986 erbaute Kaserne mit der Bezeichnung der Region	Volkach
Major-Karl Plagge-Kaserne bis 2006 Frankenstein-Kaserne	Major Karl Plagge (1897-1957) rettete während des Zweiten Weltkrieges mindestens 250 ihm zugewiesene jüdische Zwangsarbeiter vor der Ermordung in dem Ghetto Vilnius. Name des in der Region ansässigen Adelsgeschlechtes	Pfungstadt

Kaserne	Namensgeber / Bemerkung	Ort
Mangfall-Kaserne	Geographische Bezeichnung	Bad Aibling
Manteuffel-Kaserne (aufgegeben 1993)	Hasso Eccard von Manteuffel (1897-1978) war zuletzt General der Panzertruppe im Zweiten Weltkrieg. Von 1953 bis 1957 war er Mitglied des Deutschen Bundestages.	Hofgeismar
Marine-Kaserne	Nutzung der Kaserne für Marinedienststellen seit 1960	Neustadt in Holstein
Markgrafen-Kaserne (aufgegeben 2006)	Bezeichnung nach den mittelalterlichen Adelsrang	
Markgraf-Ludwig-Wilhelm-von-Baden-Kaserne (aufgegeben 2003)	Markgraf-Ludwig-Wilhelm-von-Baden (1655-1707) war Generalleutnant aller kaiserlichen Truppen und siegreicher Feldherr in den Türkenkriegen.	Achern
Märkische Kaserne (aufgegeben 2006)	Regionale Bezeichnung	Oranienburg, OT Lehnitz
Marseille-Kaserne (seit 1975)	Hptm. Hans-Joachim Walter Rudolf Siegfried Marseille (1919-1942) war der am höchsten dekorierte Jagdflieger auf dem nordafrikanischen Kriegsschauplatz.	Appen
Max-Immelmann-Kaserne (aufgegeben 2015)	Max Franz Immelmann (1890-1916) zählte zu den bekanntesten deutschen Jagdfliegern des Ersten Weltkrieges. Er war mit der höchsten Tapferkeitsauszeichnung Preußens – dem Pour le Mérite – ausgezeichnet.	Manching
Mercator-Kaserne (seit 1985)	Gerhard Mercator (1512-1594) war Geograph und Kartograph.	Euskirchen
Moltke-Kaserne (aufgegeben 2006)	Helmuth Karl Bernhard von Moltke (1800-1891) war preußischer Generalfeldmarschall und Chef des Generalstabes.	Dabel
Moritz-von-Nassau-Kaserne (aufgegeben 2008)	Johann Moritz Fürst von Nassau-Siegen (1604-1679) war ein niederländischer Feldmarschall.	Emmerich

Kaserne	Namensgeber / Bemerkung	Ort
Mudra-Kaserne	Benannt nach dem General der Infanterie Bruno von Mudra (1851-1931), der das 1. Westfälische Pionier-Bataillon Nr. 7 in Köln-Deutz von 1893 bis 1898 führte.	Köln
Mühlenberg-Kaserne (aufgegeben 1997)	Regionale Bezeichnung	Sögel
Münsterland-Kaserne	Regionale Bezeichnung	Ennigerloh
Naabtal-Kaserne (aufgegeben 1992)	Regionale Bezeichnung	Burglengenfeld
Neckartal-Kaserne (aufgegeben 2008)	Regionale Bezeichnung	Mosbach
Nibelungen-Kaserne	Die Nibelungensage ist die weitverbreitete Heldensage, die sich zu einem großen Teil in der Region ereignet haben soll.	Walldürn Regensburg (aufgegeben 2005)
Nidder-Kaserne (aufgegeben 2004)	Geographische Bezeichnung	Schöneck/ Kilianstädten
Niederauerbach-Kaserne	Seit 1960 nach einem Ortsteil benannt	Zweibrücken
Niederrhein-Kaserne (aufgegeben 2004)	Regionale Bezeichnung	Mönchengladbach
Niedersachsen-Kaserne (aufgegeben 2004)	Landesbezeichnung	Dörverden
Nonnenhof-Kaserne (MobStützpunkt Laiz) (aufgegeben 1994)	Regionale Bezeichnung	Sigmaringen
Nordgaukaserne	Geographische Bezeichnung	Cham
Nutscheid-Kaserne (aufgegeben 2006)	Name eines Höhenzuges in der Region	Waldbröl
Oberfeldwebel-Schreiber-Kaserne (aufgegeben 2016)	Josef Schreiber (1919-vermisst seit 1945) war Oberfeldwebel der Wehrmacht und mit dem Ritterkreuz des Eisernen Kreuzes mit Eichenlaub ausgezeichnet.	Immendingen

Kaserne	Namensgeber / Bemerkung	Ort
Oberfranken-Kaserne 1985-2013 General-Hüttner-Kaserne	Geographische Bezeichnung Johann Elias "Hans" Hüttner (1885-1956) war zuletzt Generalmajor der Wehrmacht und überzeugter Nationalsozialist.	Hof
Oberharz-Kaserne (aufgegeben 1992)	Regionale Bezeichnung	Clausthal-Zellerfeld
Oberpfalz-Kaserne	Seit 1971 regionale Bezeichnung	Pfreimd
Oberschwaben-Kaserne (aufgegeben 2013)	Regionale Bezeichnung	Hohentengen
Oberstabsarzt-Dr.-Julius-Schoeps-Kaserne (aufgegeben 2004)	Julius Schoeps (1864-1942) war ein jüdischer Oberstabsarzt des Ersten Weltkriegs und Königlich Preußischer Gardeoffizier.	Hildesheim
Oberst-Hauschild-Kaserne 1964-2015 General-Delius-Kaserne	Oberst Reinhard Hauschild (1921-2005) war 1969 bis 1974 Kommandeur des Rundfunkbataillons / PSK-Sendebataillons; 1974/75 war er Kommandeur der Lehrgruppe und von 1975 bis 1980 Kommandeur der Schule der Bundeswehr für Psychologische Verteidigung. Generalleutnant Hermann Delius (1854-1941) gilt als Schöpfer der Fernmeldetruppe.	Mayen
Ohnacker-Kaserne (aufgegeben 2005)	Jakob Ohnacker (1881-1945 ?) war bis 1942 als Generalmajor Feldzeuginspizient in Berlin. (Nach Deportation in die SU 1945 vermisst).	Giesen, OT Ahrbergen
Ostmark-Kaserne	Aus dem Namen „Bayerische Ostmark" abgeleitete Bezeichnung	Weiden in der Oberpfalz
Ostpreußen-Kaserne (aufgegeben 1993)	Geographische Bezeichnung	Homberg (Efze)
Otto-Lilienthal-Kaserne (seit 1964)	Karl Wilhelm Otto Lilienthal (1848-1896) war ein deutscher Luftfahrtpionier, der als erster Mensch erfolgreich und wiederholbar Gleitflüge mit einem Gleitflugzeug absolvierte.	Roth

Kaserne	Namensgeber / Bemerkung	Ort
Panzer-Kaserne (aufgegeben 1997)	Benannt nach der Belegung durch belgische Panzerverbände bis 1980.	Düren
Panzerkaserne (aufgegeben 2015)	Kaserne im Bezirk Nordstadt	Flensburg
Paracelsuskaserne (aufgegeben 2007)	Theophrastus Bombast von Hohenheim (1493 oder 1494-1541) nannte sich seit 1529 Paracelsus und war ein schweizerisch-österreichischer Arzt, Alchemist, Astrologe, Mystiker und Philosoph.	Hamm
Peter-Bamm-Kaserne	Peter Bamm (eigentlich Curt Emmrich; 1897-1975) war Schiffsarzt, Chirurg, Journalist und Schriftsteller sowie im Zweiten Weltkrieg Stabsarzt an der West- und Ostfront.	Munster
Pfalzgraf-Johann-Kaserne (aufgegeben 2007)	Johann von Pfalz-Neumarkt (1383-1443) war Pfalzgraf und Herzog in Bayern.	Neunburg vorm Wald
Philipp-Freiherr-von-Boeselager-Kaserne	Philipp Freiherr von Boeselager (1917-2008) war ein früherer Berufsoffizier der Wehrmacht und einer der letzten Überlebenden des innersten Kreises der militärischen Widerstandsgruppe um Generalmajor Henning von Tresckow und Oberst Claus Schenk Graf von Stauffenberg.	Gelsdorf (Grafschaft)
Pidder-Lüng-Kaserne (aufgegeben 1992)	Pidder Lüng ist eine Ballade des deutschen Dichters Detlev von Liliencron (1844-1909), die den schleswig-holsteinischen Freiheitswillen besingt.	Sylt-Hörnum

Kaserne	Namensgeber / Bemerkung	Ort
Pionier-Kaserne	Bezeichnung seit 1991	Gera Münchsmünster Koblenz (aufgegeben 1994) Regensburg aufgegeben 2010)
Pionierkaserne am Solling 1964-2013 Medem-Kaserne	Geographische Bezeichnung General Gerhard Hans Medem war im Zweiten Weltkrieg Kommandeur der Pionierschule in Dessau und zeitweise ehrenamtlicher Richter am Volks-gerichtshof, 1953 in der Sowjetunion zum Tode verurteilt.	Holzminden
Pionierkaserne auf der Schanz	Geographische Bezeichnung seit 1976	Ingolstadt
Pommern-Kaserne	Namensgebung zur Erinnerung an das Ostgebiet	Fürstenau (aufgegeben 2007) Wolfhagen Kaserne (aufgegeben 2008)
Preußer-Kaserne	Karl Ludwig Heinrich Freiherr von Preußer (1783-1853) war ein preußi-scher Generalmajor, der während der Befreiungskriege u.a. in Schleswig-Holstein kämpfte.	Eckernförde
Prinz-Albrecht-Kaserne (aufgegeben 1994)	Friedrich Heinrich Albrecht Prinz von Preußen (1808-1872) war preußischer Prinz und Generaloberst.	Hannover
Prinz-Eugen-Kaserne	Eugen Franz, Prinz von Savoyen-Carignan (1663-1736), unter dem Namen Prinz Eugen bekannt, war einer der bedeutendsten Feldherren des Habsburgerreiches.	Traunstein (aufgegeben 1997) Günzburg (aufgegeben 2004) Bad Arolsen (aufgegeben 2008) München (aufgegeben 2009) Külsheim (aufgegeben 2006)

Kaserne	Namensgeber / Bemerkung	Ort
Prinz-Franz-Kaserne (aufgegeben 2005)	Franz Maria Luitpold Prinz von Bayern (1875-1957) war ein bayerischer Prinz aus dem Hause Wittelsbach und Generalmajor der Bayerischen Armee.	Kempten
Prinz-Heinrich-Kaserne (aufgegeben 2004)	Seit 1936 benannt nach Prinz Friedrich Heinrich Ludwig von Preußen (1726-1802), Bruder von Friedrich II und General im Siebenjährigen Krieg.	Lenggries
Prinz-Karl-Kaserne (aufgegeben 1994)	Karl Theodor Maximilian August Prinz von Bayern (1795-1875) war Generalfeldmarschall, Reichsrat der Krone Bayerns und Oberbefehlshaber der bayerischen Armee.	Augsburg
Prinz-Leopold-Kaserne (aufgegeben 2009)	Leopold Maximilian Joseph Maria Arnulf Prinz von Bayern (1846-1930) war deutscher Generalfeldmarschall.	Regensburg
Rafflerkaserne (aufgegeben 1999)	Friedrich Ritter von Raffler (1883-1980) war wegen heldenhaften Verhaltens im November 1915 geadelt worden und mit dem bayerischen Militär-Max-Joseph-Orden ausgezeichnet.	Regensburg
Rantzau-Kaserne (aufgegeben 2016)	Rantzau ist der Name einer in Schleswig-Holstein beheimateten uradligen Familie mit dem Stammhaus Rantzau bei Plön.	Boostedt
Ravensberger Kaserne (aufgegeben 1994)	Die Grafschaft Ravensberg entstand im 12. Jahrhundert mit Bielefeld als Hauptort.	Bielefeld
Recknitztal-Kaserne	Geographische Bezeichnung	Bad Sülze
Reichspräsident-Ebert-Kaserne	Friedrich Ebert (1871-1925) war ab 1919 erster Reichspräsident der Weimarer Republik	Hamburg
Reichswald-Kaserne (aufgegeben 2005)	Der Reichswald ist mit rund 51 km² (5100 ha) Fläche das größte zusammenhängende Waldgebiet des Niederrheins.	Goch

Kaserne	Namensgeber / Bemerkung	Ort
Reinhardt-Kaserne	Walther Reinhardt (1872-1930) war General der Infanterie, letzter Preußischer Kriegsminister und erster Chef der Heeresleitung der Reichswehr.	Ellwangen (Jagst)
Reitzenstein-Kaserne (aufgegeben 2006)	Name eines ursprünglich fränkischen Uradelsgeschlechtes, das auch im Bergischen Land vertreten war.	Düren
Rettberg-Kaserne	Oberst Karl von Rettberg (1865-1944) war als Major Kommandeur des III. Bataillons des Schleswig-Holsteinischen Infanterie-Regiments Nr. 163.	Eutin
Rheingau-Kaserne (aufgegeben 1993)	Regionale Bezeichnung	Lorch (Rheingau)
Rhein-Kaserne	Namensgebung seit 1957, ehemals Train-Kaserne, auch Artillerie-Kaserne Koblenz-Lützel	Koblenz
Rhön-Kaserne (aufgegeben 1994)	Geographische Bezeichnung	Wildflecken
Richthofen-Kaserne (aufgegeben 1994)	Manfred Albrecht Freiherr von Richthofen (1892-1918) war der deutsche Jagdflieger im Ersten Weltkrieg, der die höchste Zahl von Luftsiegen von einem einzelnen Piloten erreichte.	Dedelstorf
Ritter-von-Leeb-Kaserne (aufgegeben 1992)	Wilhelm Ritter von Leeb (1876-1956) ist in Landsberg geboren und war zuletzt Generalfeldmarschall und Oberbefehlshaber verschiedener Heeresgruppen im Zweiten Weltkrieg.	Landsberg am Lech
Ritter-von-Scheuring-Kaserne (aufgegeben 1993)	Dr. Baptist Ritter von Scheuring (1887-1972) war ein Offizier, Arzt, Stadtrat und 2. Bürgermeister sowie Ehrenbürger der Stadt Passau.	Passau

Kaserne	Namensgeber / Bemerkung	Ort
Robert-Schuman-Kaserne	Jean-Baptiste Nicolas Robert Schuman (1886-1963) war französischer Staatsmann und ist ein Gründervater der Europäischen Union.	Müllheim
Roland-Kaserne (aufgegeben 2008)	Roland war Ritter Karl des Großen, der 778 beim Kampf gegen Basken gefallen ist; seine Statuen gelten als Sinnbild der Stadtrechte.	Bremen (aufgegeben 2000) Brandenburg an der Havel
Rommel-Kaserne	Generalfeldmarschall Erwin Rommel (1891-1944) ist heute wegen seiner politischen und militärischen Rolle im nationalsozialistischen Deutschland sowie wegen seines Verhältnisses zur Widerstandsgruppe vom 20. Juli 1944 umstritten.	Dornstadt
Roselies-Kaserne (aufgegeben 2004)	Kasernenbenennung nach den Kämpfen bei Roselies, einer Ortschaft in Belgien, die in der Provinz Hennegau der Region Wallonien liegt, zu Beginn des Ersten Weltkriegs.	Braunschweig
Rosenhof-Kaserne (aufgegeben 2002)	Regionale Bezeichnung	Mühlhausen/ Thüringen
Rottal-Kaserne (aufgegeben 2003)	Geographische Bezeichnung	Kirchham
Röttiger-Kaserne (aufgegeben 2004)	Hans Röttiger (1896-1960) war Generalleutnant der Bundeswehr und erster Inspekteur des Heeres.	Hamburg
Ruhrland-Kaserne (aufgegeben 1994)	Regionale Bezeichnung	Esse
Saaleck-Kaserne	Bezeichnung nach dem Schloss oberhalb Hammelburgs	Hammelburg
Saarburg Kaserne 1969-1993 Generaloberst-Hoepner-Kaserne	Seit 1938 benannt nach dem Lothringer Ort Sarrebourg zum Gedenken an die Schlacht bei Saarburg (1914) in Lothringen. Erich Kurt Richard Hoepner (1886-1944) war Generaloberst und Widerstandskämpfer des Attentats vom 20. Juli 1944.	Wuppertal (aufgegeben 1993) Landsberg am Lech (aufgegeben 1993)

Kaserne	Namensgeber / Bemerkung	Ort
Saar-Pfalz-Kaserne (aufgegeben 1997)	Regionale Bezeichnung	Bexbach
Sachsen-Anhalt-Kaserne	Kasernenname seit 1993	Weißenfels
Sachsenwald-Kaserne (aufgegeben 1994)	Regionale Bezeichnung	Elmenhorst
Sagan-Kaserne (aufgegeben 1993)	Seit 1938 nach dem Ort Sagan in Ostpommern, heute Polen	Wuppertal
Salm-Kaserne (aufgegeben 1997)	Rheingraf Carl August von Salm-Grumbach (1743-1800) war letzter Festungskommandant der Feste Philippsburg.	Philippsburg
Sauerlandkaserne (aufgegeben 2004)	Regionale Bezeichnung	Lennestadt
Schäferkaserne	Regionale Bezeichnung	Bückeburg
Scharnhorst-Kaserne	Gerhard Johann David von Scharnhorst (1755-1813) war preußischer Generalleutnant und gilt noch heute als der vorbildlichste der Militärreformer der Zeit der Befreiungskriege.	Hannover Bremen Northeim (aufgegeben 1993) Hamburg (aufgegeben 1994) Lüneburg (aufgegeben 1994 Lingen (Ems) (aufgegeben 2006)
Schill-Kaserne	Ferdinand Baptista von Schill (1776-1809) war ein preußischer Offizier, der als Freikorpsführer in den Kriegen von 1806/07 und 1809 bekannt wurde.	Wesel Lütjenburg (aufgegeben 2013)
Schlieffen-Kaserne (aufgegeben 2004)	Alfred Graf von Schlieffen (1833-1913)) war preußischer Generalfeldmarschall, Chef des Generalstabes und Autor des Schlieffen-Planes.	Lüneburg
Schloss Oranienstein	Die Kaserne ist eines von vier nach dem Hause Oranien benannten Schlössern in Deutschland.	Diez

Kaserne	Namensgeber / Bemerkung	Ort
Schoch-Kaserne (aufgegeben 2005)	Albert Ritter von Schoch (1860-1943) war bayerischer General der Infanterie im Ersten Weltkrieg sowie von 1940 bis zu seinem Tode Großkanzler des Militär-Max-Joseph-Ordens.	Landshut
Scholtz-Kaserne (aufgegeben 2003)	Boje Friedrich Nikolaus von Scholtz (1851-1927) war preußischer General der Artillerie im Ersten Weltkrieg.	Neumünster
Schulz-Lutz-Kaserne	Adelbert Schulz (1903-1944) war zuletzt Generalmajor sowie Divisionskommandeur der Wehrmacht. Oswald Lutz (1876-1944) war zuletzt General der Panzertruppe im Zweiten Weltkrieg.	Munster
Schwabstadl-Kaserne (aufgegeben 2006)	Ortsteilname von Obermeitingen	Klosterlechfeld
Schwarzwald-Kaserne (seit 2003)	Regionale Bezeichnung	Todtnau
Schweppermann-Kaserne	Seyfried Schweppermann (um 1257-1337) war ein Feldhauptmann der Reichsstadt Nürnberg.	Kümmersbruck
Schyren-Kaserne (aufgegeben 1993)	Benannt nach dem gotischen Stamm der Schyren, die um 500 in der Region siedelten.	Scheyern
Sick-Kaserne (aufgegeben 1997)	Georg Sick (1861-1937) war preußischer Oberst und Ritter des Ordens Pour le Mérite.	Neumünster
Siebenbuche-Kaserne	Regionale Bezeichnung	Sanitz
Siegerland-Kaserne (aufgegeben 2005)	Regionale Bezeichnung	Burbach
Sixt-von-Armin-Kaserne (aufgegeben 1992)	Friedrich Bertram Sixt von Armin (1851-1936) war preußischer General der Infanterie im Ersten Weltkrieg und Ehrenbürger von Wetzlar.	Wetzlar
Spilburg-Kaserne (aufgegeben 1994)	Benennung nach der 1310 entstandenen Burganlage im Südosten Wetzlars	Wetzlar

Kaserne	Namensgeber / Bemerkung	Ort
Spreewald-Kaserne	Geographische Bezeichnung	Märkische Heide
St.-Barbara-Kaserne (aufgegeben 2004)	Barbara von Nikomedien war eine christliche Jungfrau, Märtyrin des 3. Jahrhunderts und wird als Schutzpatronin der Artillerie verehrt.	Dülmen
Stadland-Kaserne (aufgegeben 1993 ?)	Bezeichnung eines Teils der Wesermarsch	Stadland
Stadt-Kaserne (aufgegeben 1996)	Regionale Bezeichnung	Germersheim
Stapelholmer-Kaserne (aufgegeben 2015)	Bezeichnung der Landschaft	Seeth
Starkenburg-Kaserne (privatisiert 2006)	Regionale Bezeichnung	Darmstadt
Staufer-Kaserne 1964-2013 Generaloberst-von-Fritsch-Kaserne	Die Staufer waren ein Adelsgeschlecht, das aus der Region am Nordrand der Schwäbischen Alb entstammte. Thomas Ludwig Werner Freiherr von Fritsch (1880-1939) war zuletzt Generaloberst und von 1936 bis zu seinem Sturz 1938 Oberbefehlshaber des Heeres. Sein Wirken als Oberbefehlshaber wird heute wegen seiner Unterstützung des Nationalsozialismus kritisiert.	Pfullendorf
Steiger-Kaserne (aufgegeben 2007)	Bezeichnung eines Erfurter Waldgebiets	Erfurt
Stengel-Kaserne (aufgegeben 2008)	Benannt nach einem kurpfälzisch-bayerischen Adelsgeschlecht.	Germersheim
Stetten-Kaserne (aufgegeben 2007)	Otto von Stetten (1862-1937) war bayerischer General der Kavallerie im Ersten Weltkrieg.	München
Steubenkaserne	Friedrich Wilhelm von Steuben (1730-1794) war preußischer Offizier und US-amerikanischer General.	
Steuben-Kaserne (aufgegeben 2004)	Friedrich Wilhelm von Steuben (1730-1794) war preußischer Offizier und US-amerikanischer General.	Gießen (aufgegeben 1993) Achim

Kaserne	Namensgeber / Bemerkung	Ort
Stoltenstraße 13 früher Hanseaten-Kaserne	Bereich der Helmut-Schmidt-Universität, Universität der Bw	Hamburg
Strelasund-Kaserne	Geographische Bezeichnung	Kramerhof, OT Parow
Südpfalz-Kaserne 1965-2015 General-Hans-Graf-Sponeck-Kaserne	Regionale Bezeichnung Hans Emil Otto Graf von Sponeck (1888-1944) ist im Zusammenhang mit dem 20. Juli 1944 in Germersheim ohne Urteil hingerichtet worden. Er wird heute kritisiert, als Generalleutnant keine Distanz zur Vernichtungspolitik des NS-Systems gehabt zu haben.	Germersheim
Südtondern-Kaserne bis 2017 General-Thomsen-Kaserne	Regionale Bezeichnung General Hermann von der Lieth-Thomsen (1867-1942) war zuletzt General der Flieger und gilt als Mitbegründer der deutschen Luftstreitkräfte; 1917 ausgezeichnet mit dem Orden Pour le Mérite.	Stadum
Tannenberg-Kaserne	Die Schlacht bei Tannenberg fand in der Gegend südlich von Allenstein in Ostpreußen vom 26.08. bis 30.08.1914 zwischen deutschen und russischen Armeen statt.	Marburg (aufgegeben 1993) Braunschweig (aufgegeben 1994)
Tauberfranken-Kaserne (aufgegeben 2004)	Bezeichnung nach der Region Frankens	Lauda-Königshofen
Tauentzien-Kaserne (aufgegeben 2003)	Friedrich Bogislav von Tauentzien (1710-1791) war ein preußischer General in friderizianischer Zeit.	Blankenfelde
Taunus-Kaserne	Geographische Bezeichnung	Heidenrod, OT Kemel
Theobald-Kaserne (aufgegeben 1995)	Karl Peter von Theobald (1769-1837) war ein hoch dekorierter bayerischer Generalleutnant.	Germersheim

Kaserne	Namensgeber / Bemerkung	Ort
Theodor-Blank-Kaserne	Theodor Anton Blank (1905-1972) leitete das nach ihm benannte Amt Blank, der Vorgängerinstitution des Bundesverteidigungsministeriums und war von 1955 bis 1956 der erste Verteidigungsminister der Bundesrepublik Deutschland.	Rheine
Theodor-Heuss-Kaserne	Theodor Heuss (1884-1963) war von 1949 bis 1959 der erste Bundespräsident der Bundesrepublik Deutschland.	Stuttgart
Theodor-Körner-Kaserne	Der Dichter Theodor Körner (1791–1813) war als Kriegsfreiwilliger der Befreiungskriege 1813/14 im Lützowschen Freikorps und durch seine patriotischen Gedichte und Lieder Vorbild der patriotischen Kräfte in Deutschland.	Aachen Lüneburg Leipzig (aufgegeben 2002)
Thorsberg-Kaserne (aufgegeben 1990)	Benannt nach dem benachbarten Moorgelände	Süderbrarup
Tiling-Kaserne (aufgegeben 1993)	Reinhold Tiling (1893-1933 in Osnabrück) war Ingenieur, Pilot und Raketenpionier.	Bohmte
Tilly-Kaserne (aufgegeben 1994)	Johann T'Serclaes Graf von Tilly (1559-1632) war während des Dreißigjährigen Kriegs oberster Heerführer sowohl der Katholischen Liga als auch ab 1630 der kaiserlichen Armee.	Oberhausen bei Neuburg/Donau
Timke-Kaserne (aufgegeben 1993)	Bezeichnung nach Gewässer-/ Ortsnamen aus dem 12. Jahrh.	Westertimke
Tollense-Kaserne	Regionale Bezeichnung nach dem in Neubrandenburg beginnenden Fluss	Neubrandenburg
Tomburg-Kaserne	Bezeichnung einer Burgruine in der Region	Rheinbach
Trave-Kaserne (aufgegeben 1993)	Geographische Bezeichnung	Lübeck
Uckermark-Kaserne	Regionale Bezeichnung	Prenzlau

Kaserne	Namensgeber / Bemerkung	Ort
Ulrich-Kaserne	Ulrich I. (890-973) war von 923 bis 973 Bischof von Augsburg, verteidigte Augsburg zu Zeiten der Ungarneinfälle im 10. Jahrhundert und hatte am Sieg von König Otto I. über die Ungarn bei der Schlacht auf dem Lechfeld 955 großen Anteil.	Kleinaitingen
Unteroffizier-Krüger-Kaserne (aufgegeben 2014)	Johannes Joachim Theodor Krüger (1887-1917) war Feldartillerist im Ersten Weltkrieg und hatte in der Schlacht bei Cambrai bis zu seiner Verwundung heldenhaft gekämpft.	Kusel
Vimy-Kaserne (aufgegeben 1993)	1930 in Erinnerung an die bei der Lorettoschlacht im Ersten Weltkrieg umkämpften Höhen von Vimy benannt.	Freising
von-Briesen-Kaserne (aufgegeben 1997)	Kurt Alfred Otto Erimar von Briesen (1883-1941) war General der Infanterie im Zweiten Weltkrieg.	Flensburg
Von-Einem-Kaserne (aufgegeben 2007)	Karl Wilhelm Georg August Gottfried von Einem genannt von Rothmaler (1853-1934) war preußischer Generaloberst im Ersten Weltkrieg sowie von 1903 bis 1909 Kriegsminister.	Münster
Von-Goeben-Kaserne (aufgegeben 1994)	August Karl Friedrich Christian von Goeben (1816-1880) ist in Stade geboren und war preußischer General der Infanterie.	Stade
Von-Hardenberg-Kaserne bis 2014 Struzberg-Kaserne	Die Bezeichnung bezieht sich auf Karl August Fürst von Hardenberg (1750-1822), der einer der führenden Wegbereiter der preußischen Staats- und Heeresreformen war, und auf Carl-Hans Graf von Hardenberg (1891-1958), der zum militärischen Widerstand gegen das nationalsozialistische Regime gehörte. 1240 erstmals beurkundeter Name von Strausberg	Strausberg

Kaserne	Namensgeber / Bemerkung	Ort
Von-Seydlitz-Kaserne	Friedrich Wilhelm Freiherr von Seydlitz-Kurzbach (1721-1773) ist in Kalkar geboren und war preußischer Kavalleriegeneral.	Kalkar
Von-Stein-Kaserne (aufgegeben 1994)	Heinrich Friedrich Karl Reichsfreiherr vom und zum Stein (1757-1831) war preußischer Beamter, Staatsmann und Reformer.	Osnabrück
Vörde-Kaserne (aufgegeben 2003)	Regionale Bezeichnung	Bremervörde
Waldkaserne	Bezeichnung nach ihrer Lage im Stadtwald	Hilden
Waldmann-Kaserne (aufgegeben 1994/2001)	Kasernenname seit 1934, benannt nach Anton Waldmann (1878-1944), Generaloberstabsarzt der Reichswehr und der Wehrmacht.	München
Wäller-Kaserne (aufgegeben 2006)	Kasernenname im Westerwälder Dialekt	Westerburg
Wangerland-Kaserne (aufgegeben 2004)	Landschaftsbezeichnung	Hohenkirchen
Warnow-Kaserne (aufgegeben 2006)	Der Fluß Warnow durchfließt die Gemeinde.	Demen
Wartberg-Kaserne (aufgegeben 1994)	Regionale Bezeichnung	Pforzheim
Welfen-Kaserne (aufgegeben 2007)	Die Welfen waren 1056 Gründer der Reichsabtei Weingarten	Weingarten
Werdenfelser Kaserne	Regionale geographische Bezeichnung	Murnau a. Staffelsee
Werder-Kaserne	Bezeichnung nach dem Ortsteil in Alt-Schwerin	Schwerin
Werratal-Kaserne	Geographische Bezeichnung seit 1992	Bad Salzungen
Weser-Geest-Kaserne (aufgegeben 2006)	Geographische Bezeichnung	Schwanewede
Wesermarsch-Kaserne (aufgegeben 1993)	Regionale Bezeichnung	Elsfleth
Westerwald-Kaserne (aufgegeben 2005)	Regionale Bezeichnung	Montabaur

Kaserne	Namensgeber / Bemerkung	Ort
Westfalenkaserne	Namensgebung seit Neubau 1956	Ahlen
Wettiner-Kaserne	Das Haus Wettin ist eines der ältesten urkundlich nachgewiesenen Geschlechter des deutschen Adels.	Frankenberg/Sachs.
Wildermuth-Kaserne (aufgegeben 1992)-	Hermann-Eberhard Wildermuth (1890-1952) war von 1949 bis zu seinem Tod Bundesminister für Wohnungsbau. Im Mai 1944 hat er Kontakt zum Militärischen Widerstand gegen Hitler aufgenommen.	Böblingen
Wildstein-Kaserne (aufgegeben 2012)	Stadtteilname von Traben-Trabach	Traben-Trarbach
Wilhelm-Kaisen-Kaserne (aufgegeben 1997)	Carl Wilhelm Kaisen (1887-1979) war Politiker der Sozialdemokratischen Partei; er gilt in Bremen als Symbolfigur des Wiederaufbaus nach 1945.	Bremen
Wilhelm-Leuschner-Kaserne (aufgegeben 2007)	Wilhelm Leuschner (1890-1944) war deutscher Gewerkschafter und sozialdemokratischer Politiker, der im Widerstand gegen den Nationalsozialismus kämpfte.	Nuthe-Urstromtal, OT Hennickendorf
Wilhelmsburg-Kaserne	Friedrich Wilhelm Carl (1781-1864) war von 1816 bis 1864 als Wilhelm I. der zweite König von Württemberg.	Ulm
Wilhelmstein-Kaserne	Bezeichnung nach der Feste Wilhelmstein im Steinhuder Meer	Neustadt am Rübenberge
Wilhelm-von-Nassau-Kaserne (aufgegeben 1993)	Wilhelm von Nassau-Dillenburg (1533-1584), Fürst von Oranien, war ein Führer im niederländischen Unabhängigkeitskrieg gegen Spanien (1568–1648).	Diez
Winkelmann-Kaserne (aufgegeben 1993)	Kasernenname seit 1937 nach Vizewachtmeister Heinrich Winkelmann, der 1918 wegen besonderer Tapferkeit mit dem Goldenen Militärverdienstkreuz ausgezeichnet worden ist.	Iserlohn
Wittich-Kaserne (aufgegeben 1993)	Anlass zur Namensgebung war die Eroberung der belgischen Stadt 1914.	Kassel

Kaserne	Namensgeber / Bemerkung	Ort
Wulf-Isebrand-Kaserne	Wulf Isebrand (um 1465-1506) besiegte 1500 in der Schlacht bei Hemmingstedt ein dänisch-holsteinisches Heer.	Heide
Yorck-Kaserne (aufgegeben 2004)	Johann David Ludwig Graf Yorck von Wartenburg (1759-1830) war preußischer Generalfeldmarschall.	Stadtoldendorf
Zieten-Kaserne (aufgegeben 1994)	Hans Joachim von Zieten (1699-1786) war einer der berühmtesten Reiter-generäle und ein enger Vertrauter Königs Friedrich des Großen.	Göttingen
Zollernalb-Kaserne (aufgegeben 2014)	Bezeichnung des Landkreises	Meßstetten

Anmerkungen

1   Reuterregimenter waren Verbände der schweren Kavallerie.

2   Die Militärische Gesellschaft bestand von 1801-1805 und 1842-1919. Gründungs-Präses war Generalleutnant Ernst von Rüchel (1754-1823), seit 1790 Leiter der Reformen des Militärbildungswesens und Inspekteur aller Militärbildungseinrichtungen. Er bestätigte die Statuten und schützte die Gesellschaft vor Verdächtigungen, unter dem Deckmantel militärischer Debatten revolutionäre Ziele nach dem Vorbild der französischen Revolution anzustreben.

      Aktuell besteht in Berlin die am 16.09.1997 gegründete Politisch-Militärische Gesellschaft PMG e.V., die sich der Tradition Scharnhorsts verpflichtet fühlt.

3   Krümper waren kurzfristig ausgebildete Soldaten, die nach 4-8 Wochen Ausbildung durch neue Rekruten ersetzt wurden. Dadurch wurde eine Kriegsreserve gebildet und die von Napoleon I. im Frieden von Tilsit für Preußen festgelegte Obergrenze der Präsenzstärke legal umgangen.

4   Vater und Sohn nutzten unterschiedliche Schreibweisen des Nachnamens; in späteren Jahren hat sich die Schreibweise „Neidhardt" durchgesetzt.

5   Der Beiname „von Gneisenau" bezieht sich auf den früheren Besitz des Schlosses Gneisenau in Kleinzell im Mühltal, Oberösterreich.

6   Geboren mit dem Namen Clauswitz war seine Abstammung von einem oberschlesischen Adelsgeschlecht lange unklar und wurde ihm und drei seiner Brüder erst 1827 offiziell anerkannt. 1792 konnte er jedoch der preußischen Armee in einem Regiment beitreten, das ausschließlich adlige Bewerber aufnahm. Sein Vater war wegen der unterstellten nichtadligen Herkunft als Offizier entlassen worden.

7   Der Grund seines Todes ist nicht eindeutig geklärt und überliefert. Die Plötzlichkeit seines Todes innerhalb von neun Stunden kann auch durch ein Herzversagen begründet sein.

8   Der erbliche Titel eines Grafen wurde ihm wegen seiner Verdienste bei den siegreichen Kämpfen gegen Frankreich am 28.10.1870 verliehen.

9   Moltke bereiste die Türkei bis ins Taurus Gebirge und nach Mesopotamien, er begleitete den Sultan Mahmud II. in die Donaufürstentümer und plante u.a. eine Verteidigungslinie von vier Festungen entlang der Donau gegen Russland. Er nahm auch an Feldzügen gegen die Kurden und Ägypten teil und kehrte nach der türkischen Niederlage im Juni 1839 nach Preußen zurück.

10   Die am 24.06.1869 erlassenen „Verordnungen für die höheren Truppenführer" sind grundsätzlich auch heute noch richtungsweisend.

11   Die Stiftungsurkunde wurde vom König auf den 10.03.1813, dem Geburtstag seiner verstorbenen Frau, Königin Luise, zurückdatiert. Sie war in der Bevölkerung besonders angesehen und beliebt; ihr verlieh er posthum das erste Eiserne Kreuz.

12   Erste anerkannte Pläne zum Bau einer Wache waren bereits 1806 von Salomo Sachs erarbeitet worden, die von Schinkel in seinem Entwurf verarbeitet worden sind.

13   Im Zuge der Neugestaltungen 1960 und 1969 wurden vor einer Ewigen Flamme unter zwei Bronzeplatten Urnen mit den sterblichen Überresten eines Unbekannten Widerstandskämpfers (KZ-Häftlings) und eines Unbekannten Soldaten auf der Erde aus neun Konzentrationslagern und von neun Schlachtfeldern des Zweiten Weltkriegs bestattet. Die Urnen und Gefäße mit der Erde befinden sich heute unter der zentralen Granitplatte mit der Pietà.

14   Carl Ludwig Börne (1786-1837) war Schriftsteller, Journalist, Literatur- und Theaterkritiker und hat nach dem Hambacher Fest in Paris gelebt. Er ist Namensgeber des Ludwig-Börne-Preises, der seit 1993 in der Frankfurter Paulskirche an deutschsprachige politische Publizisten verliehen wird.

15   Das Lützowsche Freikorps wurde 1814 als Infanterie-Regiment Nr. 25 in die preußischen Linientruppen übernommen und rekrutierte sich aus Freiwilligen fast aller deutschen Staaten. Dadurch wurde es symbolisch für die frühen Bestrebungen zur Errichtung eines deutschen Nationalstaates. Die Uniform bestand aus schwarzem Tuch mit roten Paspeln und goldenen Köpfen.

16   Als Vorbild galt die Ausführung des Zapfenstreichs in Russland, Österreich und Schweden. Es ist nicht bekannt, was als Gebet gespielt wurde; später hat sich der auch heute noch gespielte Choral „Ich bete an die Macht der Liebe" durchgesetzt.

17   Heute wird zu Ehren hochrangiger ausländischer Gäste oder bei Beteiligung ausländischer Truppenteile auch deren Nationalhymne gespielt.

18   Das Locken, das Zeichen zum Gebet und das Abschlagen sind musikalische Kommandos des Tambourmajors, ausgeführt vom Spielmannszug. Alle anderen Musikstücke werden vom gesamten Musikkorps gespielt. Wegen des besonderen Rangs des Großen Zapfenstreichs ist es untersagt, Teile des Zapfenstreichs bei anderen Gelegenheiten aufzuführen.

19   Beispiele: Am 20.05.1992 wurde der scheidende Außenminister Hans-Dietrich Genscher geehrt; am 08.09.1994 fand in Berlin vor dem Brandenburger Tor ein Großer Zapfenstreich zur Verabschiedung der Westalliierten statt.

20   Der Alliierte Kontrollrat hatte den Gebrauch und das Zeigen charakteristischer Symbole und das öffentliche Singen oder Spielen nationalsozialistischer und militärischer Lieder verboten; dies betraf aber nicht das Deutschlandlied. Lediglich in der US-Zone war das öffentliche Singen des Liedes verboten. Alle Verbote wurden 1949 nach Gründung der Bundesrepublik aufgehoben.

21   Die Mitglieder des Parlamentarischen Rates sangen bei der Verkündung des Grundgesetzes am 23.05.1949 das Lied „Ich hab mich ergeben / Mit Herz und mit Hand" von H. F. Maßmann. Später wurde bei offiziellen Anlässen die erste Strophe von Schillers Gedicht „An die Freude" in Beethovens Vertonung aus dem 4. Satz der 9. Symphonie gespielt und gesungen.

22   Bei einem deutsch-belgischen Fußballspiel und beim Staatsbesuch in Chicago waren Karnevalsschlager an Stelle einer Hymne gespielt worden. Bei seinem ersten Kanzlerbe-

such in Berlin im April 1950 forderte Adenauer bei einem Vortrag das Auditorium auf, die dritte Strophe des Deutschlandliedes zu singen. Während das Auditorium sich erhob, blieben die alliierten Stadtkommandanten ostentativ sitzen und SPD-Abgeordnete verließen den Saal. Das französische und das britische Außenministerium bewerteten Adenauers Vorstoß als Takt- und Geschmacklosigkeit.

23 Im Vereinigungsprozess 1990 wurde von Bürgerinitiativen vorgeschlagen, die Kinderhymne von Berthold Brecht zur gemeinsamen Hymne zu erklären. Lothar de Maizière schlug als Ministerpräsident der DDR vor, der dritten Strophe des Deutschlandliedes den Text der von Johannes R. Becher getexteten ehemaligen DDR-Hymne „Auferstanden aus Ruinen" anzufügen.

24 Der Sundzoll war ein dänischer Passagezoll, der bei Fahrten von der Nordsee in die Ostsee und umgekehrt zu entrichten war, und als räuberische, von Großbritannien geduldete Abgabe empfunden wurde.

25 Langfristig konnte im Deutschen Bund jedoch keine Einigkeit über den Status der Flotte erzielt werden, ihr Bestand war daher nicht gesichert. Die Flotte erlebte am 08.06.1849 beim Seegefecht vor Helgoland ihren einzigen Einsatz. Die Flotte bestand noch bis 1852; nach dem Beschluss des Bundestages, die Flotte aufzulösen, wurden die Schiffe verkauft.

26 Zu Ehren des ersten Admirals stand die Schulfregatte F 218 BROMMY (ex. HMS Eggesford) von 1959 bis 1965 im Dienst der Deutschen Marine.

27 Als Konservative Revolution werden Strömungen unterschiedlicher gesellschaftlicher Kreise bezeichnet, die aus Enttäuschung über die Entwicklung der Weimarer Demokratie antiliberale, antidemokratische und antiegalitäre Vorstellungen verfolgten. In der Geschichtswissenschaft ist der Begriff als Wegbereiter des Nationalsozialismus heute umstritten.

28 Peter Graf Yorck von Wartenburg und Graf Schwerin von Schwanenfeld hatten Anfang 1940 vorgeschlagen, Stauffenberg solle Adjutant des Oberbefehlshabers des Heeres werden, damit er an einem Umsturzversuch beteiligt werden kann.

29 Durch die Verwundungen verlor er sein linkes Auge; die rechte Hand und zwei Finger der linken Hand mussten amputiert und prothetisch ersetzt werden.

30 Die Ziele der Verschwörer waren vorrangig auf den Umsturz und die Beendigung des Krieges gerichtet. Es waren zwar Entwürfe für Regierungserklärungen nach dem Umsturz vorbereitet ebenso wie erste Überlegungen zur Bildung einer Übergangsregierung, ein Konzept einer neuen parlamentarischen Demokratie oder einer entsprechenden Staatsform hatte man jedoch nicht entwickeln können.

31 Der Operationsplan Walküre war ursprünglich ein Plan der Wehrmacht zur Unterdrückung eines möglichen Aufstandes gegen das NS-Regime, der von den Widerstandskämpfern umfunktioniert wurde.

32 Nach dem Attentat kam es zu ca. 700 Verhaftungen und mehr als 110 Hinrichtungen, etwa 150 weitere Personen wurden als vermeintliche Attentäter von Hitlers Gefolgschaft getötet oder zum Selbstmord gezwungen.

33 Von 1999 bis 2007 fanden die Gelöbnisse im Bendlerblock jährlich statt, danach im Wechsel auf dem Platz der Republik vor dem Reichstagsgebäude.

34 Die erste Erweiterung 1949 nach Plänen des Architekten Hans Schwippert umfasste einen Restaurantanbau am Rheinufer und einen Nord- und einen Südflügel. 1951 wurde am südlichen Ende des Gebäudes ein siebengeschossiges Abgeordnetenhaus mit Zwischentrakt als zweite Erweiterung gebaut. Die dritte Erweiterung betraf 1953 einen dreiflügligen Ministertrakt, eine Verlängerung des Plenarsaals und einen Fraktionsbau. 1953 übereignete das Land Nordrhein-Westfalen das Bundeshaus der Bundesrepublik.

35 Gegen den Abriss des Plenarsaals gab es intensive Proteste von Politikern, Denkmalschützern, engagierten Bürgern und von Gutachtern, die eine Sanierung des Schwippert-Baus empfahlen. Nach 2.168 Sitzungen fand in ihm die letzte Plenarsitzung am 27.06.1986 statt.

36 Nach einem Wettbewerb wurde für die Gesamtaufgabe des Neubaus das Stuttgarter Architekturbüro Behnisch & Partner beauftragt. Der Neubau wurde zwar am 30.10.1992 eingeweiht und die erste Sitzung am 04.11.1992 durchgeführt, da aber am 24.11. technische Probleme auftraten, mussten die Parlamentsberatungen bis zum 22.09.1993 weiter im Wasserwerk stattfinden.

37 Das WCCB gilt heute national und international als eines der wichtigsten Konferenzzentren in Deutschland. Den Vereinten Nationen sind die Gebäude des „VN-Campus" zur dauerhaften Nutzung für zwölf Organisationen, die schwerpunktmäßig im Umwelt- und Nachhaltigkeitsbereich arbeiten, zur Verfügung gestellt worden.

38 Theodor Blank (19.09.1905-14.05.1972) war gelernter Metallarbeiter, der seit 1929 in der christlichen Gewerkschaft engagiert war. Nach Kriegsende war er als CDU Mitglied einer der Mitbegründer des Deutschen Gewerkschaftsbundes.

39 Im Mai 1950 war eine Dienststelle mit dem Tarnnamen „Zentrale für Heimatdienst (ZfH)" eingerichtet worden, die von Gerhard Graf von Schwerin (23.06.1899-19.10.1980), ehemaliger General der Panzertruppe der Wehrmacht, geleitet wurde. Schwerin war im ersten Kabinett Adenauer Berater für Militär- und Sicherheitsfragen und hatte den Auftrag, den Aufbau einer „mobilen Bundesgendarmerie" und die Einführung einer Wehrpflicht zu planen. Ende Oktober 1950 wurde Graf Schwerin abgelöst und die ZfH aufgelöst. Ihre Aufgaben übernahm das Amt Blank.

40 Adolf B. H. Ernst Heusinger (04.08.1897-30.11.1982) wurde 1915 Soldat in der kaiserlichen Armee und diente in der Reichswehr und in der Wehrmacht, in der er bis zum Generalleutnant aufstieg. Als Mitwisser der Widerstandspläne war er 1944 kurzzeitig in Gestapo-Haft. Nach dem Krieg stand er unter alliierter Aufsicht und sagte mehrmals als Zeuge in den Nürnberger Prozessen aus. Ab Ende 1950 war er Berater des Bundeskanzlers Adenauer für die Petersberg-Gespräche mit den Alliierten und für den Kontakt mit der NATO-Generalität. 1952 wurde Heusinger Leiter der Militärischen Abteilung im Amt Blank. Am 12.11.1955 wurde er als Generalleutnant in die Bundeswehr übernommen; von 1955-1957 war er Vorsitzender des Militärischen Führungsrates und anschließend der erste Generalinspekteur der Bundeswehr.

Hans Speidel (28.10.1897-28.11.1984) war seit 1914 Soldat und blieb auch nach dem Krieg Berufssoldat. 1923/24 studierte er Geschichte und Volkswirtschaft und promovierte 1925. In der Reichswehr wurde Speidel Generalstabsoffizier, in der Wehrmacht bekleidete er mehrere Positionen als Chef des Stabes von Armeekorps und Heeresgruppen, seit 1944 als Generalleutnant. Nach dem 20. Juli 1944 wurde Speidel als Mitwisser und Attentatshelfer verhaftet, vor dem Volksgerichtshof angeklagt und (ohne Verhandlung) bis Kriegsende in Haft gehalten. Im Januar 1951 wurde Speidel in das Amt Blank berufen, war bis 1954 deutscher Chefdelegierter bei den Verhandlungen zur Bildung der Europäischen Verteidigungsgemeinschaft und nach deren Scheitern 1954/55 Delegationsleiter bei den Verhandlungen zur Aufnahme der Bundesrepublik in die NATO. In die Bundeswehr wurde er am 12.11.1955 als Generalleutnant übernommen; im BMVg wurde er Abteilungsleiter Gesamtstreitkräfte.

Ernst Wirmer (07.01.1910-19.08.1981) war Jurist und arbeite nach dem Staatsexamen 1936 in der Kanzlei seines älteren Bruders Josef, der 1944 als Beteiligter am Widerstand zum Tode verurteilt worden ist. Nach dem Krieg wurde er Dezernent im Staatsministerium des Landes Oldenburg und 1948 vom Niedersächsischen Landtag als einer der Jüngsten in den Parlamentarischen Rat gewählt. Anschließend war er persönlicher Referent Konrad Adenauers im Kanzleramt, wechselte aber 1950 in das Amt Blank. Als Ministerialdirigent war er Leiter der Zentralabteilung für nichtmilitärische Organisation, Truppenverwaltung, Haushalt und Personal. In dieser Funktion setzte er die strikte Trennung des Militärischen vom Verwaltungstechnischen durch. Nach der Umwandlung des Amtes in das BMVg schuf Wirmer die zivile Militärverwaltung und setzte sich für die Zulassung der Koalitionsfreiheit für Soldaten ein. Beides gilt heute als wesentliche Elemente der Parlamentsarmee.

Gerhard Loosch (08.06.1894-15.02.1965) war ab 1924 als Jurist Beamter in der Reichswehr im Range eines Generals. Nach der Kriegsgefangenschaft (1947) wurde er 1950 Verwaltungsbeamter im Amt Blank. 1956-1959 war er Präsident der Wehrbereichsverwaltung IV Wiesbaden.

41 Die Ernennungsurkunden wurden den beiden Generalleutnanten Heusinger und Speidel, 18 Oberstleutnanten, 30 Majoren, 40 Hauptleuten/Kapitänleutnanten, 5 Oberleutnanten, einem Stabsfeldwebel und fünf Oberfeldwebeln übergeben.

42 Streng abgeschirmt hatte die amerikanische Besatzungsmacht bereits kurz nach Kriegsende begonnen, im ehemaligen Jagdhaus der Familie Opel in Weiersgrund bei Neu-Anspach im Taunus das Wissen hochrangiger früherer Mitarbeiter der Wehrmachtsaufklärung „Fremde Heere Ost" auszuwerten. Aus dieser Expertengruppe wurde einerseits die „Organisation Gehlen" als Vorläufer des BND gebildet, andererseits wurden durch Hinzuziehung weiterer früherer Militärs erste Vorstellungen für deutsche militärische Kräfte zur Abwehr von Angriffen aus dem sowjetischen Machtbereich ausgearbeitet. Zu dieser Gruppe gehörten Offiziere, die im Camp King des US-Military Intelligence Service Center Oberursel vernommen wurden. Zu ihnen gehörten Generalleutnant Adolf Heusinger und Generalleutnant Gerd von Schwerin.

43 Die Teilnehmer der Tagung im Kloster Himmerod waren (in der Klammer der letzte Dienstgrad in der Wehrmacht):

Wolf Graf Baudissin, 1907-1993, (Major i.G.); Bw.: 1955-1967 Generalleutnant

Hermann Foertsch, 1895-1961, (General der Infanterie); wegen Alters nicht übernommmen

Walter Gladisch, 1882-1954, (Admiral)

Adolf Heusinger, 1897-1982, (Generalleutnant); Bw.: 1956-1982 General

Johann Graf von Kielmansegg, 1906-2006, (Oberst i.G.); Bw.: 1956-1966 General

Robert Knauss, 1892-1955; (General der Flieger)

Horst Krüger, 1916-1989; (Major i.G.); Bw.: 1955-1973 Generalmajor (Lw.)

Rudolf Meister, 1897-1958; (General der Flieger); wegen Alters nicht übernommen

Eberhard Graf von Nostiz, 1906-1983; (Oberst i.G.); Bw.: Brigadegeneral d.R. (BND)

Hans Röttiger, 1896-1960; (General der Panzertruppe); Bw.: Generalleutnant

Friedrich Ruge, 1894-1985; (Vizeadmiral); Bw.: Vizeadmiral

Alfred Schulze-Hinrichs, 1893-1972; (Kapitän z. S.); BND

Fridolin von Senger und Etterlin, 1891-1963; (General der Panzertruppe); Mitglied des Personalgutachterausschusses für die Bundeswehr

Hans Speidel, 1897-1984; (Generalleutnant); Bw.: General

Heinrich von Vietinghoff-Scheel, 1897-1952; (Generaloberst): Vorsitzender der Tagung

44   Der erste Abschnitt reflektiert besonders auch die damalige gesellschafts-psychologische Situation und geht von den seinerzeitigen Auffassungen über die Beteiligung der Wehrmacht und der Waffen-SS an Kriegsverbrechen aus. Als Voraussetzung wurden daher die Rehabilitierung der Soldaten der Wehrmacht, die Aufhebung alliierter Arbeitsverbote und die Anerkennung der Versorgungsansprüche, die Freilassung der Soldaten, die nicht als Kriegsverbrecher verurteilt waren, und eine Ehrenerklärung gefordert. Nach den zwischenzeitlichen Erkenntnissen kann die Fiktion der „sauberen Wehrmacht" jedoch wie damals in der Denkschrift beschrieben nicht bestätigt werden.

45   Erste Maßnahmen zur Aufstellung der Truppenteile sollten am 10.11.1950 begonnen werden und bis Herbst 1952 abgeschlossen sein.

46   Der Erfolg ihrer Arbeit im Amt Blank ist auch darauf zurückzuführen, dass sie sich während des Krieges u.a. bei Lehrgängen kennengelernt oder in der Truppe und im OKH gemeinsam Dienst geleistet hatten.

47   1949 veröffentlichte Graf von Kielmansegg ein Buch zum Fritsch-Prozess 1938, in dem er versuchte seinen Onkel als Opfer einer Intrige Himmlers und Görings zu rehabilitieren.

48   Nach der Dienstzeit im SHAPE war er stv. Kommandeur der 5. PzDiv Koblenz und Kommandeur der 10. PzGrenDiv Sigmaringen, 1963 wurde er Oberbefehlshaber der NATO-Landstreitkräfte Europa-Mitte (COMLANDCENT) in Fontainebleau und zum General befördert, anschließend ab 1967 CINCENT.

49   Graf Baudissin wurde während der Gefangenschaft im Lager Durringhile, Victoria AUS, in absentia zum Major befördert.

50   Ab 1961 war Graf Baudissin Abteilungsleiter „Operations and Intelligence" im NATO-Hauptquartier AFCENT in Fontainebleau, 1963-1965 Kommandeur des NATO-Defense College in Paris und anschließend stv. Chef des Stabes Planung und Operation bei SHAPE in Paris.

51   Graf Baudissin war 1966 der Gewerkschaft ÖTV beigetreten und 1968 der SPD. Er unterstützte den Wahlkampf Willy Brandts sowie später die Politik des NATO-Doppelbeschlusses. Ein Interview in dem Buch „Generale für den Frieden" des Politik-

wissenschaftlers Kade, der später als Stasi-IM enttarnt wurde, machte ihn jedoch verdächtig, Mitglied der von der DDR finanzierten Gruppierung zu sein. Graf Baudissin konnte sich von dem Vorwurf distanzieren.

52 Als Inspekteur des Heeres verbesserte Generalleutnant de Maizière die Ausbildung der Unteroffiziere und eröffnete ihnen die Möglichkeit des Laufbahnwechsels: In dieser Zeit wurden der Kampfpanzer Leopard und die Transporthubschrauber eingeführt. In seiner Amtszeit als Generalinspekteur waren für ihn die Demonstrationen 1968, der Anstieg der Kriegsdienstverweigerungen und die Krise bei der Niederschlagung des Prager Frühlings besondere Herausforderungen. Der im Zuge der Entspannungspolitik von Verteidigungsminister Schmidt angeregten Abschaffung der Generalstabsausbildung konnte er sich erfolgreich widersetzen.

53 Nach seiner Pensionierung arbeitete de Maizière 1973-1994 als Vorsitzender der Kommission des BMVg „Entstehungsgeschichte der Bundeswehr"; 1978/1979 leitete er die Kommission „Führungsfähigkeit und Entscheidungsverantwortung in der Bundeswehr" und war 1976-1982 Präsident der Clausewitz-Gesellschaft.

54 Entgegen weit verbreiteter Aussagen hatte der Architekt G. A. Munzer nicht die Absicht, ein Segel, einen Schiffsbug oder einen U-Bootsturm baulich zu realisieren. Der Baugrund war ein Teil der ehemaligen Hafenbefestigung Kiels.

55 Den Abschluss der Flottenparade bildete das Segelschulschiff „Gorch Fock" mit in den Rahen angetretener Besatzung.

56 Die museale Präsentation umfasst heute nicht nur maritime Themen der Handels- und Militärschifffahrt, sondern auch kritische Darstellungen zur Marinegeschichte. Im Flaggenraum wird eine Ausstellung der Flaggen aller deutschen Seestreitkräfte und Flotten seit 1682 gezeigt. In der Ehrenhalle liegen ein Gedenkbuch des Volksbundes Deutscher Kriegsgräberfürsorge mit 63.686 Namen auf See gebliebener oder verschollener Angehöriger der Kriegsmarine und das Namenbuch der Gefallenen der Kaiserlichen Marine zur Einsichtnahme aus.

57 In Paris fanden am 19-23.10.1954 vier parallele Konferenzen zur Ausformulierung der Verträge statt: Eine Vierer-Konferenz beriet über das Ende des Besatzungsregimes; eine Sieben-Mächte-Konferenz beriet über die die Erweiterung des Brüsseler Paktes; über die Aufnahme Deutschlands in die NATO verhandelte eine Fünfzehn-Mächte-Konferenz; die Verhandlungen zum Saar-Statut waren bilateral deutsch-französisch.

58 Vor der ersten Lesung im Bundestag drohte die Sowjetunion in einer dritten Note, bei einer Wiederbewaffnung Deutschlands nicht mehr über eine deutsche Einheit zu verhandeln.

59 Auf das Inkrafttreten des Deutschlandvertrages und den Beitritt zu WEU und NATO reagierte die Sowjetunion am 14.05.1955 mit einer Konferenz in Warschau und der Gründung des „Warschauer Paktes".

60 Text zitiert nach dem Redemanuskript der Konrad-Adenauer-Stiftung (Internet-Veröffentlichung).

61 Am 01.04.1981 wurde aus dem Rundfunkbataillon 990 das PSV-Bataillon 850, das den Sender „Radio Andernach" betrieb. Aus dem Verband ging 1990 das FmBtl 950 OpInfo und ab 1998 das Bataillon für Operative Information hervor.

62   2003 wurde in der Krahnenberg-Kaserne das Institut für Wehrmedizinalstatistik und Berichtswesen der Bundeswehr untergebracht, aus dem das Institut für Präventivmedizin der Bundeswehr entstand. Heute befinden sich dort noch die Organisation für nachgehende Untersuchungen der Bundeswehr und ein Teil des Sanitätsamtes der Bundeswehr.

63   Großbritannien hatte die „German Mine Sweeping Administration (GMSA)" in Cuxhaven eingerichtet, aus der unter amerikanischer Führung die „Labour Service Unit-B (LSU/B) hervorging.

64   Die Hochsee-Minensuchboote der Seelöwe-Klasse waren Boote des Typs M-Boot 1940 und M-Boot 1943, die bis 1960 im Dienst standen.

65   Die sechs Boote der Silbermöwe-Klasse waren Boote, die nach modifizierten Plänen der Kriegsmarine ab 1952 von der Bremer Lürssen-Werft für den deutschen Grenzschutz See gebaut worden waren, von der alliierten Kontrollkommission jedoch beschlagnahmt und unter britischem Kommando bis April 1956 eingesetzt wurden.

66   Friedrich Oskar Ruge (24.12.1894-03.07.1985) war 1914 als Seekadett in die Kaiserliche Marine eingetreten, hatte in der Reichsmarine gedient und ist als Vizeadmiral 1945 in britische Kriegsgefangenschaft geraten. 1950 war er an der Erstellung der Himmeroder Denkschrift beteiligt und im Amt Blank ab 1956 Abteilungsleiter VII Marine. Als die Abteilung zum Führungsstab Marine im BMVg umgewandelt wurde, wurde er am 01.06.1957 erster Inspekteur der Marine. Am 30.09.1961 wurde er in den Ruhestand versetzt.

67   Die als Clutch Station bezeichneten Fliegerhorste waren neben Nörvenich die Flugfelder RAF Geilenkirchen, RAF Wildenrath, RAF Brüggen und RAF Lahrbruch.

68   Nach Abschluss der Erstausbildung wurde die Kompanie zum 01.07.1956 aufgelöst.

69   Gerhard Barkhorn (20.03.1919-08.01.1983) war im Zweiten Weltkrieg der zweiterfolgreichste Jagdflieger der Luftwaffe. Er trat 1956 in die Bundeswehr ein und wurde zusammen mit Johannes Steinhoff, Günter Rall und Erich Hartmann in Großbritannien und den USA auf Strahlflugzeuge umgeschult. Von Oktober 1956 bis November 1957 war er Staffelkapitän der 1.Jagdbomberstaffel/JaBoG 31, anschließend bis 1962 Kommodore des Geschwaders. Seine weiteren Verwendungen waren im Luftwaffenerprobungskommando, Stabschef der 4. ATAF und der 2. ATAF. 1975 wurde er als Generalmajor pensioniert.

70   Nach der Einführung des Eurofighter 2009 wurde das Geschwader in Taktisches Luftwaffengeschwader 31 „Boelcke" umbenannt und erhielt die Taktische Luftwaffengruppe „Richthofen" unterstellt. Dadurch wurde das TaktLwG 31 „B" der größte Jet-Verband der Luftwaffe.

71   Heinz Karst (01.12.1914-13.01.2002) war als ehemaliger Berufsoffizier seit Anfang der 1950er Jahre im Amt Blank Hilfsreferent für Innere Führung und Stellvertreter des Referatsleiters Graf Baudissin. Karst galt als Exponent einer traditionalistischen Gruppe, der die Innere Führung skeptisch sah. Als Brigadegeneral war er zuletzt General des Erziehungs- und Bildungswesens im Heer; 1970 wurde er nach Differenzen mit der politischen Führung des BMVg unter Helmut Schmidt in den Einstweiligen Ruhestand versetzt.

72   Das in Siegburg stationierte Musikkorps der Bundeswehr ist ein Orchester der Bundeswehr mit besonderem Auftrag. Die Hauptaufgaben sind die Repräsentation auf Konzert-

bühnen im In- und Ausland und die Wahrnehmung der musikalischen Einsätze im Rahmen des protokollarischen Dienstes.

Die Big Band der Bundeswehr wurde auf Veranlassung von Helmut Schmidt 1971 als Showorchester gegründet und spielte erstmals 1972 bei der Einweihung des Münchner Olympiastadiums. Die Haupteinsätze der in Euskirchen stationierten Big Band sind Benefizkonzerte im In- und Ausland.

73   Die Musikkorps sind vorgesehen, von den Kommandobehörden im Kriegsfall als Sanitätspersonal eingesetzt zu werden. Alle Angehörigen des Militärmusikdienstes erhalten dazu an der Sanitätsakademie in München eine der jeweiligen Dienstgradgruppe entsprechende sanitätsdienstliche Ausbildung.

74   Karl-Theodor Molinari (07.02.1915-11.12.1993) war seit 1935 Soldat der Wehrmacht und 1956 in die Bundeswehr eingetreten. Er wurde 1956 Kommandeur des PzLBtl 93 in Munster, anschließend Abteilungsleiter Panzertruppe im Truppenamt Köln, Kommandeur PzBrig 14, Unterabteilungsleiter P III im BMVg, Kommandeur 7.PzGrenDiv und Befehlshaber Wehrbereich IV, Mainz. Er wurde am 31.12.1970 als Generalmajor pensioniert.

75   Der Verband wird durch einen gewählten Bundesvorstand geführt und vom Bundesvorsitzenden vertreten. Die vier Landesverbände bestehen aus 27 Bezirken. Die Basis bilden Standort- und Truppenkameradschaften sowie Kameradschaften Ehemaliger, Reservisten und Hinterbliebener. Im Oktober 1956 wurde die erste Geschäftsstelle in Bonn bezogen; bis Ende 2019 wird der Umzug des Verbandes nach Berlin abgeschlossen sein.

76   Ernst Paul (27.04.1897-11.06.1978) war seit 1918 Sozialdemokrat und stammte aus dem Sudetenland, von wo er 1938 nach Schweden floh. 1948 kam er nach Deutschland zurück und wurde 1949 im ersten Deutschen Bundestag Abgeordneter der SPD. Er war u.a. wehrpolitischer Fraktionssprecher; 1969 schied er aus dem Bundestag aus, blieb aber bis 1973 politisch tätig.

77   Der erste Wehrbeauftragte, Helmuth von Grolmann, parteilos (06.11.1898-18.01.1977), wurde am 19.02.1959 mit großer Mehrheit des Bundestages für fünf Jahre gewählt und vom Bundestagspräsidenten mit Dienstantritt am 01.04.1959 ernannt, trat aber in Folge einer ihn diskriminierenden Affäre auf eigenen Wunsch am 14.06.1961 zurück. Helmuth von Grolmann war Generalleutnant a.D. und ab 1955 Staatssekretär für Vertriebene in der Regierung Niedersachsens. In der Zeit 1955-1957 war er Mitglied im Personalgutachterausschus für die Bundeswehr.

78   Der Amtssitz des Wehrbeauftragten befindet sich seit 1999 in Berlin-Mitte, Neustädtische Kirchstrasse 15.

79   Die Wehrbeauftragten 1959-1999 am ersten Dienstsitz in Bonn:

1959-1961	Helmuth von Grolmann (parteilos)
1961-1964	Hellmuth Heye (CDU)
1964-1970	Matthias Hoogen (CDU)
1970-1975	Fritz-Rudolph Schultz (FDP)
1975-1985	Karl-Wilhelm Berkhan (SPD)
1985-1990	Willi Weiskirch (CDU)
1900-1995	Alfred Biehle (CSU)
1995-2000	Claire Marienfeld-Czesla (CDU)

Mit Dienstsitz Berlin, Neustädter Kirchstr. 15:

2000-2005	Willfried Penner (SPD)
2005-2010	Reinhold Robbe (SPD)
2010-2015	Hellmut Königshaus (FDP)
seit 2015	Hans-Peter Bartels (SPD)

80 Kurze biographische Angaben zu Hans Speidel siehe Anmerkung 40

81 General Speidel hatte eine Verlängerung seiner NATO-Verwendung bis zu seiner Pensionierung am 31.03.1964 angestrebt. Er hatte jedoch in Staatspräsident de Gaulle einen mächtigen Gegner, der bereits mehrmals Speidels Ablösung gefordert, auch diplomatische Verstimmungen in Kauf genommen hatte und eine Dienstverlängerung kategorisch ablehnte. De Gaulle war über ein von Speidel veröffentlichtes Buch verärgert, in dem dieser die Rolle der Résistance bei der Invasion 1944 als unbedeutend beschrieben hatte.

82 Von dem Umzug nicht betroffen waren ortsfeste Einrichtungen und Anlagen. In Fontainebleau blieb u.a. auf einer bilateralen Vertragsgrundlage in der Rue des Archives die Dienststelle des Deutschen Militärischen Bevollmächtigten Frankreich, durch die bis in die Mitte der 1990er Jahre alle deutschen militärischen Aktivitäten koordiniert und verwaltungstechnisch abwickelt wurden.

83 Am gleichen Tag, einem Sonntag, fanden an mehreren Orten in Deutschland vergleichbare Gelöbnis- und Vereidigungsveranstaltungen statt.

84 Beispiele: Gelöbnisveranstaltungen fanden oft am früheren Tag der Deutschen Einheit, 17.06., statt, heute erfolgen sie regelmäßig am 20.07.auf dem Antreteplatz des Bendlerblocks und vor dem Reichstag, häufig am 12.11. in Bordenau.

85 Die Dienstgradbezeichnung Stabsoberjäger für den Stabsunteroffizier wurde bis Anfang der 1960er Jahre in der Fallschirmjägertruppe in Anlehnung an die frühere Bezeichnung in der Wehrmacht ohne rechtliche Grundlage geführt.

86 Der Kompaniechef, der Zugführer und der Stabsunteroffizier, der die Flussquerung eigenmächtig befohlen hatte, mussten sich vor dem Landgericht Kempten wegen fahrlässiger Tötung und Körperverletzung verantworten. Der Kompaniechef und der Zugführer wurden freigesprochen, der Stabsunteroffizier zu acht Monaten Gefängnis verurteilt. Die Strafe wurde mit der Untersuchungshaft verrechnet und teilweise zur Bewährung ausgesetzt.

87 Mit der Evangelischen Kirche wurde am 22.02.1957 ein Militärseelsorgevertrag geschlossen, für die Katholische Kirche wird das Reichskonkordat von 1933 als weiterhin gültig angesehen. Durch das Gesetz über die Militärseelsorge vom 26.07.1957 erfolgte die gesetzliche Bestätigung.

88 Die Militärseelsorger werden von ihren Landeskirchen bzw. Diözesen für mindestens sechs Jahre freigestellt. Sie sind dann zwar Angehörige der Bundeswehr und werden aus dem Wehretat besoldet, sie sind aber keine Soldaten und haben keinen militärischen Rang und sind in keiner Weise in die Hierarchie der Streitkräfte eingebunden. Vorgesetzte der Militärpfarrer ist der jeweilige Militärdekan in Berlin, Kiel, Köln oder München, der seinerseits dem katholischen Militärgeneralvikar bzw. dem evangelischen Militärgeneraldekan untersteht. Als zentrale Verwaltungsbehörden fungieren das Katholische Militärbischofsamt und das Evangelische Kirchenamt für die Bundeswehr in Berlin. An der Spitze der Militärseelsorge steht der jeweilige Militärbischof.

89 Der Lebenskundliche Unterricht befasst sich als Unterricht für Mannschaften und als Arbeitsgemeinschaft für Unteroffiziere und Offiziere konfessionsübergreifend mit gesell-

schaftlichen und ethischen Fragen. Er wird durch das Angebot von Rüstzeiten, Exerzitien und Werkwochen ergänzt.

90 In den Einsätzen stehen die Pfarrer unter besonderem Schutz des Kriegsvölkerrechts; sie tragen dann den Feldanzug mit einem Kreuz anstelle von Dienstgradabzeichen.

91 Verteidigungsminister Franz-Josef Strauß berief den Beirat zu einer ersten Sitzung am 27.06.1958 ein. Die Arbeitsweise des Beirats wurde in einem Erlass gem. VMBl 1969, S.96 f. festgeschrieben; er arbeitet unabhängig und unterliegt keiner öffentlichen Auskunftspflicht.

Als Sprecher des ersten Beirats wurde Hans Heinrich Wilhelm Bohnenkamp (17. April 1893-2. Februar 1977) berufen. Er war Pädagoge, Hochschullehrer und Hochschuldirektor und vertrat den Beirat 1958-1963.

92 Sprecher der Beiräte:

1958-1963   Hans Bohnenkamp
1963-1968   Eberhard Stammler
1969-1973   Günther Gillessen
1973-1989   Hans-Adolf Jacobsen

Hans-Adolf Jacobsen (16. November 1925-12. Dezember 2016) war Politikwissenschaftler und Historiker. Er war von 1969 bis 1991 Ordinarius am Seminar für Politische Wissenschaft der Rheinischen Friedrich-Wilhelms-Universität Bonn.

1990-1994   Herbert Nierhaus
1994-2014   Reiner Pommerin

Reiner Pommerin (* 17. Juni 1943) ist Historiker mit dem Schwerpunkt deutsche und internationale Politik- und Militärgeschichte des 18. bis 21. Jahrhunderts. Er ist Oberst der Reserve der Luftwaffe. Am 4. Juni 2008 erhielt er in Berlin vom damaligen Bundesminister der Verteidigung, Franz Josef Jung, das Bundesverdienstkreuz 1. Klasse anlässlich der Festveranstaltung zum 50-jährigen Bestehen des Beirats Innere Führung.

2014-2018   Thomas Kossendey
seit 2018   Rainer Glatz

Rainer Glatz (* 10. Januar 1951) ist Generalleutnant a. D.; in seiner letzten Verwendung war er Befehlshaber des Einsatzführungskommandos der Bundeswehr (2009-2013).

93 Die Amtszeit des Beirats beträgt vier Jahre. Die Mitglieder werden vom Parlamentarischen Staatssekretär mit Ernennungsurkunde berufen. Zum Beirat gehören auch eingeladene ständige Gäste.

94 Seit Anfang der 1980er Jahre werden die Erprobungsstellen, die die Bundeswehr mit ihrer Aufstellung übernommen oder neu eingerichtet hat, als Wehrtechnische Dienststellen (WTD) bezeichnet:

Wehrtechnische Dienststelle 41 für Kraftfahrzeuge und Panzer, Trier,

Wehrtechnische Dienststelle 51 für Pionier- und Truppengerät, Koblenz,

Wehrtechnische Dienststelle 52 für Schutz- und Sondertechnik, Oberjettenberg,

Wehrtechnische Dienststelle 61 für Luftfahrzeuge, Musterprüfwesen für Luftfahrt Gerät der Bundeswehr, Manching,

Wehrtechnische Dienststelle 71 für Schiffe und Marinewaffen, Maritime Technologie und Forschung, Eckernförde,

Wehrtechnische Dienststelle 81 für Informationstechnologie und Elektronik, Greding,
Wehrtechnische Dienststelle 91 für Waffen und Munition, Meppen.

95 Wehrwissenschaftliches Institut für Schutztechnologien – ABC-Schutz, Munster.
Wehrwissenschaftliches Institut für Werk- und Betriebsstoffe, Erding.

96 Marinearsenalbetriebe in Wilhelmshaven und Kiel,
26 Güteprüfstellen in Deutschland und London,
Deutsche Verbindungsstelle des Rüstungsbereichs für USA und Kanada, Reston USA.

97 Die 1933 gebaute GORCH FOCK war das Segelschulschiff der Kriegsmarine und wurde
1945 von ihrer Besatzung versenkt. Nach seiner Bergung war das Schiff 1951-1995 mit
dem Namen „TOVARISHSH" das Segelschulschiff der sowjetischen und ukrainischen
Marine, bis es schließlich 2003 nach Stralsund geschleppt wurde, wo es derzeitig seeun-
tauglich vertäut liegt.

98 Auslöser der Kontroversen war der Untergang des zivilen Segelschulschiffes PAMIR, das
mit einer Getreideladung am 21.09.1957 im Atlantik westlich der Azoren in einem Hurri-
kan gekentert war.

99 Seit 1959 ist es an Bord zu sechs Unfällen mit tödlichem Ausgang gekommen. Insbesondere ein Unfall 2008, bei dem eine junge Offizieranwärterin ertrank, führte zu langwieri-
gen, gerichtlichen Untersuchungen. Der Sturz einer Offizieranwärterin 2010 aus der Ta-
kelage führte einerseits zu Protesten eines Teils der Lehrgangsteilnehmer und zu Ermitt-
lungen des Wehrbeauftragten sowie andererseits zu Änderungen des Ausbildungsablaufs
und zum Aufbau eines Übungsmastes in der Marineschule Mürwik.

100 Während nicht geplanter Werftliegezeiten 2017 und 2018 nutzte die Marine die nahezu
baugleiche rumänische Bark MIRCEA zur Überbrückung in der Ausbildung.

101 Das Kommando wurde 1983 in „Taktisches Ausbildungskommando der Luftwaffe Italien" umbenannt; der Stab mit rund 100 Angehörigen und 33 Ortskräften unterstützte
die verlegten Geschwaderkommandos in allen bei allen Vorhaben nach den Vorgaben
des Tactical Training Combat Program (TTCP). Das Kommando wurde am 14.12.2016
außer Dienst gestellt.

102 Das System wurde 2002 von der moderneren deutsch-italienisch-israelischen „Auto-
nomous Air Combat Maneuvering Instrumentation" abgelöst.

103 Nahezu von außen uneinsehbar wurde am Nordhang des Geländes 1964 ein Minister-
bungalow gebaut, der als Wohn-, Arbeits- und Repräsentationsgebäude ausgestattet war.
Er wurde 1990 barrierefrei umgebaut und dem querschnittsgelähmten Bundesinnenmi-
nister Wolfgang Schäuble zur Verfügung gestellt.

104 Die Neubauten wurden mit bemerkenswerten Kunstwerken und Installationen ausgestattet. Dazu gehört die Stahlspirale von Norbert Müller-Everling, die am Eingang des Kasinos als Windfang dient.

105 Das LTG 61 war als erstes Lufttransportgeschwader im August 1957 in Erding mit Flugzeugen C 47 Dakota aufgestellt und im April 1958 nach Neubiberg verlegt worden. Dort
erfolgte die Ausstattung mit den Maschinen Nord 2501 Noratlas, die bis zur Umrüstung
auf Transall C 160 und der Verlegung des Verbandes nach Penzing Anfang der 1970-er
Jahre geflogen wurde. Das LTG 61 wurde am 14.12.2017 in Penzing aufgelöst.

106 Mit Frankreich wird sowohl die Nutzung des Truppenübungsplatzes Mourmelon auf
Dauer vertraglich geregelt als auch die Einrichtung von Bundeswehrdepots in Frank-

reich. Ein ähnlicher Vertrag wird 1961 mit Großbritannien über die Nutzung des Panzerübungsplatzes Castlemartin in Wales geschlossen.

107   Die Brigade Franco-Allemande wurde am 02.10.1989 aufgestellt; der gemischte Brigadestab befindet sich in Müllheim, unterstellt sind zwei französische Regimenter in Metz und Sarrebourg, drei deutsche Bataillone in Illkirch (FRA), Donaueschingen und Stetten a.k.M., ein binationales Versorgungsbataillon in Müllheim und Donaueschingen sowie eine deutsche Panzerpionierkompanie in Stetten a.k.M.

108   Josef Kammhuber (19.08.1896-25.01.1986) war der erste General der Nachtjagd der Luftwaffe der Wehrmacht. In der Bundeswehr war er 1957-1962 der erste Inspekteur der Luftwaffe.

109   Max Franz Immelmann (21.09.1890-18.06.1916) hat seine Militärkarriere 1905 als Kadett der sächsischen Armee und bei den preußischen Eisenbahntruppen begonnen. Nach einer Beurlaubung für ein Maschinenbaustudium bewarb er sich bei Kriegsbeginn 1914 zur Fliegertruppe. Seine Pilotenausbildung fand bei der Feldfliegerabteilung 2 statt; bereits ab April 1915 konnte er Feindflüge als Artillerieflieger durchführen. Seinen ersten Luftsieg errang er am 01.08.1915, bis Ende des Jahres gelangen ihm weitere 7 Abschüsse, für die er mehrere hohe Auszeichnungen und Ehrungen zuerkannt bekam. Seine fliegerischen Leistungen wurden durch zahlreiche Anerkennungen gewürdigt, bis März 1916 hatte er mehr als 450 Einsätze geflogen, die ihn auch bei seinen Gegnern berühmt machten. Am 16.10.1916 stürzte er während eines Luftkampfes bei Annay, Département Pas-de-Calais, ab, als seine Fokker in zwei Teile zerbrach. Max Immelmann wurde als ausgezeichneter Taktiker und exzellenter Flieger berühmt. Daran erinnert das von ihm entwickelte und bis heute geübte Luftkampfmanöver der „Immelmann".

Oswald Boelcke (19.05.1891-28.10.1916) war ab 1911 Fähnrich in einem Telegraphenbataillon und wechselte im Sommer 1914 zur neu gegründeten Fliegertruppe. 1915 waren er und Immelmann in der gleichen Feldfliegerabteilung und dominierten beide den Luftkrieg; bis Ende 1916 war Oswald Boelcke mit 40 anerkannten Luftsiegen der erfolgreichste Jagdflieger. Er entwickelte die Einsatzgrundsätze der Jagdfliegerei und verfasste diese in der „Dicta Boelcke – Regeln für den Luftkampf", die Grundlage für die von ihm geleitete Pilotenausbildung waren und auch heute noch Gültigkeit haben. Am 28.10.2016 kollidierte er bei Baupaume, Département Pas-de-Calais, mit einer anderen Maschine; bei dem Absturz wurde er getötet.

Manfred Freiherr von Richthofen (02.05.1892-21.04.1918) war zunächst Ulan und bei Kriegsbeginn Nachrichtenoffizier. Im Mai 1915 wechselte er zur Fliegertruppe und wurde als Beobachter ausgebildet. Nach Einsätzen an der Ostfront meldete er sich zur Fliegerausbildung nach Metz, wo er Oswald Boelcke kennenlernte. Manfred von Richthofen war ein geschickter Taktiker, der die von seinem Lehrer Boelcke aufgestellten Grundsätze genau beachtete und dadurch zum erfolgreichsten Jagdflieger wurde. Im Januar 1917 wurde ihm die Führung der Jagdstaffel 11 übertragen, die sich unter ihm zur größten Bedrohung des Royal Flying Corps entwickelte. Im Juni 1917 wurde von Freiherr von Richthofen Kommodore des Jagdgeschwaders 1, das eigene Verfahren der Luftkampftaktik entwickelte und erfolgreich einsetzte. Während eines Luftkampfs über Feindgebiet bei Vaux-sur-Somme, Département Somme, wurde Manfred von Richthofen von einer Kugel getroffen, er konnte noch notlanden, starb aber an der Unfallstelle. Er wurde von australischen Soldaten mit militärischen Ehren bestattet.

Max Immelmann und Oswald Boelcke waren die ersten Soldaten der Fliegertruppe, die mit dem höchsten preußischen Orden Pour le Mérite ausgezeichnet wurden, Manfred von Richthofen erhielt den Orden am 12.01.1917.

110 Ferdinand Adolf Heinrich August von Zeppelin (08.07.1838-08.03.1917) war ein deutscher württembergischer Graf, General der Kavallerie und der Entwickler und Begründer des Starrluftschiffbaus. Im Krieg 1870/71 unternahm er als Ulan oft hinter den feindlichen Linien Erkundungsritte und erlebte da den militärischen Einsatz von Freiballons, durch die er die Idee eines lenkbaren Ballons entwickelte. Er konstruierte ein starres Luftschiff und setze den Bau gegen mannigfache Widerstände durch. Erst als er durch spektakuläre Flüge den Nutzen der Luftschiffe nachweisen konnte, wurden sie sowohl zivil als auch zu Beginn des Ersten Weltkriegs militärisch genutzt.

111 Werner Mölders (18.03.1913-22.11.1941) war als Pionierleutnant 1935 in die damals noch geheime Luftwaffe eingetreten und erhielt den Auftrag, ein Sturzkampfflugzeuggeschwader aufzustellen. Er wurde Jagdflieger und ab 1938 Staffelkapitän der 3. Staffel der Jagdgruppe 88 der Legion Condor nahm er am Spanischen Bürgerkrieg teil. In dieser Verwendung entwickelte er neue Luftkampftaktiken, die später auch von anderen Luftwaffen übernommen wurden. Im Zweiten Weltkrieg war er als Jagdflieger und später Kommodore einer der Erfolgreichsten und als General der Jagdflieger der höchstdekorierte Soldat der Luftwaffe (Ritterkreuz des Eisernen Kreuzes mit Eichenlaub, Schwertern und Brillanten). Er starb am 22.11.1941 in Breslau nach dem Absturz seines Flugzeugs wegen eines Motorschadens. Werner Mölders genoss wegen seiner Persönlichkeit und seiner militärischen Leistungen auch nach dem Krieg hohes Ansehen und erfuhr posthum Ehrungen durch mehrere Namensgebungen. Ein Gutachten des MGFA kam jedoch 2004 zu der Bewertung, dass er – frei von persönlicher Schuld – bis zu seinem tödlichen Flugunfall stets im Sinne der Kriegsführungspolitik des NS-Regimes gehandelt und eine systemkonforme Haltung an den Tag gelegt hat.

112 Johannes Steinhoff (15.09.1913-21.02.1994) war im Zweiten Weltkrieg einer der erfolgreichsten Jagdflieger und einer der ersten Piloten der Me 262. 1955 trat er in die Bundeswehr ein, durchlief mehrere Stabsverwendungen, wurde 1963 als Generalmajor Kommandeur der 4. Luftwaffendivision und anschließend Chef des Stabes und Stellvertreter des Oberbefehlshabers der Alliierten Luftstreitkräfte Europa Mitte im Range eines Generalleutnants. Aus dieser Funktion wurde er zum Inspekteur der Luftwaffe berufen. Ab 01.04.1971 war er Vorsitzender des NATO-Militärausschusses; nach seiner Pensionierung am 28.06.1974 übernahm er Funktionen im Aufsichtsrat der Dornier GmbH.

113 Direkt vor dem Eingang zum Fliegerhorst erinnert seit 1999 ein Denkmal des Bildhauers H. L. Götz an die Toten bei dem missglückten Befreiungsversuch der israelischen Sportler nach dem Olympia Attentat 1972.

114 Die Stiftung Luftwaffenehrenmal e.V. hat seit 1984 ihren Sitz in Fürstenfeldbruck.

115 Nach den Angaben des Weißbuchs 1969 verfügte der Warschauer Pakt in Mitteleuropa über 3.400 Flugzeuge; bis zum Ural waren 7.200 Flugzeuge stationiert. In Mitteleuropa verfügte die NATO über 2.000 Maschinen, in Gesamt-Europa über 3.200.

116 Der FlaRak-Gürtel erstreckte sich insgesamt von Grönland bis in die Türkei mit dem Schwerpunkt in Deutschland.

117 Die französischen Hawk- und Nike-Bataillone wurden 1966 abgezogen, als sich Frankreich aus der militärischen Integration der NATO zurückzog. Die entstandenen Lücken konnten nur teilweise ausgeglichen werden.

118 Für die Bevölkerung waren die Präsenz der ausländischen Truppenteile und die abgeschirmten Stellungsbereiche erkennbar, aber unzugänglich. Heute sind alle ehemaligen Liegenschaften aufgegeben, teilweise werden sie zivil genutzt, die meisten sind verwildert.

119 Der Abschnitt C des Vertrags enthält Erziehungs- und Jugendfragen. Angesprochen sind Sprachunterricht, die Gleichwertigkeit von Diplomen und die wissenschaftliche Zusammenarbeit. Das Jugendwerk hat mehreren Millionen Jugendlichen ca. 300.000 Austauschprogramme angeboten; es gibt ca.180 akademische Austauschprogramme. Ca. 2.200 Kommunen pflegen Partnerschaften.

120 In Folge des Vertrags kam es zu zahlreichen bilateralen Rüstungsvorhaben, die meist durch eine deutsch-französische Industriekooperation realisiert worden sind. Amtsseitig wurden bilaterale Lenkungsausschüsse und Programmbüros gebildet. Beispielhaft ist das 1970 in Rueil-Malmaison gegründete Bureau de Programmes Franco-Allemand, das bilaterale Flugkörperprogramme betreute und 1996 zur Keimzelle der europäischen Rüstungsbehörde OCCAR in Bonn wurde.

121 Während des Ratifizierungsprozesses protestierte die Sowjetunion mit einer Note gegen den Vertrag; auch die USA äußerten ein Missfallen. Der Bundestag ratifizierte den Vertrag dann mit einer Präambel, die die engen Bindungen Deutschlands an die USA, das Bemühen um eine Aufnahme Großbritanniens in die EWG und das Interesse an multinationalen Regeln bekräftigte.

122 Zur Entscheidung über die Bildung des ständigen Verteidigungs- und Sicherheitsrats gehörte auch die Vereinbarung, am 02.10.1989 in Böblingen die Deutsch-Französische Brigade mit Verbänden aus beiden Ländern aufzustellen.

123 Die Auflösung der Kompanie ordnete der Kommandierende General II. Korps in Übereinstimmung mit dem Kommandeur der Luftlandedivision und nach Beratung durch den Rechtsberater an; im Verteidigungsministerium wurde jedoch kritisiert, der KG habe mit seiner in der deutschen Militärgeschichte einmaligen Entscheidung seine Kompetenzen überschritten. Die Maßnahme wurde jedoch nicht rückgängig gemacht.

124 Der Wehrbeauftragte erwähnt in seinem Bericht auch einen Vorfall, der sich im Januar 1962 in Nagold ereignet hatte und Thema im Verteidigungsausschuss gewesen ist (Überfall auf einen Wachposten durch Soldaten). Insgesamt galten die in der Eisberg-Kaserne stationierten Truppenteile auch wegen zahlreicher früherer Vorkommnisse als problematisch.

125 Gemäß BwFahnAnO vom 18.09.1964 haben die Truppenfahnen die Größe 1 x 1 m und sind mit goldfarbenen Borten eingefasst. Die Spitze des Stocks ziert ein Eisernes Kreuz in einem Lorbeerkranz.

126 Ein Fahnenkommando besteht aus dem Fahnenträger, einem Unteroffizier, der für das Ehrenamt für einen längeren Zeitraum eingeteilt wird und der mit weißen Stulpenhandschuhen ausgestattet ist. Zwei Offiziere fungieren als Fahnenbegleitoffiziere; sie tragen Fangschnur als Zeichen des protokollarischen Ehrendienstes.

127 Walter Krupinski (11.11.1920-07.10.2000) war einer der erfahrensten Jagdflieger der Luftwaffe im Zweiten Weltkrieg und hatte erste erfolgreiche Einsätze der Me 262 geflogen. Bis 1953 war er Mitarbeiter beim BND, trat dann als Luftwaffen Experte in das Amt

Blank ein und gehörte zu den ersten Piloten, die eine Einweisung in Strahlflugzeuge in den USA und in Großbritannien erhielten. Nach mehreren Stabs- und Truppenverwendungen wurde er 1966 Brigadegeneral und erster Kommandeur der RakSLw in Ft. Bliss. Er war dann Kommandeur der 3. Luftwaffendivision, 1974 Kommandierender General der Luftflotte. Am 08.11.1976 wurde er als Generalleutnant pensioniert.

128   In der engeren Auswahl waren außer der F-104 die Grumman F11F „Tiger", die Mirage III und die noch geplante britische Saunders-Roe SR.177.

129   Josef Kammhuber (19.08.1896-25.01.1986) war erster General der Nachtjagd der Luftwaffe im Zweiten Weltkrieg. Nach seinem Eintritt in die Bundeswehr 1956 wurde er Abteilungsleiter Luftwaffe im Verteidigungsministerium und wenig später als General bis zu seiner Pensionierung am 30.09.1962 ihr erster Inspekteur.

130   Verteidigungsminister Strauß hatte anfangs die Mirage präferiert, bei der Beschaffung einer amerikanischen Maschine aber politische Vorteile in Hinblick auf die deutsche Beteiligung an nuklearen Einsatzkräften gesehen. Als er nach einer USA-Reise sich, für die Öffentlichkeit überraschend, für den Starfighter aussprach, kam ein Verdacht der Korruption auf, zumal zu gleicher Zeit der Fa. Lockheed in mehreren anderen Ländern Bestechung nachgewiesen wurde. Der Verdacht wurde auch im Bundestag und im Verteidigungsausschuss untersucht, konnte jedoch nicht erhärtet werden und war aber als „Starfighter-Affäre" noch lange Thema in den Medien.

131   Insgesamt waren 916 F-104 bis 1991 bei der Bundeswehr im Einsatz. In den USA wurden 30 Maschinen F-104F und 72 doppelsitzige TF-104G gefertigt. Die überwiegende Zahl der Flugzeuge wurde in Europa in Lizenz gebaut. Dazu wurde ein internationales Programm-Management eingerichtet und vier industrielle Arbeitsgemeinschaften gebildet.

132   Nach dem Unfall wurde die beiden Kunstflugteams in Landsberg und Lechfeld aufgelöst und Kunstflugübungen in der Luftwaffe verboten. In der Zeit 1983-1986 gab es ein Marineflieger Display-Team „Vikings" für den Einsatz bei Flugtagen, das jedoch keinen Kunstflug betrieb.

133   Johannes Steinhoff (15.09.1913-21.02.1994): vgl. Anmerkung 112

134   Auf dem Hachenberg in Erndtebrück war bereits 1931 eine Flugwache eingerichtet worden, die zunächst von Freiwilligen, die zur Luftraumbeobachtung dienstverpflichtet wurden, und im Krieg von Soldaten der Luftnachrichtentruppe und von Nachrichtenhelferinnen betrieben worden war.

135   Der Neubau erhielt im Mai 1967 feierlich den Namen „Hachenberg-Kaserne".

136   Die Luftraumüberwachungszentralen – Control and Reporting Center CRC – erhielten für die Kommunikation Rufnamen, Erndtebrück erhielt den Namen „Loneship".

137   Zugleich wurden zwei spezialisierte Grundausbildungseinheiten in die Kaserne verlegt, die im September 1993 im Rahmen der Truppenreduzierung nach dem „2+4-Vertrag" aufgelöst wurden.

138   Das Gefechtsführungssystem NADGE – NATO Air Defence Ground Environment – erhielt später eine Erweiterung GEADGE – German Air Defence Ground Environment – und wurde ab 2011 als GIADS III – German Improved Air Defence System – betrieben.

139　Für den Nationalen Gefechtstand NSOC – National Sector Operation Center – wurde die GEADGE-Ausbildungsanlage und ein NVA-Darstellungssystem im Bunker Erich eingerüstet. Der Datenverkehr mit dem ehemaligen Zentralen Gefechtsstand 14 der NVA wurde bis zum 05.10.1992 betrieben; heute wird der ostdeutsche Luftraum durch den Einsatzführungsbereich 3 von Schönewalde aus überwacht.

140　Der Vertrag zur Abrüstung nuklearer Mittelstreckenwaffen (Intermediate Range Nuclear Forces - INF) wurde als Washingtoner Vertrag am 08.12.1987 geschlossen und am 01.06.1988 in Kraft gesetzt. Er verbietet den Besitz, die Produktion und den Test von landgestützten Flugkörpern mit einer Reichweite von 500 – 5.500 km und schreibt die Vernichtung bestehender Systeme vor. Der Vertrag wurde bis Mai 1991 von beiden Seiten erfüllt.

141　Das Manöver war eine rein deutsch-französische Übung ohne Beteiligung weiterer NATO-Truppen. Die französische Seite legte bei der Übungsanlage darauf besonderen Wert und veranlasste auch, dass hochrangige deutsche und amerikanische NATO-Befehlshaber als Beobachter ausgeladen werden mussten.

142　Das Manöver „Kecker Spatz" ist das bis heute einzige Manöver, bei dem während der Übung vom PSV-Bataillon 850, Radio Andernach, ein spezielles Radioprogramm produziert und vom Bayerischen Rundfunk über eine Mittelwellenfrequenz ausgestrahlt wurde. Das Studio war in der Pionierkaserne auf der Schanz in Ingolstadt eingerichtet; blockweise wurden von dort Informationen zum Manöverablauf, Verkehrshinweise und Unterhaltung für die Manöverteilnehmer gesendet.

143　Das amphibische Brückengerät benötigt eine Mindestwassertiefe, die jedoch am geplanten Ort des Brückenschlags zum vorgesehenen Zeitpunkt am 24.09.1987 nicht gegeben war. Daher wurde durch das Wasser- und Schifffahrtsamt zeitgerecht vom Forggensee bei Füssen eine „Welle" in den Lech abgegeben, die dann bei Kelheim pünktlich zwischen 13.00 und 15:00 Uhr den erforderlichen Wasserstand bildete.

144　Die Festung Ehrenbreitstein, die zweitgrößte erhaltene Festung Europas, war eine ursprünglich kurtrierische und später preußische Befestigungsanlage gegenüber der Moselmündung. Sie wurde in ihrer heutigen Gestalt zwischen 1817 und 1828 erbaut. Ihr Ursprung reicht bis etwa in das Jahr 1000 zurück. Die Felsnase, auf der sich die Anlage befindet, wurde jedoch schon von Kelten, Germanen und Römern besiedelt. Neben dem Ehrenmal befinden sich heute in der Festungsanlage das Landesmuseum Koblenz, die Koblenzer Jugendherberge und einige Verwaltungsdienststellen.

145　Hans Wimmer (1907-1992) war von 1949 bis 1972 Professor für Bildhauerei an der Akademie der Bildenden Künste in Nürnberg und Träger der Friedensklasse des Ordens Pour le Mérite für Wissenschaft und Künste. Zu seinem umfangreichen Schaffenswerk zählen neben klassischen Figuren und Porträtbüsten insbesondere zahlreiche beeindruckende Großplastiken im öffentlichen Raum. Seinen Lebensabend verbrachte er in München.

146　Zum Rundfunkbataillon 990 gehörten die Radiokompanie und ein Druckereizug zur Herstellung von Flugblättern und Plakaten. 1971 wurde in Clausthal-Zellerfeld eine Schwesterkompanie aufgestellt, die als „Radio Oberharz" eigene Sendungen beisteuerte. Bis zur Anpassung an die Heeresstruktur 4 gehörten die nun als PSV-Bataillon bezeichneten Truppenteile 800 Clausthal-Zellerfeld, 850 Andernach und 851 Adenau zur Fernmeldetruppe des Heeres.

147 Mit besonderer Zielrichtung Bundeswehr sendeten die propagandistischen Geheimsender der DDR „Deutscher Freiheitssender 904" und „Deutscher Soldatensender 935" seit 1956/1960; erst 1971/1972 wurde im Zuge der Entspannungspolitik der Betrieb eingestellt.

148 Ab 1990 wurde der Begriff Operative Information in Anpassung an eine geänderte Einsatzauffassung genutzt, die Radiokompanie wurde zur 2./OpInfoBtl 950 und schließlich mit der Aufstellung des Zentrums Operative Information im Oktober 2002 diesem eingegliedert.

149 Aktuell ist seit 2017 eine Einsatzredaktion in Mazar-e-Sharif zur Unterstützung des deutschen Kontingents bei Resolute Support aktiv. Die Einsatzredaktionen auf dem Balkan wurden nach ca. 20 Jahren abgezogen.

150 Der General Defense Plan (GDP) legte die Operationsführung vom Aufmarsch der Truppen bis zum Beginn der Kampfhandlungen fest und beschrieb sämtliche Maßnahmen beim Übergang vom Friedens- in den Kriegszustand. Die Dokumente unterlagen den höchsten Sicherheitsstufen und dem Freigabevorbehalt der obersten NATO-Kommandobehörden.

151 Die Reforger-Manöver – Return of Forces to Germany – waren eine Serie von Manövern der NATO und der US-Armee, die ab 1969 mehrmals jährlich mit wechselnden Beteiligungen stattfanden. Reforger 88 „Certain Challenge" war mit 124.800 Soldaten das größte, Reforger 93, vorrangig als Stabsrahmenübung, das letzte Manöver.

152 Außenminister Genscher konnte in den vorbereitenden Gesprächen die Formel „2+4" statt der von den Alliierten favorisierten Formel „4+2" durchsetzen und damit den Souveränitätsanspruch Deutschlands betonen. Dies führte zu der beigefügten Erklärung der Alliierten vom 01.10.1990.

153 Die vor geschalteten Verhandlungen endeten in Bonn am 05.05., in Ost-Berlin am 22.06., in Paris unter Beteiligung Polens am 17.06. und in Moskau am 12.09.1990.

154 Nach Hinterlegung der letzten Ratifizierungsurkunde trat der Vertrag am 15. März 1991 in Kraft, war aber auf Grund der alliierten Zusatzerklärung vom 01.10.1990 bereits von diesem Datum an wirksam.

155 Die Zugehörigkeit Deutschlands zur NATO und ihre Anwendung bei der Stationierung von Truppenteilen sowie der räumliche Geltungsbereich waren bis zum Schluss in Moskau umstritten und führten auf Betreiben des amerikanischen Außenministers Baker schließlich zu einer zusätzlichen Protokollnotiz. Insgesamt umfasst der Vertrag 10 Artikel.

156 Die Stationierungsvereinbarungen betrafen sowohl künftige NATO-Truppen als auch den Aufenthalt der Truppen der sowjetischen Westgruppe, die bis zum 31.12.1994 abgezogen werden sollten.

157 Der Minister für Abrüstung und Verteidigung Rainer Eppelmann, ein ehemaliger Pfarrer und Bausoldat, verfolgte noch im Juli 1990 das Konzept der „zwei Armeen in einem Land" und beruhigte die NVA Soldaten, es werde keine Demilitarisierung geben. Nach übereinstimmender Einschätzung in der NVA wurden die Unterschiede der Führungskulturen, des Selbstverständnisses und der inneren Strukturen für so gravierend gehalten, dass eine schnelle Vereinigung der Armeen als unrealistisch angesehen wurde.

158 Jörg Schönbohm (02.09.1937-07.02.2019) ist am 01.04.1957 als einer der ersten Wehrpflichtigen in die Bundeswehr eingetreten, wurde Offizier der Artillerietruppe, absolvierte die Generalstabsausbildung und durchlief Führungsfunktionen in der Truppe, diente
in Stäben und im Ministerium, bis er 1988 nach kurzer Zeit als Kommandeur der 3. Pan-
zerdivision Leiter Planungsstab im BMVg wurde. Aus dieser Funktion heraus wurde er
als Generalleutnant zum Befehlshaber BwKdoOst. Nach Ende dieser Aufgabe wurde er
für kurze Zeit Inspekteur des Heeres, bevor er von Minister Stoltenberg zum Beamteten
Staatssekretär für Sicherheitspolitik, Planung und Rüstung berufen wurde. 1996 wechselte Jörg Schönbohm in die Politik und wurde in Berlin Innensenator und in Brandenburg
Innenminister und stv. Ministerpräsident.

159 Die materielle Hinterlassenschaft der NVA hatte gigantische Ausmaße; neben riesigen
Mengen an Bekleidung, Ausrüstung, Ersatzteilen, Liegenschafts- und sonstigem Mobil-
machungsmaterial waren Tausende von gepanzerten Fahrzeugen, Kraftfahrzeugen aller
Klassen, Artillerie- und Raketensystemen, große Zahlen an Kampfflugzeugen und Schiffen, tausende Handfeuerwaffen, tausende Tonnen Munition und flüssigen Raketentreib-
stoff zu übernehmen. Während das handelsübliche Material überwiegend im Rahmen
humanitärer Hilfe oder als Ausrüstungsunterstützung an staatliche oder kommunale Institutionen zahlreicher Länder abgegeben wurde, musste die Masse des Großgeräts ver-
schrottet werden, da die gleichzeitig zu erfüllenden Begrenzungen nach dem Wiener Ab-
rüstungsvertrag (KSE) eine weitere Nutzung ausschlossen.

160 Vor der Auflösung der NVA wurden bis zum 02.10.1990 alle Generale, Admirale sowie
alle Politoffiziere, Soldaten über 55 Jahre und alle weiblichen Soldaten entlassen. Bis zum
Ende 1990 sank die Zahl der ehemaligen NVA Angehörigen durch weitere Entlassungen
auf etwa 69.000. Diese hatten die Möglichkeit, sich zunächst als Zeitsoldaten zu bewerben und durchliefen dann ein Prüfungsverfahren, das ihre Eignung feststellte und sie in
einem Dienstgrad einstufte, wie er vergleichbar in der Bundeswehr üblich war. Ca. 6.000
Offiziere und rund 11.200 Unteroffiziere wurden zunächst als Zeitsoldaten für zwei Jahre übernommen. Anschließend wurden auf Antrag 3.000 Offiziere und 7.600 Unteroffiziere zu Berufssoldaten ernannt.

161 Von sowjetischen Truppen 1945 erobert und anschließend an die britische Besatzungsmacht übergeben, wurde Gatow zunächst zu einem der zwei, dann drei Berliner Luftbrü-
ckenstandorte und anschließend ein Knotenpunkt der westlichen Militäraufklärung im
Kalten Krieg. Viele Berliner assoziieren bis heute mit Gatow vor allem britische Flugzeuge – seien es die Dakotas, Yorks und Sunderlands der Berliner Luftbrücke, seien es die
Verbindungsflugzeuge, die das Kommando von RAF Germany in Westdeutschland mit
Berlin verbanden, seien es die Hubschrauber, die die Berliner Mauer abflogen oder die
kleinen Schulflugzeuge des Typs Chipmunk, aus denen mit Fotokameras ausgerüstete
BRIXMIS-Soldaten (British Commanders-in-Chief Mission to the Soviet Forces in Germany) umfangreiche Luftaufklärungsmissionen in und um Berlin flogen.

Nach dem Ende des Flugbetrieb 1994 wurde das militärisch genutzte Gelände wesentlich
verkleinert, etwa zwei Drittel der Landebahn wurden für den Bau einer Neubausiedlung
zur Verfügung gestellt, und andere Gebäude und Geländeteile wurden durch zivile Nut-
zer übernommen.

162 Der inzwischen denkmalgeschützte Luftwaffenstandort in Gatow weist eine wechselvolle
Geschichte auf: 1934/35 im Rahmen der geheimen Aufrüstung Deutschlands gebaut,
beherbergte Gatow im Dritten Reich die Luftkriegsakademie, das Luftkriegsinstitut und

die Luftkriegsschule 2 der Wehrmacht. Hier fand somit nicht nur ein Teil der Offiziersausbildung der Wehrmacht statt, sondern Gatow war vor allem der zentrale Ort der Generalstabsausbildung und zahlreicher technischer Entwicklungen und Erprobungen.

163   In der General-Steinhoff-Kaserne sind auch das Luftwaffenmusikkorps 4, der Fernmeldeabschnitt D und eine Berufsfachschule untergebracht, in der sich Unteroffiziere der Bundeswehr auf ihren zivilen Neubeginn nach ihrer Dienstzeit vorbereiten.

164   Das UNPROFOR-Mandat der Vereinten Nationen (VN) war ab Februar 1992 zunächst auf 12 Monate begrenzt, wurde aber ständig entsprechend der Krisenlage verlängert. Als Truppensteller beteiligten sich 22 Staaten, unter ihnen Frankreich mit ca. 4.500 Soldaten. Deutschland war zunächst nur mit logistischer Unterstützung und der Luftraumüberwachung involviert; nach einem Beschluss des Bundestages am 30.06.1995 wurde in Trogir (Kroatien) ein deutsch-französisches Feldlazarett eingerichtet.

165   Allied Force war die erste Militäroperation der NATO, geführt von den USA, die außerhalb eines Bündnisfalls und ohne ausdrückliches Mandat der VN als Luft-Boden-Krieg geführt wurde und das Ziel hatte, die Besetzung des Kosovo durch serbische Truppen weitere Verbrechen gegen die Menschlichkeit an der kosovarischen Bevölkerung zu verhindern. Die Operation dauerte vom 24.03. bis 10.06.1999.

166   Die ersten Einsätze im Irak (UNSCOM 1991-1996), in Kambodscha (UNAMICNTAC 1991-1993), Somalia (UNOSOM 1993-1994) und Ruanda (UNAMIR 1994) sowie die Missionen im ehemaligen Jugoslawien (Sharp Guard 1992-1996, Versorgungsflüge nach Kroatien und Bosnien 1992-1996) hatten zu einer oft erregten und emotionalen Debatte in der Öffentlichkeit und in den Medien geführt, in der besonders das grundgesetzliche Verbot von Kriegen eine Rolle spielte.

167   Zum 02.01.2001 traten 244 Frauen ihren Dienst im Truppendienst an. Die Klägerin, Tanja Kreil, hatte zwischenzeitlich einen zivilen Arbeitgeber gefunden und verzichtete auf die Einstellung bei der Bundeswehr.

168   Zahlenangaben des BMVg Stand Januar 2019.

169   In der Zeit seines Erscheinens wurde das Blatt mehrmals umgestaltet und vom täglichen Wandblatt zur mehrseitigen Wochenzeitschrift geändert. Insgesamt erschienen 6.951 Ausgaben, die letzte im 54. Jahrgang am 26.11.2018.

      Unter Verteidigungsminister Franz-Josef Strauß wurde 1960 die Zeitschrift „Visier" geplant, die vierzehntägig als informatives und unterhaltendes Magazin von der Kölner Markus Verlags-Gesellschaft vertrieben wurde. Heute erscheint das Magazin „Im Visier" als Information über die Bundeswehr als Arbeitgeber.

170   Das weitere Erscheinen der „Soldat und Technik" war mit einem Kooperationsvertrag mit dem BMVg unter Nutzung der Namensrechte möglich. Die Änderung des Namens erfolgte nach Abschluss eines neuen Lizenzvertrages und machte zugleich mit dem Namen „Strategie und Technik" den nun größeren Themenanteil der Sicherheitspolitik neben der Wehrtechnik deutlich.

171   Die Zeitschrift „Europäische Sicherheit & Technik" entstand 2012 durch den Zusammenschluss der beiden ältesten sicherheitspolitischen und wehrtechnischen deutschen Zeitschriften, der Zeitschrift "Europäische Sicherheit", die seit 1952 unter mehrmals wechselnden Namen verlegt worden war, und der "Strategie & Technik".

172 Im ersten Jahr der Wehrpflicht (1957/1958) wurden 44.600 Männer einberufen, sie waren 37 % der Mannschaften. Bereits ab 1964 erfolgten jährlich 213.000 bis 247.500 Einberufungen, 69% bis 81 % der Mannschaften. Als Richtwert sollten 45 % des gesamten militärischen Personals Wehrpflichtige sein.

173 Die Dauer des Grundwehrdienstes betrug:

1957-1962	12 Monate
1963	15 Monate
1963-1973	18 Monate
1973-1990	15 Monate; eine bereits beschlossene und angekündigte Verlängerung wurde wegen der politischen Entwicklung nach 1989 nicht wirksam.
1990-1996	12 Monate
1996-2002	10 Monate
2002-2011	9 Monate, mit der Möglichkeit zu wählen, den Dienst in einem Stück oder in drei Abschnitten abzuleisten.
2011	6 Monate

174 In den frühen Jahren der Bundeswehr betrug die Zahl der Anträge auf Wehrdienstverweigerung durchschnittlich jährlich 4.000, von denen ca. 3.000 anerkannt wurden. 1967 wurden 6.000 Anträge gestellt, bis 1971 stieg die Zahl auf 28.000, davon 11.000 anerkannt. 1972 erfolgten 33.792 Anträge, 1977 70.000, 1991 (auch im Zuge des Golfkriegs) 151.212, im Zeitraum 2002-2012 wurden 1.179.691 Anträge eingereicht.

Die Antragszahlen spiegeln einerseits die gesellschaftliche Veränderung und die Politisierung der Jugend in den 1960er Jahren wider, sind aber auch Folge der ab 1976 geänderten Antragsverfahren.

175 Die Wehrstruktur-Kommission der Bundesregierung unter Leitung des ehemaligen MdB und Vizepräsidenten Dr. Karl Mommer wurde am 09.07.1970 eingerichtet. Sie legte auftragsgemäß Berichte vor zur Wehrgerechtigkeit und zur Entwicklung einer Wehrstruktur mit möglichen Optionen bis Ende der 1970er Jahre.

176 Bundesverteidigungsminister zu Guttenberg berief am 12.04.2010 eine Strukturkommission unter Leitung des Chefs der Bundesagentur für Arbeit, Frank-Jürgen Weise, deren Empfehlungen eine Anpassung der Verteidigungsressourcen Deutschlands an die aktuellen und künftigen Herausforderungen einleiten sollten.

177 Die Wehrpflicht ist weiterhin im Grundgesetz verankert und könnte daher in einer entsprechenden Krisenlage wieder reaktiviert werden. Nach 2011 wurden jedoch insbesondere auch in den Kommunen die für Einberufungen erforderlichen Organisationseinheiten abgebaut, sodass mit längeren Vorlaufzeiten gerechnet werden müsste.

178 Das Zentrum für Militärgeschichte und Sozialwissenschaften der Bundeswehr ist als nachgeordnete Dienststelle des BMVg für das Museums- und Sammlungswesen der Bundeswehr federführend und verantwortlich. Es setzt mit seinen zentralen Richtlinien und Weisungen die Vorgaben des BMVg im Museums- und Sammlungswesen um, überwacht die Leitfunktion des Militärhistorischen Museums (MHM) in der Arbeitsgemeinschaft Militärgeschichtlicher Museen und Sammlungen, deren Vorsitz es führt, und steuert konzeptionell die Lehr- und militärgeschichtlichen Sammlungen der Bundeswehr. Als Leitmuseum berät das MHM etwa 100 Lehr- und militärgeschichtliche Sammlungen im Geschäftsbereich des BMVg.

179 Daniel Libeskind ergänzte das historische Arsenalgebäude um einen Keil, der als asymmetrischer Neubau den massiven, klassisch gegliederten Baukörper durchdringt. Der Keil wird zum Symbol eines Gewaltinstruments, zum Stachel, zum Zeichen von Krieg und Schmerz, zum Kontrapunkt des Arsenals, der Krieg nicht anerkennt, sondern hinterfragt. Seine Spitze weist auf den Punkt am Himmel über Dresden, an dem britische „Pathfinder"-Flugzeuge in der ersten Bombardierungsnacht im Februar 1945 ihre Zielmarkierungen für die nachfolgenden Bomberverbände absetzten.

180 Die Bundesrepublik Deutschland unterhält als geschichtliche Museen das Haus der Geschichte in Bonn, das Germanische Nationalmuseum in Nürnberg, das Deutsche Historische Museum in Berlin und das MHM Dresden mit der Außenstelle auf dem Flugplatz Berlin-Gatow und Ausstellungsflächen in den Zeughäusern auf der Festung Königstein, Sachsen.

181 Ehrenhaine sind bisher in den Einsatzgebieten auf dem Balkan in den Feldlagern Rajlovac, Sarajevo und Prizren sowie in Afghanistan in den Lagern und Stützpunkten Kabul, Kunduz, Feyzabad und OP-North entstanden.

182 In den letzten Tagen des Zweiten Weltkriegs 1945 wurde sie zum Lazarett erklärt. Zudem war sie der letzte Sitz der Reichsregierung, nachdem A. Hitler am 3. Mai 1945 den Großadmiral Karl Dönitz zu seinem Nachfolger als Reichspräsident bestimmt hatte. Nach der Kapitulation am 8. Mai 1945 diente die Schule u.a. als Unterkunft für englische und später norwegische Besatzungstruppen. Im Herbst 1947 wurde sie Teilkrankenhaus der Städtischen Krankenanstalten. Wenig später wurden in der Schule die neugegründete "Pädagogische Hochschule in Flensburg" und die Zollschule eingerichtet.

183 Bei der Aufstellung der Bundeswehr war der Luftwaffe die Federführung für die Grundsätze der Luftverteidigung und Flugabwehr zugewiesen worden, dem Heer die Verantwortung für den Aufbau der mobilen Feldflugabwehr. In der Folge kam es zu mehrfachen Unterstellungsänderungen, die sich auch auf die personelle Besetzung (und Uniformierung) auswirkte.

184 An der Heeresflugabwehrschule verblieb eine Luftwaffen-Inspektion, die auf dem Fla-Schießplatz Todendorf an der Ostseeküste bei Lütjenburg Luftwaffensoldaten der Objektschutz- und Sicherungsstaffeln an Maschinenkanonen 20 mm ausbildete. Als 1984 die Luftwaffe und die Marine das Waffensystem FlaRakRad Roland einführten, erfolgte die Systemausbildung ebenfalls an der Heeresflugabwehrschule.

185 Günter Rüdel (1883-1950) begann seine Laufbahn als Soldat im 3. Bayerischen Feldartillerieregiment „Prinz Leopold" in Grafenwöhr und entwickelte dort als Leutnant ein frühes Interesse für die waffentechnische Entwicklung der Ballonabwehr und dann der Flugabwehr. Er wurde Referent für „Ballonabwehrkanonen" in der Artillerieprüfungskommission und übernahm im l. Weltkrieg das „Kraftwagengeschützkommando Ostende" in Flandern, aus dem später die 1. Deutsche Flakartillerieschule hervorging. Als Generalstabsoffizier der Reichswehr wurde er bei der Aufstellung der Deutschen Luftwaffe 1935 als Generalmajor Inspekteur der Flakartillerie und des Luftschutzes. Er bildete aus den Fahrabteilungen der Reichswehr die nach seinen Vorstellungen entwickelte Flakartillerie und führte auch Bahnbrechendes in der Waffentechnik ein.

186 In einem kurzfristig erstellten Gutachten des MGFA war festgestellt worden, dass Generaloberst Rüdel als ehrenamtlicher Beisitzer am Volksgerichtshof tätig gewesen war. So wurde eine Nähe zum Nationalsozialismus und eine Verstrickung in Unrechtsurteile

vermutet; der Minister verfügte daher auf Vorschlag des Inspekteurs des Heeres die Um-benennung der Kaserne. Später haben weitere Untersuchungen ergeben, dass Rüdel kraft Amtes Beisitzer war, nur an einer Verhandlung teilgenommen und in dieser einen Frei-spruch erreicht hatte. Daraufhin wurde er von Verteidigungsminister Peter Struck rehabi-litiert, die Umbenennung jedoch nicht rückgängig gemacht.

Der neue Namensgeber, Feldwebel Anton Schmid, gebürtiger Österreicher, leitete als Angehöriger der Wehrmacht in Wilna/Litauen die örtliche Versprengten-Sammelstelle und wurde dort Augenzeuge vieler Verbrechen an der jüdischen Bevölkerung. Das per-sönliche Erleben dieser Gräuel veranlasste ihn, unter großem persönlichem Risiko Juden mit Lebensmitteln zu versorgen und Fluchtaktionen zu organisieren. Insgesamt rettete er etwa 300 Juden vor dem sicheren Tod. Feldwebel Anton Schmid wurde im Januar 1942 verhaftet und am 13.04.1942 in Wilna hingerichtet. Er wird in der Gedenkstätte Yad Va-shem in Jerusalem gewürdigt.

187 Das Wappen der Heeresflugabwehrschule hat seinen Ursprung in dem Denkmal für die Gefallenen der Flakartillerie des I. Weltkrieges, das 1934 in Berlin-Lankwitz errichtet wurde. Das Denkmal steht seit 1957 auf dem Friedhof Bergstraße in Berlin-Steglitz, als Ehrenmal den Gefallenen der Flak-Artillerie beider Weltkriege gewidmet.

Das Wappen zeigt auf rotem Grund einen goldenen Bogenschützen und im schwarzen, bogenförmig abgetrennten Schildfuß die verschnörkelten goldenen Initialen FAS. Die Bogenlinie entstammt dem taktischen Zeichen der Flugabwehr; die Initialen FAS weisen auf die ehemalige Flakartillerieschule in Rerik/Mecklenburg hin. Die Farbgebung des Wappens entspricht unseren heutigen Nationalfarben.

188 Der erste Lehrgang des Heeres hatte 80 kriegsgediente Teilnehmer, von denen die meis-ten bereits an einer Generalstabsausbildung teilgenommen hatten und über eine Teilaus-bildung verfügten; der Lehrgang dauerte daher nur 6 Monate. Der erste Admiralstabs-lehrgang hatte 15 Teilnehmer und dauerte ein Jahr, ebenso wie der erste Generalstabs-lehrgang der Luftwaffe.

189 Seit Anfang der 1960er Jahre führt die Akademie regelmäßig mehrmonatige Lehrgänge für Offiziere aus Staaten außerhalb der NATO durch, die durch eine gemeinsame Sprachausbildung am Bundessprachenamt vorbereitet werden.

190 Auf Betreiben des Ersten Bürgermeisters von Hamburg, Henning Voscherau, wurde an der Akademie der „Freundeskreis Ausbildung ausländischer Offiziere an der Führungs-akademie der Bundeswehr" gegründet, der besonders die Integration von ost- und süd-osteuropäischen Offizieren zum Ziel hat.

191 Der Bereich Militärische Lehre gliedert sich in die Fakultät Führung Streitkräfte mit den Bereichen Heer, Luftwaffe, Marine, Streitkräftebasis, Sanitätsdienst und Gesundheitswis-senschaften, die Fakultät Politik, Strategie und Gesellschaftswissenschaften, die Fakultät Einsatz und die Fakultät Führung und Management.

192 An der Führungsakademie sind angesiedelt:
seit 1988 das Zentrum Führung Gemeinsamer Operationen (ZFGO),
seit 1999 das Internationale Clausewitz-Zentrum (ICZ),
seit 2000 das Manfred-Wörner-Planübungszentrum,
seit 2001 das Baudissin-Dokumentations-Zentrum.

193 Thomas E. Ellwein (16.07.1927-06.01.1998) war Professor an der Frankfurter Hochschu-le für Erziehung und Präsident des Deutschen Studentenwerkes (1967-1975). Ab 1972

gehörte er zum Gründungsausschuss der Hochschule der Bundeswehr Hamburg und war 1974-1976 ihr Präsident. 1974 war er auch Gründungsdirektor des Sozialwissenschaftlichen Instituts der Bundeswehr. Neben seiner Tätigkeit für die Bundeswehr war er vielseitig verbandspolitisch, journalistisch und publizistisch tätig.

194   Grundlage der Errichtung der Hochschule in Hamburg ist das Abkommen mit der Freien und Hansestadt Hamburg vom 03.10.1972; die Genehmigung für die Errichtung der Hochschule in Neubiberg erteilte der Bayerische Staatsminister für Unterricht und Kultus am 03.08.1973.

195   In der Starkenburg-Kaserne bestand von 1966-1974 die Akademie des Heeres für Maschinenwesen, die ab 1971 als Fachhochschule des Heeres 1 (FHSH 1) Studiengänge in Maschinenbau und Betriebswirtschaft anbot. Zugleich konnte an der Pionierschule in München an der Fachhochschule des Heeres 2 (FHSH 2) Bauingenieurwesen studiert werden. Die 1958 in Faßberg gegründete Höhere Technische Schule der Luftwaffe (HTSLw) wurde 1966 mit den Fachrichtungen Maschinenbau und Elektrotechnik Technische Akademie der Luftwaffe (TAkLw) und ab 1971 Fachhochschule der Luftwaffe (FHSLw).

196   Die Studierenden sind während des Studiums von militärischen Diensten weitgehend freigestellt, erhalten aber volle Dienst- und Sachbezüge. So ist es möglich, den akademischen Grad des Bachelors in drei und den des Masters in vier Jahren zu erreichen. Als Studierende werden auch Offiziere befreundeter ausländischer Streitkräfte sowie zivile Austauschstudierende von Partneruniversitäten aufgenommen. Weitere zivile Studierende werden zugelassen, wenn Partnerunternehmen oder Stiftungen für die Kosten aufkommen und Kapazitäten verfügbar sind. Ebenso ist eine Gasthörerzulassung möglich.

197   Die Universitäten werden durch das Verteidigungsministerium grundfinanziert und gehören zur Abteilung Personal des Ministeriums. Die akademische Fachaufsicht liegt jeweils bei der hamburgischen Behörde für Wissenschaft, Forschung und Gleichstellung bzw. beim Bayrischen Staatsministerium für Wissenschaft und Kunst.

198   Den Grundstein für die in der Garlstedter Heide befindliche Kaserne legten gemeinsam der deutsche Verteidigungsminister Georg Leber und der amerikanische Heeresminister Clifford Alexander, die die Kaserne zu Ehren des früheren US-Militärgouverneur Lucius D. Clay benannten. Am 17. Oktober 1978 wurde die Kaserne von Verteidigungsminister Hans Apel an den US-Verteidigungsminister Harold Brown als Stationierungsort der 2nd Armored Division (Forward) mit insgesamt 4.200 Soldaten, 200 Panzern, 400 Radfahrzeugen und 10 Hubschraubern übergeben. Von 1978-1992 waren insgesamt über 28.000 US-Soldaten in der Kaserne, die von dort aus nach zu meist kurzer Zeit an andere Standorte versetzt wurden. Im März 1993 wurde die Kaserne der Bundeswehr übergeben.

199   Hinzu kommen die Durchführung von Fachtagungen, Informationsveranstaltungen und Seminaren für Dienststellen der Bundeswehr und andere Bundes- und Landesbehörden mit logistischem Bezug sowie der Betrieb und der Unterhalt einer Lehrsammlung.

200   Die ursprünglichen Planungen sahen die Aufstellung von insgesamt 12 Truppenschulen vor, deren Kaderpersonal im Januar 1956 in Andernach den Dienst angetreten hatte. Der Befehl Nr. 9 verfügte auch die Aufstellung der Truppenschule Flatruppen in Rendsburg, Flakaserne.

201	1956-1963	Panzertruppenschule
	1963-1972	Kampftruppenschule II: Zusammenfassung der Panzertruppenschule, der Panzergrenadierschule und der Panzeraufklärungsschule, Kampftruppenschule III , bisher Panzerabwehrschule
	1972-1975	Kampftruppenschule II/III (Fusionierung)
	1975-1981	Kampftruppenschule 2 und Fachschule des Heeres für Erziehung
	1981-1990	Kampftruppenschule 2
	1991-2007	Panzertruppenschule
	seit 2007	Ausbildungszentrum MUNSTER

202 1978 wurden die Schirrmeisterausbildung an die Schule Technische Truppen 1 nach Aachen verlagert und die Mörserausbildung an die Kampftruppenschule 1 nach Hammelburg rückverlegt.

203 Mit der Auflösung der Heeresflugabwehrschule in Rendsburg am 28.11.2007 wurde in Munster das Ausbildungszentrum Heeresflugabwehr aufgestellt und als Ausbildungsbereich Heeresflugabwehr integriert. 2012 wurde die Heeresflugabwehrtruppe aufgelöst; die Zuständigkeit für die Abwehr der Bedrohung aus der Luft wird vollständig der Luftwaffe übertragen und der Ausbildungsbereich Heeresflugabwehr aufgelöst.

204 Der Ausbildungsbereich Heeresaufklärungstruppe verantwortet die lehrgangsgebundene Ausbildung auf allen Ebenen in den Gebieten fahrzeuggebundene Spähaufklärung, abgesessene Spähaufklärung, Gefechtsfeldradaraufklärung, luftgestützte unbemannte Aufklärung, Feldnachrichtenaufklärung und Fernspähaufklärung.

205 Der Fliegerhorst Faßberg wurde ab November 1933 in der unbesiedelten Heide als Standort einer Bombenflieger-Schule errichtet. Am 1. April 1934 wurde dort das Kampfgeschwader 154 aufgestellt, gefolgt von zahlreichen weiteren Stationierungen, in der Regel Ausbildungseinrichtungen. 1939 erhielt die Ausbildungsstätte Faßberg die Bezeichnung „Große Kampffliegerschule 2". Zum Kriegsende war der Fliegerhorst Ziel alliierter Luftangriffe.

206 Mit einem feierlichen Appell wurde der Fliegerhorst am 8. Dezember 1956 von den Briten an die Luftwaffe übergeben.

207 Das Kommando des Technischen Ausbildungszentrums der Luftwaffe (TAZLw) und die Abteilung Nord sowie die Fachschule der Luftwaffe sind in Faßberg angesiedelt, die Abteilung Süd ist in Kaufbeuren.

208 zitiert nach Informationsheft HOS I, Hannover 1966

209 Die Kaserne wurde im März 2018 in Erinnerung an den ersten in Afghanistan gefallenen Feldjäger, Hauptfeldwebel Tobias Lagenstein, auf Anregung der in der Kaserne stationierten Feldjäger in „Hauptfeldwebel-Lagenstein-Kaserne" umbenannt.

210 Eine ursprüngliche Planung, die HOS III in Böblingen aufzustellen, wurde von Verteidigungsminister Franz-Josef Strauß verworfen, da sich die Auffassung durchsetzte, die Offizierschulen in großen Städten mit Kulturzentren und der Möglichkeit des geistigen Austauschs zu etablieren.

211   Die Do-27 Flugzeuge wurden bereits 1959 durch leichte Hubschrauber SA-318 Alouette II ersetzt; sie wurden zuletzt bis 2006 als Schulungshubschrauber genutzt. Ab 1957 wurden auch Hubschrauber der Typen Djinn So 1221 Skeeter Mk. 6, Vertol H21, Sikorsky S58 in unterschiedlichen Stückzahlen beschafft und erprobt.

212   Die Bell UH-1D wurde ab 1967 als Transporthubschrauber eingesetzt. Ab 1972 erfolgen die Ablösung der Sikorsky S 58 und Vertol H21 durch Sikorsky S65 CH-53 und der Zulauf der ersten MBB Bo 105 als Verbindungshubschrauber und dann als PAH 1 (ab 1980). Seit 2000 steht für die fliegerische Grundausbildung das Muster Airbus EC 135 zur Verfügung.

213   Seit 2003 wird das Deutsch-Französische Heeresfliegerausbildungszentrum Tiger am französischen Flugplatz Le Luc-Le Cannet des Maures betrieben.

214   Durch Einsatz von Simulatoren können Flugstunden in erheblichem Umfang eingespart werden und die Ausbildung witterungsunabhängig und kostengünstig organisiert werden. In zwei Gebäuden stehen 12 Full-Mission-Simulatoren zur Verfügung, die mit Wechselcockpits EC 135, CH 53 und UH-1D ausgerüstet werden können, sowie Simulatoren für die NH-90 Ausbildung.

215   Zum internationalen Ruf Bückeburgs trägt auch das in der Stadt Bückeburg 1971 eröffnete Hubschraubermuseum bei.

216   Die fast unzerstörte Generaloberst-Beck-Kaserne, eine frühere NS-Ordensburg, wurde zunächst von den französischen Streitkräften besetzt, anschließend richtete dort die US-Armee eine Schulungsstätte für Polizeikräfte ein. Die Bundeswehr nutzte in den ersten Jahren die Kaserne als Aufstellungsort und vorübergehende Unterbringung mehrerer Schulen: Heeresunteroffizierschule I, Schule für Feldjäger und Stabsdienst, ABC-Abwehrschule, Sportschule.

Die Sportschule fand ausreichend Unterkunftskapazität vor, konnte insbesondere die vorhandenen intakten Sportanlagen nutzen und in Wintersportarten ausbilden.

217   Im Amt Blank waren ab 1953 die Grundsätze des Sports in der Bundeswehr festgelegt worden, wie sie dann in Vorläufigen Richtlinien und auch in der ersten ZDv 3/10 „Sport in der Bundeswehr" vom Juli 1963 deutlich werden. Auf typisch militärische Sportarten wie sie früher üblich waren, z. B. Gymnastik mit Gewehr und Handgranatenweitwurf, wurde bewusst als unzeitgemäß verzichtet.

218   Bei den Olympischen Winterspielen im Februar 1968 in Grenoble traten erstmals die deutschen Staaten mit getrennten Mannschaften an. Es zeigte sich, dass die DDR erstaunliche Erfolge erzielte und im Medaillenspiegel knapp hinter der Bundesrepublik den zehnten Rang erreichte. Bei den Sommerspielen im Oktober 1968 in Mexiko belegte die DDR mit 9 Goldmedaillen (von 25 insgesamt) den 5. Rang, die Bundesrepublik mit 5 Goldmedaillen (26 gesamt) den achten Platz.

219   Die Einrichtung der Sportfördergruppen hat der Deutsche Bundestag am 08.05.1968 beschlossen. Die Sportförderung gilt als gesamtstaatliche Aufgabe, die Kosten werden im Verteidigungsetat veranschlagt. Insgesamt wurden 25 Sportfördergruppen aufgestellt, von denen bis 2008 jedoch 10 aufgelöst wurden. Die Spitzensportler und -sportlerinnen werden als Sportsoldaten im Status Freiwillig Wehrdienstleistende eingestellt. Die Sportfördergruppen Warendorf und Sonthofen sind dem Kommandeur der Sportschule truppendienstlich direkt, die anderen den jeweiligen Landeskommandos unterstellt.

220 In Sonthofen besteht weiterhin eine Außenstelle der Sportschule. Neben den quer-schnittlichen Lehrgängen finden hier die Ausbildung in den Wintersportarten sowie das Konditionstraining für seegehende Verbände der Marine statt.

221 Der vormalige Dienstälteste Offizier und die von ihm geführte militärische Dienststelle wurden als Referat ZA 4 in die zivile Referatsstruktur mit neuer Bezeichnung integriert.

222 Bei der Ausbildung werden das Hörverstehen, der mündliche Sprachgebrauch, das Lese-verstehen und der schriftliche Sprachgebrauch mit unterschiedlichen Anforderungen ge-lehrt. Das Sprachleistungsprofil (SLP) umfasst 4 Stufen:

Stufe 1: elementares Können in einem begrenzten und vertrauten allgemeinen Rahmen,
Stufe 2: begrenztes Können in einem allgemeinen und beruflichen Rahmen,
Stufe 3: Können im allgemeinen gesellschaftlichen und beruflichen Bereich im Rahmen auch nicht vertrauter Sachgebiete,
Stufe 4: sicheres Können im allgemeinen gesellschaftlichen und beruflich-fachlichen Be-reich im Rahmen auch nicht vertrauter Sachgebiete.

Die SLP-Einstufung erfolgt nach dem Bestehen einer ca. vierstündigen Prüfung und hat drei Jahre Gültigkeit.

223 Bezeichnungen der Schule:

Feldzeug-Truppen-Schule: 22.03.1956-05.03.1959
Technische Truppenschule des Heeres Sonthofen: 06.03.1959-31.01.1963
Schule der Technischen Truppen III: 01.02.1963-12.1964/01.1965 (Verlegung nach Aachen)
Schule der Technischen Truppe I   Okt. 1966- Sept. 1972
Schule Technische Truppe 1 und Fachschule des Heeres für Technik
Sept. 1972-31.12.1990
Technische Schule des Heeres und Fachschule des Heeres für Technik
01.01.1991-Okt. 2007
Technische Schule Landsysteme und Fachschule des Heeres für Technik
Okt 2007-18.06.2015
Ausbildungszentrum Technik Landsysteme: seit 19.06.2015

224 Die bis dato an der Schule Technische Truppen III durchgeführten Höheren Techni-schen Lehrgänge wurden im Februar 1963 an die Schule Technische Truppen I in Darm-stadt übertragen, aus der 1966 die Akademie des Heeres für Maschinenwesen entstand, die dann 1974 in die Bundeswehruniversitäten integriert wurde.

225 Das Ausbildungszentrum Technik Landsysteme führt an der integrierten Fachschule des Heeres für Technik eine Organisationsbereichs-übergreifende, zivil-beruflich anerkannte Fachschulausbildung zum Facharbeiter, Meister und staatlich geprüften Techniker durch.

226 Die Schule verfügte bei ihrer Gründung in Köln über kein eigenes Gebäude, sodass der erste Kommandeur, Oberst Artur Weber, unverzüglich an mehreren Orten in der Bun-desrepublik den Lehrbetrieb aufnahm und den Schulstab bei der Abt. VII des Verteidi-gungsministeriums in Köln einrichtete. Vermutlich war es Bundeskanzler Konrad Ade-nauer, der nach einem Besuch eines der Lehrgänge die Verlegung und Zusammenfassung der Schule in Koblenz forcierte. Der Lehrbetrieb begann dort am 11.03.1957.

227 Die Konzeption der Schule ist ab 1953 im Amt Blank im Referat Inneres Gefüge unter Wolf Graf von Baudissin erarbeitet worden. Wesentlicher Mitarbeiter war sein Vertrauter Günter Will (08.01.1916-16.02.1999), der als ehemaliger Offizier und Historiker die pä-

dagogische Konzeption und die akademische Gestaltung der Schule entwickelte. Major Günter Will war auch einer der wesentlichen Autoren des 1957 erschienenen „Handbuchs Innere Führung" und führte in seiner Amtszeit die Zeitschrift „Information für die Truppe" ein.

228 Der Wissenschaftliche Forschungs- und Lehrstab wurde 1968 in das „Wissenschaftliche Institut für Erziehung und Bildung in den Streitkräften" überführt, aus der Schule ausgegliedert und nach Heide bei Siegburg verlegt. Daraus entstand 1974 das „Sozialwissenschaftliche Institut der Bundeswehr".

229 Am 01.04.2013 wurden die Bereiche „Beauftragter für Erziehung und Ausbildung des Generalinspekteurs der Bundeswehr" und „Innere und Soziale Lage" unter der Verantwortung des Zentrums neu aufgestellt. Darüber hinaus fungiert das Zentrum als zentrale Ausbildungseinrichtung für die Rechtspflege der Bundeswehr. Seit 01.07.2014 ist das Zentrum für Militärgeschichte und Sozialwissenschaften der Bundeswehr in Potsdam sowie das Militärhistorische Museum in Dresden und Berlin-Gatow dem Zentrum truppendienstlich unterstellt.

230 Teilnehmer der ersten Lehrgänge waren 169 kriegsgediente Offiziere, die in zwei dreimonatigen Lehrgängen in die neuen Grundsätze und Führungsprinzipien für Einheiten und Verbände eingewiesen wurden. Die Lehrgruppe A führte die Offizierlehrgänge aller Ebenen durch, die Lehrgruppe B begann mit 333 Unteroffizieren Lehrgänge auf Einheitsebene. Die Ausbildung erfolgte durch amerikanische Ausbilder an US-Waffen in englischer Sprache.

231 Die Lehrsammlung Infanterie vermittelt die Entwicklung aus mehreren Jahrhunderten, insbesondere taktisch und technisch. Die Ausstellung „60 Jahre Lagerberg" im Fähnrichheim des Standorts zeigt die Entwicklung vom Truppenübungsplatz zu einem der großen Standorte der Bundeswehr mit mehreren Dienststellen. Die Regionalausstellung des Bundeswehr-Dienstleistungszentrums im ehemaligen Jägerkasino porträtiert darüber hinaus die Verbundenheit zwischen Bevölkerung und Soldaten.

232 Seit dem Aufkommen von Schwarzpulver in Europa vor über 700 Jahren wird der Ausgang von kriegerischen Auseinandersetzungen durch den Einsatz von Geschützen und Steilfeuerwaffen maßgeblich mitbestimmt. Dabei erforderte ihre Bedienung von Anfang an besonders ausgebildetes Personal, das sich neben der Handhabung ihrer Waffen auch auf die Anwendung von unterschiedlichsten Wissenschaften, z.B. der Vermessung, verstand. Mit fortschreitender Entwicklung der Munitions- und Waffentechnik ging dabei stets auch eine zunehmende Spezialisierung der Artilleristen einher. Zwar gab es auch vor 1867 Artillerieschulen in deutschen Ländern, aber mit der Gründung der Artillerieschule am 04.07.1867 in Berlin-Tegel durch König Wilhelm I von Preußen wurde die erste zentrale Ausbildungsstätte der Artillerie geschaffen. Spätestens nach 1871 wurde sie zur zentralen Schule der Artillerie im neuen Deutschen Kaiserreich, 1890 erfolgte ihre Verlegung nach Jüterbog, wo sie bis 1945 als Zentrum der artilleristischen Ausbildung bestand.

233 Zur Zeit der Verlegung der OSLw nach Fürstenfeldbruck bestand auf dem Fliegerhorst die Waffenschule der Luftwaffe 50, aus der 1978 das Jagdbombergeschwader 49 hervorging. Das JaboG 49 hatte vielseitige Aufträge im Rahmen der fliegerischen Erstausbildung und einen Einsatzauftrag mit Fiat G.91 und Alpha Jet. Das JaboG 49 wurde 1994 außer Dienst gestellt: ein Teil der Aufgaben wurde durch die Fluglehrgruppe FFB bis

zum 30.07.1997 durchgeführt. Seit dieser Zeit ist keine fliegende Einheit mehr auf dem Fliegerhorst stationiert.

234   Als Ergänzung zu dem aus den 1930er Jahren stammenden „Kilometerbau" wurde ab 1975 das von dem Münchner Architekten Ackermann geplante „Blaue Palais" gebaut, das als Lehr- und Unterkunftsgebäude für 1.100 Lehrgangsteilnehmer konzipiert ist. Für den Bau erhielt der Architekt den BDA Preis Bayern.

235   So wurden insbesondere in den 2000er Jahren zahlreiche renommierte Ausstellungen an der OSLw präsentiert und in den Lehrbetrieb integriert; hierzu zählten u.a.: 2002 die MGFA-Ausstellung „Deutsche Jüdische Soldaten – Von der Epoche der Emanzipation bis zum Zeitalter der Weltkriege" (eröffnet von Charlotte Knobloch); die MGFA-Wanderausstellung „Aufstand des Gewissens"; die Ausstellung „Demokratie ist verletzlich – Rechtsextremismus in Deutschland" des BfV und „Mauern, Gitter, Stacheldraht" der Union der Opferverbände Kommunistischer Gewaltherrschaft.

236   Oberleutnant Ludger Hölker war am 15.09.1964 mit einem doppelsitzigen Schulflugzeug Lockheed T-33A im Landeanflug auf Lechfeld, als ein Leistungsverlust des Triebwerks den Absturz der Maschine verursachte. Während der Kopilot sich mit seinem Schleudersitz retten konnte, verzögerte Oberleutnant Hölker seinen Ausstieg und steuerte die Maschine weiter, sodass sie nicht in bewohntes Gebiet abstürzte. Bei dem Absturz wurde er getötet; die Gemeinde Straßberg bei Bobingen ehrt ihn auch heute mit einem Gedenkstein und dem Namen der örtlichen Schule.

237   Der Fliegerhorst ist 1935 von der Luftwaffe der Wehrmacht gebaut worden. Vorwiegend waren hier Überführungseinheiten stationiert, die als Flugzeugschleusen dienten. Ab April 1945 wurde der Platz von einer Staffel mit Messerschmidt Me 262 genutzt. Bei Kriegsende übernahm die US-Luftwaffe den Platz als Airfield R.91.

238   Seit Juli 1949 war die 7200th USAF Depot Wing stationiert, die von Erding aus Versorgungsflüge während der Berliner Luftbrücke durchführte und dabei 7512 Helfer beschäftigte. Nach einem Ausbau der Start- und Landebahn waren 1956-1959 eine Staffel mit F-86D und von April 1971-August 1972 eine Fighter Group mit F 102A Delta Dagger.

239   Teile des Fliegerhorstgeländes werden heute zivil genutzt. Seit 2011 betreibt dort die Fa. IABG eine dynamische Testeinrichtung für Bauteile des Airbus-A 350; seit 2015 unterhält der Freistaat Bayern eine große Erstaufnahmeeinrichtung für Asylbewerber.

240   Die bayerische Landeshauptstadt München war von 1857 bis 1914 Standort der Königlich Bayerischen Artillerie- und Genieschule und von 1920 bis 1936 Standort der Pionierschule der Reichswehr.

241   Bis Kriegsende beheimatete die damalige Kaserne München-Freimann die Standarte Deutschland, einen Verband der Waffen SS, danach zogen im Auftrag der UNESCO Displaced Persons (DP), unter anderem auch jüdische Flüchtlinge und Auswanderer nach Palästina in die weitläufigen Räumlichkeiten. Ab 1950 richtete die US-Armee in dem Areal ihre Warner Barracks ein, die Platz für immerhin 5.000 Soldaten der 24. US-Infanteriedivision boten.

242   Im Oktober 1975 wurden die ersten fünf weiblichen Sanitätsoffiziere der Bundeswehr eingestellt, die am 3. Oktober an der Akademie des Sanitäts- und Gesundheitswesens der Bundeswehr in der Luitpoldkaserne einen Einweisungslehrgang begannen.

243   Die Ausbildung umfasste die Grund- und Aufbaulehrgänge für Soft- und Hardwarespezialisten, für Netzwerkadministratoren und Programmiererlehrgänge.

244 Die teilstreitkraftübergreifende Ausweitung des Lehrgangsangebots führte zur Einrichtung von Schulungsstätten auch in den Standorten Untermeitingen, Kleinaitingen und zeitweise in Berlin.

245 Bis Anfang der 1960er Jahre gehörte zum Lehrstab VII ein Technischer Ausbildungszug TM-61 Matador, der an die Flugkörpergruppe 11, dem späteren Flugkörpergeschwader 1 (Pershing) in Landsberg, abgegeben wurde.

246 Am 05.09.1991 wurde die Fliegerhorstgruppe TSLw 1 aufgelöst und am 30.09.1991 wurde der militärische Regelflugbetrieb in Kaufbeuren eingestellt.

Der Fachbereich Militärische Flugsicherung wurde 2017 aufgelöst; die Ausbildung des militärischen Flugsicherungspersonals wird zukünftig von der Deutschen Flugsicherung GmbH übernommen. Durch eine enge zivil-militärische Zusammenarbeit kann dabei auf den Erfahrungsschatz und die Infrastruktur in Kaufbeuren zurückgegriffen werden.

247 Im Zuge der Unterstellung wurden vier Inspektionen aufgelöst und der Unterstützungsbereich der Schule verkleinert. Im Ausbildungsbereich wurden die Lehrgänge für die Fallschirmjäger Führerausbildung und die Einzelkämpferausbildung an das Ausbildungszentrum Infanterie übergeben.

248 Der Aufstellungsbefehl Nr. 13 des BMVg datiert am 18.05.1956; die erste Umbenennung erfolgte bereits am 01.08.1956 in „ABC-Abwehrschule".

249 Über lange Zeit bestand eine große Unsicherheit über den Endstandort der Schule. Es gab mehrere Pläne, die Schule von Sonthofen zu verlegen. Schließlich wurde am 1. Juli 1969 Sonthofen nach einer Entscheidung des BMVg als Endstandort genehmigt.

250 Vom österreichischen Bundesheer erhielt der Kommandeur der ABC/SeS 2011 die Auszeichnung „Soldier of the Year" in der Kategorie „International Partner of the Year" vom Kommandanten des österreichischen Streitkräfteführungskommandos in Wien.

251 Hauptfeldwebel Tobias Lagenstein (28.04.1980 – 28.05.2011) war als Feldjäger Führer des Personenschutzkommandos für Generalmajor Markus Kneip, dem deutschen Kontingentführer ISAF und Kommandeur des Regionalkommandos Nord. Generalmajor Kneip nahm am 28.05.2011 in Taloqan im Gouverneurspalast der afghanischen Provinz Tachar an einer Sicherheitskonferenz mit dem nordafghanischen Polizeichef General Daud teil. Als die Konferenzteilnehmer den Palast verließen, zündete ein Selbstmordattentäter in Polizeiuniform einen Sprengsatz, durch den General Daud, vier weitere Afghanen, GenMaj Kneips Adjutant, Major Thomas Tholi, und Hauptfeldwebel Lagenstein getötet wurden. GenMaj Kneip überlebte schwer verwundet.

Die Umbenennung der Kaserne erfolgte am 28. 03.2018 auf Antrag der Soldaten der Kaserne im Rahmen eines Appells durch Bundesverteidigungsministerin von der Leyen, die bei dieser Gelegenheit den Traditionserlass 2018 unterzeichnete.

252 Mit der Umgliederung des III. Korps in Koblenz zum Heeresführungskommando und dem Unterstellungswechsel der Truppenteile wurde auch die HUS III in Lahnstein bereits 1994 aufgelöst.

253 Delitzsch hat als Garnison eine lange, wechselvolle Geschichte. Seit Anfang der 1980er Jahre war in der nach einem antifaschistischen Widerstandskämpfer benannten Kurt-Bennewitz-Kaserne die Unteroffizierschule II (US-II) / Ausbildungszentrum-17 der NVA stationiert, die zugleich den Kern einer Mobilmachungsdivision stellte.

254 Mit der Einführung der Feldwebellaufbahn 2002 nach der Entscheidung von Verteidigungsminister Rudolf Scharping änderten sich auch die grundlegenden Anforderungen an die Unteroffiziere ohne und mit Portepee. Während die Unteroffiziere ohne Portepee für die Übernahme spezieller Fachaufgaben ohne Führungs- und Ausbildungsverantwortung vorbereitet werden, übernehmen die Unteroffiziere mit Portepee als Feldwebel die Funktionen als Gruppen- und Teileinheitsführer und sind auch für die Ausbildung zuständig.

255 Der letzte Verteidigungsminister der DDR, Rainer Eppelmann, hatte als eine seiner letzten Amtshandlungen alle Kasernennamen der NVA Liegenschaften abgeschafft und damit auch die Bezeichnung Kurt-Bennewitz-Kaserne getilgt. Die Bundeswehr hat die Kaserne 1990 übernommen, aber erst nach einem längeren Auswahlprozess am 26.11.1992 den Namen Feldwebel-Boldt-Kaserne zuerkannt.

Feldwebel Erich Boldt (* 1933) war am 16.11.1961 auf dem Truppenübungsplatz Putlos Leitender beim Gewöhnungssprengen des PzGrenBtl 71, als eine zur Sprengung gezündete 200g-Ladung in den Deckungsgraben zweier Soldaten zurückrollte. Feldwebel Boldt erkannte die Gefahr, warf sich auf die detonierende Ladung und rettete so unter Einsatz seines eigenen Lebens das der zwei jungen Soldaten. Diese aufopfernde Tat wird seither in der Bundeswehr als herausragendes Beispiel vorbildlicher Pflichterfüllung gewürdigt.

256 Die Unteroffizierschule des Heeres hat eine Stärke von etwa 4.000 Angehörigen und Lehrgangsteilnehmern; der Stab und die Lehrgruppen A und B befinden sich in Delitzsch. Die Stationierungsorte der Anwärter-Bataillone sind: FA/UA-Btl 1 in Sondershausen und Bad Frankenhausen, FA/UA-Btl 2 in Celle und Bückeburg, FA/UA-Btl 3 in Altenstadt.

257 Bei allen Überprüfungen lag die Einheit im Spitzenfeld, so dass der Kommandierende General des II. Korps, Generalleutnant Chalupa, anlässlich des Neujahrsempfanges in Ulm am 21. Januar 1982 die Kompanie mit der Korpsmedaille auszeichnen konnte.

258 Der Dienststellenleiter, Oberfeldveterinär, und der Leiter des Veterinärtrupps, Stabs-/Oberstabsveterinär, sind Sanitätsoffiziere und approbierte Tierärzte. Sie sorgen für die medizinische Betreuung der Reit- und Tragtiere. Einige Soldaten sind spezialisiert als Hufbeschlagschmiede, Pferdewirte und Futtermeister.

Als Transportmittel für die Tragtiere werden spezielle LKW 5t tmilgl verwendet.

259 Die Pferde werden auch als Reittiere bei der Erkundung, beim Halten von Verbindungen oder bei Spähtrupps in rückwärtigen Gebieten oder in weniger gefährdeten Räumen sowie schwierigem Gelände eingesetzt. Dieser Einsatz erwies sich beim KFOR-Einsatz im Kosovo als erfolgreich.

260 Zur Tradition des Ausbildungszentrums gehört ein kultureller Beitrag, der durch Funk und Fernsehen weithin bekannt gemacht worden ist und seit 1962 in Bad Reichenhall als Höhepunkt erlebt wird. Jedes Jahr im Dezember wird in der Reithalle des Einsatz- und Ausbildungszentrums die „Reichenhaller Stallweihnacht" aufgeführt. Soldaten spielen die Weihnachtsgeschichte und werden dabei von Sängern und Musikanten der bayerischen Volksmusik begleitet. Das Spiel hat eine solche Bedeutung erreicht, dass die Generalinspekteure Naumann, Bagger, von Kirchbach und Kujath sowie die Verteidigungsminister Rühe, Perry (USA) und Faselabend (Österreich) unter den Zuschauern zu finden waren.

261 Als Heeresbergführer werden Zeit- und Berufssoldaten der Laufbahngruppen Offiziere und Unteroffiziere ausgebildet, die die Voraussetzungen skiläuferisches Können, gute

Kondition und die Beherrschung des vierten Schwierigkeitsgrades im Vorstieg und im alpinen Felsgelände erfüllen.

262 Staatssekretär Rust hat mit seiner Weisung vom 26.11.1956 den Schwerpunkt in der Luftverteidigung durch die bodenständige Flugabwehr der Luftwaffe zugewiesen und die Unterstellung der Truppen von Luftwaffe, Heer und Marine geregelt. „Die geplanten Aufstellungen der Fla-Truppen sind zu überprüfen, die Unterstellungsverhältnisse abzuändern." (Zitat aus o.a. Weisung)

263 Im Package Training wurde das Personal an Waffensystemen ausgebildet, die nach Ende der Ausbildung dem Verband zugewiesen wurden, der die Lehrgangsteilnehmer gestellt hatte.

264 Die Raketenschule der Luftwaffe USA wurde zum 31.03.2005 aufgelöst und am Folgetag als das „Taktische Ausbildungs- und Weiterbildungszentrum Flugabwehrraketen Luftwaffe mit Weiterentwicklungsaufgaben USA" (TAWZ) neu aufgestellt. Seit August 2013 nimmt der Kommandeur zusätzlich die Aufgaben als Leiter des FlaRak-Elements USA und als Luftwaffenverbindungsoffizier zum U.S. Army Fires Center of Excellence wahr und hat dazu seinen Dienstsitz in Ft. Sill, Oklahoma.

265 Williams AFB, AZ, war 1963 Aufstellungsort der 1. Deutschen Luftwaffenausbildungsstaffel USA (1. DtLwAusbStff USA). Die Staffel verlegte 1966 nach Sheppard AFB, TX.

266 Das Initial Flying Training erfolgt bei der 3. Deutschen Luftwaffenausbildungsstaffel USA (3. DtLwAusbStff USA).

267 Die weitere Ausbildung der Waffensystemoffiziere findet bei der 2. DtLwAusbStff auf der Naval Air Station Pensacola, FL, statt.

Textnoten des Vorworts

V1   Pierre Nora (Hrsg.), Les Lieux de mémoire, Paris 1984.

V2   Martin Sabrow (Hrsg.), Erinnerungsorte der DDR, München 2009.

V3   Pim den Boer, Heinz Duchhardt, Georg Kreis, Wolfgang Schmale (Hrsg.) Europäische Erinnerungsorte: Mythen und Grundbegriffe des europäischen Selbstverständnisses, München 2012.

V4   Hans Henning Hahn, Robert Traba (Hrsg.), Deutsch-Polnische Erinnerungsorte, 5 Bde., Paderborn 2012-2015; dies. 20 Deutsch-Polnische Erinnerungsorte, Paderborn 2018.

V5   Jürgen Zimmerer (Hrsg.), Kein Platz an der Sonne. Erinnerungsorte der deutschen Kolonialgeschichte, Frankfurt a.M. 2013.

V6   Frank Uekötter (Hrsg.), Ökologische Erinnerungsorte, Göttingen 2014.

V7   Etienne François, Hagen Schulze (Hrsg.), Deutsche Erinnerungsorte, 3 Bde., München 2001.

V8   Christoph Cornelißen, Erinnerungskulturen, Version: 2.0, in: Docupedia-Zeitgeschichte, 22.10.2012 http://docupedia.de/zg/cornelissen_erinnerungskulturen_v2_de_2012 DOI: http://dx.doi.org/10.14765/zzf.dok.2.265.v2 (Zugriff 14.10.2019)

V9   François, Schulze, Einleitung, in: Deutsche Erinnerungsorte, S. 13.

V10 Zitiert nach: Horst Möller, Erinnerung(en), Geschichte, Identität, in: Aus Politik und Zeitgeschichte, B 28/ 2001, S. 8.

V11 Vgl. Cornelia Siebeck, Erinnerungsorte, Lieux de Mémoire, Version: 1.0, in: Docupedia-Zeitgeschichte, 02.03.2017
     http://docupedia.de/zg/Siebeck_erinnerungsorte_v1_de_2017 DOI:
     http://dx.doi.org/10.14765/ (Zugriff 14.10.2019); François, Schulze, Einleitung, in: Deutsche Erinnerungsorte, passim.

V12 Beispielhaft ist dafür die bereits 2015 vom Militärhistorischen Museum der Bundeswehr eingeschlagene Linie, die Geschichte der Bundeswehr in 60 Objekten und Installationen darzustellen: Gorch Pieken und Matthias Rogg (Hrsg.), 60 Jahre Bundeswehr, Dresden 2015.

Abkürzungen

ABC/Se-	ABC-Abwehr und Selbstschutz-
ABCAbwehrUffz	ABC-Abwehr Unteroffizier
AFB	Air Force Base
AFCENT	Allied Forces Central Europe
AIRSOUTH	Air Forces Southern Europe
ATAF	Allied Tactical Air Force
BAAINBw	Bundesamt für Ausrüstung, Informationstechnik und Nutzung der Bundeswehr
BDA	Bund Deutscher Architekten
BfV	Bundesamt für Verfassungsschutz
BIE	Bauinstandsetzungseinrichtung
BMVg	Bundesministerium der Verteidigung
BND	Bundesnachrichtendienst
BPFA	Bureau de Programmes Franco-Allemand
BRIXMIS	British Commanders-in-Chief Mission to the Soviet Forces in Germany
BWB	Bundesamt für Wehrtechnik und Beschaffung
BwFahnAnO	Anordnung über die Stiftung der Truppenfahnen für die Bundeswehr
BwKdoOst	Bundeswehrkommando Ost
CINCENT	Commander in Chief Central Europe
CISM	Conseil International du Sport Militair
COMLANDCENT	Commander Land Forces Central Europe
CRC	Control and Reporting Centre
DDR	Deutsche Demokratische Republik
EG	Einsatzgeschwader
ENJJPT	Euro NATO Joint Jet Pilot Training
ENTEC	Euro NATO Training Engineer Training
EVG	Europäische Verteidigungs-Gemeinschaft
EWG	Europäische Wirtschaftsgemeinschaft
FA/UA-Btl	Feldwebel-/Unteroffizieranwärter-Bataillon
FAS	Flakartillerieschule in Rerik/Mecklenburg
FHSH	Fachhochschule des Heeres
FHSLw	Fachhochschule der Luftwaffe
FlaRak	Flugabwehr-Rakete(n)
FlaRakPz	Flugabwehrraketenpanzer
FlaRakRad Roland	Flugabwehrraketensystem Roland auf Radfahrgestell
FmBtl	Fernmeldebataillon
GDP	General Defense Plan
GE	Länderabkürzung für Deutschland
GEADGE	German Air Defence Ground Environment
GebTrgtKp	Gebirgs-Tragtier-Kompanie
GenMaj	Generalmajor
GG	Grundgesetz

GIADS	German Improved Air Defence System
GMSA	German Mine Sweeping Administration
HOS	Heeres-Offizierschule
HTSLw	Höhere Technische Schule der Luftwaffe
HUS	Heeresunteroffizierschule
IFOR	Implementation Force
INF	Intermediate Range Nuclear Forces
ISAF	International Securtity Assistance Force
JaboG	Jagdbomber-Geschwader
KFOR	Kosovo Force
KG	Kommandierender General
KLF	Körperliche Leistungsfähigkeit
KSZE	Konferenz über Zusammenarbeit und Sicherheit in Europa
LKW 5t tmilgl	teilmilitarisierter, geländegängiger LKW, Traglast max. 5 t
LL/LTS	Luftlande-/Lufttransport-Schule
LSU/B	Labour Service Unit-B
LTG	Lufttransport Geschwader
MdB	Mitglied des Deutschen Bundestages
MGFA	Militärgeschichtliches Forschungsamt
NADGE	NATO Air Defence Ground Environment
NS	Nationalsozialismus, nationalsozialistisch
NSOC	National Sector Operation Center
NVA	Nationale Volksarmee
OCCAR	Organisation Conjointe de Coopération en Matière d'Armement
OKH	Oberkommando des Heeres der Wehrmacht
OP	Observation Post
OpInfo	Operative Information
OSLw	Offizierschule der Luftwaffe
PAH	Panzerabwehr-Hubschrauber
PSK	Psychologische Kampfführung
PSV	Psychologische Verteidigung
PzDiv	Panzer-Division
PzGren-	Panzergrenadier-
PzLBtl	Panzer-Lehrbataillon
RAFG	Royal Air Force Germany
RakSLw	Raketenschule der Luftwaffe
Reforger	Return of Forces to Germany
SACEUR	Supreme Allied Commander Europe
SFOR	Stabilisation Forces
SHAPE	Supreme Headquarter Allied Power Europe
SOC	Sector Operation Centre
STF	Streitkräftegemeinsame Taktische Feuerunterstützung
TAkLw	Technische Akademie der Luftwaffe
TaktAusbKdoLw ITA	Taktisches Ausbildungskommando der Luftwaffe Italien
TAusbZLw	Technisches Ausbildungszentrum der Luftwaffe
TAZLw	Technischen Ausbildungszentrums der Luftwaffe
TSLw	Technische Schule der Luftwaffe

UNPROFOR	UN Protection Forces
USAF	US-Air Force
VMBl	Ministerialblatt des Bundesministeriums der Verteidigung
VN	Vereinte Nationen
WCCB	World Conference Center Bonn
WSO	Waffensystemoffizier
ZDv	Zentrale Dienstvorschrift

Namen und Stichworte

Ackermann, Kurt 274

Adenauer, Konrad 34, 46, 58, 64, 102, 225, 248, 272

Akademie / Fachschule 44, 180, 184, 269, 272

Alexander, Clifford 269

Allgemeine Kriegsschule in Berlin 22

Alsberg, Max 204

Amt Blank 46, 50, 51, 56, 64, 78, 148, 251, 253, 271, 272

Arndt, Ernst Moritz 210

Arnulf von Kärnten 205

Bader, Konrad 184

Baker, James 120, 121, 263

Bamm, Peter 232

Barbara von Nikomedien 238

Barkhorn, Gerhard 62, 253

Baudissin, Wolf Graf 50, 64, 78, 192, 214, 251, 252, 253, 272

Bayern, Franz Maria Luitpold Prinz von 233

Bayern, Karl T. Maximilian August Prinz von 234

Bayern, Leopold Maximilian J. M. A. Prinz von 234

Becher, Johannes R. 248

Beck, Ludwig August Theodor 215

Befreiungskrieg 22, 26,

Behring, Emil Adolf von 210

Beirat Innere Führung 80, 256

Bergmann, Ernst-von 182, 210

Bergmann, Friedrich Adolf von 207

Berliner Luftbrücke 156

Bismarck, Otto Eduard Leopold Fürst von 206

Blank, Theodor 46, 59, 60, 240, 249

Bleidorn, Rudolf 206

Blücher, Gebhard Leberecht von 206

Boehn, Max Ferdinand Karl von 206

Boelcke, Oswald 94, 207, 259

Boeselager, Philipp Freiherr von 212, 232

Bohnenkamp, Heinrich Wilhelm 256

Boldt, Erich 211, 276

Börne, Carl Ludwig 30, 247

Bose, Friedrich Julius Wilhelm Graf von 207

Boyen, Hermann von 16, 20,

Brandenburg-Ansbach, Markgraf Karl Alexander von 18,

Brandt, Willy 136, 251

Brauksiepe, Ralf 117

Braunschweig, Herzog Karl W. F. von 16, 220

Brecht, Berthold 248

Breuste, Hans-Jürgen 39

Briesen, Kurt A. Otto Erimar von 242

Bromme, Karl R., gen. Brommy 36, 204

Bruchmüller, Georg 208

Bülow, Bernhard H. M. Karl von 207

Bündische Jugend 40

Carl, Friedrich Wilhelm 244

Caspari, Karl Georg Erwin Walter 207

Chalupa, Leopold 276

Clausewitz, Carl von 16, 22, 24, 208, 246

Clausewitz-Gesellschaft 23

Clay, Lucius Dubignon 227

Couve de Murville, Maurice 103

Deines, Gustav Adolf von 208

Delius, Hermann 231

Delp, Alfred Friedrich 204

Deutscher Bund 36

Deutscher Zollverein 36

Dietl, Eduard W. C. 204

Dönitz, Karl 270

Döpfner, Kardinal Julius 98

Dora, Johann-Georg 126, 127

Dumas, Roland 121

Ebert, Friedrich 34, 234

Eden, Anthony 54

Einem, Karl W. G. A. Gottfried von 242

Eisenhower, Dwight D. 72

Ellwein, Thomas E. 150, 268

Eppelmann, Rainer 122, 263, 276

Erhard, Ludwig 195, 227

Erler, Fritz 213

Ermekeil, Gastwirts-Familie 210

Erxleben, Dorothea Christiane 209

Fahnert, Friedrich 225

Falckenstein, Maximilian Vogel von 211

Fellgiebel, Fritz Erich 214

Finckh, Eberhard 209

Frank, Ludwig 227

Frankfurter Nationalversammlung 36

Frankl, Wilhelm 212

Französische Revolution 22

Frieden von Tilsit 1807 16, 246

Frieß, Hans 64

Fritsch, T. L. Werner Freiherr von 212, 240

Fromm, Friedrich 42

Gallwitz, Max von 209, 213, 218

Gaulle, Charles de 70, 102, 255

Generaloberst-Beck-Kaserne 162, 166, 190,
192, 215, 271

Genscher, Hans-Dietrich 120, 121, 247,
263

George, Stefan 40

Gersdorff, Rudolf-Christoph Freiherr von
215

Glatz, Rainer 81, 256

Gneisenau, August Neidhardt von 18, 20,
22, 216, 246

Goeben, August K. F. Christian von 242

Goltz, G. A. J. Rüdiger Graf von der 216

Gorbatschow, Michael 112, 122

Götz, H.L. 259

Graf Schaumburg-Lippe 16

Grolman, Karl von 16

Grolmann, Helmuth von 254

Günther von Schwarzburg-Sondershausen,
Karl 223

Guttenberg, Karl Theodor zu 80, 137, 266

Haeften, Oberleutnant von 42

Haeseler, Gottlieb von 216

Hambach, Hermann 168

Hammerstein-Equord, Kurt G. A. P. von
218

Hannoversche Armee 16

Hardenberg, Carl-Hans Graf von 242

Hardenberg, Karl August Fürst von 242

Hassel, Kai-Uwe von 223

Hauschild, Reinhard 231

Haydn, Joseph 34

HEER2011 154, 166, 196, 198,

Heinemann, Gustav Walter 218

Heinrich der Löwe 219

Helldorff, Heinrich August Freiherr von
214

Hendrik de Wynen 220

Henke, Karl 214

Hepp, Leo 104

Hertz, Heinrich Rudolf 219

Herzog, Roman 136

Heusinger, Adolf 46, 59, 74, 249-251

Heuss, Theodor 26, 34, 137, 241

Heye, Hellmuth 104

Himmerod 48, 50, 250

Hindenburg, Paul L. H. A. von Benecken-
dorff und von 38, 221

Hitler, Adolf 248, 267

Hoepner, Erich 40, 208, 236

Hoffmann, August Heinrich, gen. von
Fallersleben 34

Hölker, Ludger 176, 274

Hülsmann, Bernhard 206

Hülsmeyer, Christian 221

Hurd, Douglas 121

Husarenregiment „Graf Wurmser" 18

Hüttner, Johann Elias 231

Immelmann, Max 94, 219, 229, 258-259

Innere Führung 51, 60, 80, 104, 132, 170,
253, 256, 273

Isebrand, Wulf 244

Jacobsen, Hans-Adolf 81, 256

Jertz, Walter 127

Johann von Pfalz-Neumarkt 232

Johann-von-Cleve, Herzog 220

Jungkurth, Horst 168

Junkers, Hugo 221

Kaisen, Carl Wilhelm 244

Kaiser Wilhelm I 26, 222

Kaiser Wilhelm II 142

Kaiserin Augusta 205

Kammhuber, Josef 94, 98, 108, 178, 214,
258, 261

Karst, Heinz 254

Kielmansegg, Johann A. Graf von 48, 50,
51, 70, 251

Kiesinger, Kurt Georg 226

Knobloch, Charlotte 274

Kohl, Helmut 28, 112, 120, 122

Köhl, Hermann 220

Köhler, Horst 26, 134

Kollwitz, Käthe 28

König Baudouin 72

König Friedrich Wilhelm III 26, 32

König Wilhelm I 273

Königin Luise 246

Konrad, Rudolf 221

Konservative Revolution 40

Kopf, Hinrich Wilhelm 221

Körner, Theodor 241

Kraft, Hannelore 107

Kreil, Tanja 265

Kreisauer Kreis 40

Kriegsdienstverweigerung 136, 252

Kronprinz Friedrich Wilhelm 24

Krüger, Johannes Joachim Theodor 242

Krupinski, Walter 108, 260

Kübler, Ludwig 223

Kunst, Dr., Militärbischof 78

Lagenstein, Tobias 192, 219, 270, 275

Leber, Georg 114, 130, 150, 269

Leber, Julius 222

Leeb, Wilhelm Ritter von 235

Lehmann, Kurt 98

Leib-Grenadier-Regiment 24

Lent, Helmut 226

Leopold M. J. M. A. Prinz von Bayern 226

Lettow-Vorbeck, Paul Emil von 227

Leuschner, Wilhelm 244

Leyen, Ursula von der 80, 117, 173

Libeskind, Daniel 138, 267

Lieth-Thomsen, Hermann von der 240

Liliencron, Detlev von 227, 232

Lilienthal, Diedrich 211

Lilienthal, K. W. Otto 231

Löns, Hermann 220

Loosch, Gerhard 47, 250

Löwenstein, Leo 209

Lübke, Friedrich Wilhelm 213

Lübke, Heinrich 94, 106

Ludendorff, Generaloberst 38

Ludwig Wilhelm von Baden, Markgra 229

Ludwig, Eberhard 209

Luitpold K. J. W. von Bayern 228

Lutz, Oswald 238

Lützow, Ludwig A. W. von 228

Lützowsches Freikorps 30, 247

Mackensen, Anton L. F. August von 228

Macron, Emmanuel 102

Maizière, Lothar de 121, 122, 248

Maizière, Ulrich de 50, 107, 252

Maltzan, Maria H. F. I. Gräfin von 216

Manöver 92, 112, 118, 262

Manteuffel, Hasso Eccard von 229

Marienfeld-Czesla, Claire 68

Marseille, Hans-Joachim W. R. Siegfried 229

Martini, Wolfgang 215

Maßmann, H. F. 248

Meck, Andreas 134

Medem, Gerhard Hans 232

Mercator, Gerhard 229

Merkel, Angela 102

Militärische Gesellschaft 16, 20, 22

Militär-Reorganisationskommission 16, 18

Mitterand, Francois 102, 112

Mölders, Werner 94, 224, 259

Molinari, Karl-Theodor 66, 254

Moltke, Helmuth Karl Bernhard von 24, 228, 246

Mommer, Karl 266

Montgomery of Alamein, Viscount 72

Mudra, Bruno von 230

Müller, Karl Friedrich Max von 223

Müller, Wolfgang 227

Müller-Everling, Norbert 257

Munzer, Gustav A. 52, 252

Napoleon 20, 22, 26, 246

Nassau-Dillenburg, Wilhelm von 244

Nassau-Siegen, Johann Moritz Fürst von 228

Neumann, Johann Balthasar 205

Nielson, Manfred 117

Nikolaus I 32

Ohnacker, Jakob 231

Olbricht, Friedrich 40, 215

Ollenhauer, Erich 54

Operation Libelle 128

Oster, Hans 42

Pädagogische Akademie Bonn 44

Panitzki, Werner 98, 108, 168

Paracelsus, Theophrastus Bombast von Hohenheim 232

Paul, Ernst 68, 254

Pidder Lüng 232

Plagge, Karl 228

Plüschow, Gunther 217

Pommerin, Reiner 81, 256

Pompidou, George 103

Preußen, Friedrich H. A. Prinz von 233

Preußen, Prinz August von 22

Preußen, Prinz Friedrich Heinrich Ludwig von 234

Preußen, Prinz Louis Ferdinand von 18

Preußer, Karl Ludwig Heinrich Freiherr von 233

Preußische Kriegsakademie 16

Prinz Eugen, Eugen Franz, Prinz von Savoyen-Carignan 233

Prinz Max von Baden 8

Quirnheim, Ritter Mertz von 42

Raffler, Friedrich Ritter von 234

Rau, Johannes 44

Reinhardt, Walther 234

Reorganisation der Armee 22

Rettberg, Karl von 235

Reuter, Ernst 42

Richthofen, Manfred Freiherr von 94, 235

Rommel, Erwin 214, 236

Röttiger, Hans 72, 74, 236

Rüchel, Ernst von 16, 246

Rüdel, Günter 144, 211, 267-268

Ruge, Friedrich 60, 251, 253

Rühe, Volker 138, 158

Rupprecht von Bayern 225

Rust, Josef 277

Rüstung 82, 92, 102, 112, 118, 132,

Ruwe, Jürgen 194

Sachs, Salomo 247

Salm-Grumbach, Rheingraf Carl August von 237

Scharnhorst, Gerhard von 16, 18, 20, 22, 104, 136, 158, 237

Scharping, Rudolf 144, 276

Schäuble. Wolfgang 257

Scheibe, Richard 42

Scheuring, Baptist Ritter von 235

Schewardnadse, Eduard 121

Schill, Ferdinand Baptista von 211, 237

Schinkel, Karl Friedrich 26, 28, 247

Schlacht bei Auerstedt 16,

Schlacht bei Großgörschen 16, 20

Schlieffen, Alfred Graf von 237

Schmid, Anton 211, 270

Schmidt, Helmut 96, 150, 240, 253-254

Schmückle, Gerd 74

Schnez, Albert 114

Schoch, Albert Ritter von 237

Schoeps, Julius 231

Scholtz, Boje Friedrich Nikolaus von 237

Schönbohm, Jörg 122-123, 264

Schönfelder, Adolph 72

Schreiber, Josef 230

Schröder, Gerhard, Dr. 45, 103, 162

Schulz, Adelbert 238

Schumacher, Kurt Ernst Carl 226

Schuman, Jean-Baptiste Nicolas Robert 235

Schurz, Carl 207

Schwanenfeld, Graf Schwerin von 248

Schwarzkopf, Günter 214

Schweppermann. Seyfried 238

Schwerin, Gerhard Graf von 48, 50, 248-250

Schwippert, Hans 249

Seidel, Hans-Georg von 15

Seydlitz-Kurzbach, Friedrich Wilhelm Freiherr von 242

Sick, Georg 238

Siebenpfeiffer, Philipp Jakob 30

Sieveking, Kurt 72

Sixt von Armin, Friedrich Bertram 238

Speidel, Dr. Hans 46, 59, 70-71, 213, 249-251, 255

Sponeck, Hans Emil Otto Graf von 240

Stauffenberg, Claus P. M. Schenk Graf von 40, 217

Stein, Dietrich K. H. Freiherr von 215, 242

Stein, Freiherr von 20, 212

Steinhoff, Johannes 94, 108, 215, 259

Stetten, Otto von 239

Steuben, Friedrich Wilhelm von 215, 239

Stieglitz, Klaus-Peter 94

Stoltenberg, Gerhard 122

Strauß, Franz-Josef 80, 108, 110, 178, 212, 256, 261, 265, 270

Struck, Peter 80

Stumpff, Hans-Jürgen 98

Tauentzien, Friedrich Bogislav von 240

Terrenoire, Louis 92

Theobald, Karl Peter von 240

Tiling, Reinhold 241

Tilly, Johann T'Serclaes Graf von 241

Tito, Josip Broz 126

Tresckow, Henning von 212, 220

Trimborn, Gerd 04

Ulrich I. 241

Voscherau, Henning 268

Waldeck-Eisenberg, Georg Friedrich von 216

Waldersee, Alfred H. K. L. Graf von 219

Waldmann, Anton 243

Warschauer Pakt 112, 118, 122, 132, 138, 252, 259

Wartenburg, Peter Graf Yorck von 217, 245, 248

Waterloo 18, 22

Weber, Artur 272

Weber, Gottfried Ludwig 216

Wehrbeauftragte 68, 104, 105, 254, 257, 260

Wehrpflicht, -gesetz 20, 44, 58, 72, 74, 80, 136-137, 249, 266

World Conference Center Bonn 44

Wrede, Carl Philipp Joseph von 213

Württemberg, Albrecht M. Al. P. J. Herzog von 220

Wust, Harald 173

Weise, Frank-Jürgen 266

Weise, Hubert 215

Weizsäcker, Richard von 34, 42, 136, 142

Werder, Karl F. W. L. August Graf von 217

Westphal, Siegfried 114

Wever, Walther 216

Wieprecht, Wilhelm 32

Wildermuth, Hermann-Eberhard 244

Will, Günter 272-273

Wimmer, Hans 114, 262

Winkelmann, Heinrich 244

Wirmer, Ernst 46, 250

Wirth, Johann August 30

Zinsser, Ernst 98

Zimmermann, Armin 114

Zieten, Hans Joachim von 218, 244

Zeppelin, Ferdinand A. H. A. von 94, 217, 259

Literatur- und Quellenverzeichnis

In Ergänzung zu den angegebenen Quellen und Literaturangaben wurden zahlreiche der im Text, in Bildunterschriften und in den Anmerkungen enthaltenen Informationen im Internet mit den jeweils relevanten Stichworten und Suchbegriffen recherchiert.

Abenheim, Donald / Hartmann, Uwe	Einführung in die Tradition der Bundeswehr; Miles Verlag; Berlin 2019
Abenheim, Donald / Hartmann, Uwe (Hrsg.)	Tradition in der Bundeswehr; Miles Verlag; Berlin 2018
Abresch, Rolf (e.a.)	Der Soldat und seine Ausrüstung; Report Verlag; Bonn 2002
Autoren HOS I	Heeresoffizierschule I Hannover; Hannover 1966
Autoren InfS	Chronik der Infanterieschule Hammelburg 1956-2006; Hammelburg 2006
Autoren LTG 61	Fliegerhorst Neubiberg; Neubiberg 1968
Barth, Carsten (e.a.)	Deutschland dienen; Plassen Verlag; Kulmbach 2016
Behrendt, Jan (e.a.)	Ende / Neuanfang; Militärhistorisches Museum / Luftwaffenmuseum; Berlin 2011
Bettzüge, Reinhard	Der Deutsche Militärattachédienst – Von den Anfängen der Bundeswehr bis heute; Dissertation Bonn 2005
Breuer, Peter	Von der RakSLw zum TAWZ; in: Der Bogenschütze I-II/2017; Osterrönfeld 2017
Bundesministerium der Verteidigung	Weißbuch 1969; Bonn 1969
Bundesministerium der Verteidigung	Weißbuch 1985; Bonn 1985
Bundesministerium der Verteidigung	Weißbuch 1994; Bonn 1994
Bundesminister der Verteidigung	Die neue Struktur der Bundeswehr; Bonn 1974
Bundesministerium der Verteidigung	… treu zu dienen; Schriftenreihe Innere Führung 6/80; Bonn 1980

Bundesministerium der Verteidigung	Die parlamentarischen Väter der Bundeswehr; Schriftenreihe Innere Führung 1/85; Bonn 1985
Bundesministerium der Verteidigung	Scharnhorst; Schriftenreihe Innere Führung 3/85; Bonn 1985
Bundesministerium der Verteidigung	Gerhard von Scharnhorst; Bonn 1995
Bundesministerium der Verteidigung	Von Himmerod bis Andernach; Schriftenreihe Innere Führung 4/85; Bonn 1985
Bundesministerium der Verteidigung	Das Ehrenmal der Bundeswehr; Berlin 2014
Bundesministerium der Verteidigung	Der Wald der Erinnerung; Berlin 2017
Bundesministerium der Verteidigung	Der Raum der Information; Berlin 2018
Bundesministerium der Verteidigung	Armee der Einheit 1990-2000; Bonn 2000
Bundesministerium der Verteidigung	Der Bendlerblock; Bonn 2001
Bundesministerium der Verteidigung	Wehrpflicht im 21. Jahrhundert; Berlin 2002
Bundesministerium der Verteidigung	Bundeswehr 2002 – Sachstand und Perspektiven; Bonn 2002
Bundesministerium der Verteidigung	Erlass StS Tgb.Nr. 4146/56 VS-NfD vom 26.11.1956
Coenen, Michael (Redakteur)	Deutschland: 1948 – 1999 Archiv der Gegenwart; Siegler Verlag; St. Augustin 2000
Deutscher Bundestag	Fragen an die deutsche Geschichte; Bonn 1988
Elser, G. OTL	Kriegsnah Ausbilden, Heeresamt; Köln1985
Erbe, Jürgen (e.a.)	Unser Heer; Report Verlag; Bonn 2000
Frank, Hans	Welche Tradition hat und braucht die Bundeswehr?; in: Truppenpraxis 11/1999
Freie und Hansestadt Hamburg	Die große Flut 1962; Hamburg 1964
Heckmann, Erhard	Nach 30 Jahren Elysée-Vertrag; in: Wehrtechnik 3/1993
Heidler, Manfred Franz	Musik in der Bundeswehr; Essen 2005

Hess, Sigurd (e.a.)	50 Jahre Deutsche Marine im Bild; Report Verlag; Bonn 2006
Höfele, Bernhard	Die deutsche Militärmusik, Ein Beitrag zu ihrer Geschichte, Bonn 1999
Hoppe, J. / Wilde, M.	Die Unteroffizierschule des Heeres; Die militärische Meisterschule, Miles-Verlag; Berlin 2018
Hubatschek, Gerhard	Bundeswehr – 50 Jahre Einsatz für den Frieden, Report Verlag; Bonn 2005
Hubatschek, Gerhard	Das Heer im Einsatz; Report-Verlag; Bonn 2003
Kilian, Dieter E.	Generale und Admirale der Bundeswehr; Osning Verlag; Bielefeld 2014
Kirsch, U. (Hrsg.)	Darum Wehrpflicht!; Nomos, Bonn 2010
Kunstwadl, Walter	Von der Affenjacke zum Tropenanzug, Report Verlag; Bonn 2006
Lautsch, Siegfried	Grundzüge des operativen Denkens in der Nato; Miles-Verlag, Berlin 2018
Leonhard, Nina (e.a.)	Vereint marschieren – Marcher uni; VS Verlag, Wiesbaden 2008
Model, Hansgeorg	Der deutsche Generalstabsoffizier – Seine Auswahl und Ausbildung in Reichswehr, Wehrmacht und Bundeswehr; Bernard &Graefe Verlag; Frankfurt a.M. 1968
Obermann, Emil (Hrsg.)	Verteidigung der Freiheit, Idee-Weltstrategie-Bundeswehr; Stuttgarter Verlagskontor; Stuttgart 1966
Presse- und Informationsamt der Bundesregierung	Chronologie der Bundeswehr; Bonn 1997
Redaktion HA	Das Heeresamt 1956-2013; Köln 2014
Rogg, Matthias	Kompass Militärgeschichte; Rombach Verlag; Berlin 2013
Rogg, Matthias	1918: Meuterei-Revolte-Revolution; in: Die Bundeswehr 10/2018
Rogg, Matthias/ Piecken; Gorch (Hrsg.)	Militärhistorisches Museum der Bundeswehr, Ausstellung und Architektur; Sandstein Verlag; Dresden 2011
Schönbohm, Jörg	Wilde Schwermut; Landt Verlag; Berlin 2010
Schulz, Lothar (Hrsg.)	50 Jahre Heer; Report Verlag; Bonn 2006

Spreckelsen, Wilhelm von (e.a.)	Blazing Skies – Die Geschichte der FlaRakTr der Luftwaffe; Isensee Verlag, Oldenburg 2004
Stieglitz, Klaus-Peter	Die Bedeutung von Geschichte und Tradition für die Luftwaffe im 21. Jahrhundert, Rede im MGFA, Potsdam, am 28.11.2007
Streitkräfteamt	Information für die Truppe I./2003; Bonn 2003
Tillmann, Doris	1918 – Die Stunde der Matrosen; Kiel 2018
Varwick, Johannes	Die Nato – Vom Verteidigungsbündnis zur Weltpolizei?; Beck, München 2008
Wehrstruktur-Kommission der Bundesregierung	Wehrgerechtigkeit in der Bundesrepublik Deutschland; Bonn 1971
Wehrstruktur-Kommission der Bundesregierung	Die Wehrstruktur in der Bundesrepublik Deutschland; Bonn 1972/1973
Wochenzeitschrift	Der Spiegel 18/1960
Wochenzeitschrift	Der Spiegel 46/1963
Wochenzeitschrift	Die Zeit 22/1957
Wochenzeitschrift	Die Zeit 45/1960
Wochenzeitschrift	Die Zeit 45/1963
Wochenzeitschrift	Die Zeit 40/1987

Verzeichnis der Bildquellen und Illustrationen

Der Herausgeber dankt allen Dienststellen, Angehörigen der Bundeswehr und Personen, die durch Beratung, Recherche und Überlassung von Bildmaterial bei der Erstellung des Buches mitgeholfen haben. Die Namen aller Fotografen und Autoren sind, soweit sie feststellbar waren, in der Reihenfolge der Verwendung der Bilder angegeben.

Gemeinfreie Mediensammlung Wikimedia Commons: A. Hindmith, Radler, Sendker, D. Anthony, A- Gasior, P. Hoppe, J, A. Addicks, A. Koreng, E, Wetzig, A. Praefke, J. Zägel, C. Seiberl, G. Munker, L.Wegmann, Born, R. Kroon, R. Rossow, J. E. Diaz, H. Wolf, R. Unterberg, Gamsbart, D. Bökhaus, W. Willmann, W. Beauf, H. Weinandt, O. Ernst, Smartyo, A. Freimuth, C.-H. Eberth, Davric, Berretty, E. Reinicke, F. Serna, B. Zindy, F: Norhei, C. Puisney, Kolossos, Bjoertvedt, H. Langer, D. Richards;

Bundeswehr / BMVg: Mediendatenbank Bw, Poppke, F. Koenig, D. Modes, T. Twardy, M. Ginel,, C. König, A. Klevenow, H. Hacker, Fü S;

Dienststellen Bw: LTG 61; BAAINBw: Archiv Lw; MHM Gatow; Heeresamt; MHM Dresden: Brandt, Meier; PIZ/M: K. Schröder; Archiv MSM; Archiv MUS; Archiv HFlaS; PIZ/SKB: T. Twardy, M. Ginel; Archiv LogS; Archiv AusbZM; Archiv HOS I; Archiv HFlgWaS; Archiv SpSBw; BSprA; Archiv STTr; Archiv USLw; Archiv ZInFü; Archiv InfS; Archiv ArtS; Archiv OSLw; WaSysUstgZ; Archiv PiS; Archiv SanAk: J.Langer; Archiv FmS; Archiv TSLw 1; Archiv LL/LTrspS; Archiv SABCAbw/GesSchA; Archiv SFjgStDBw; Archiv Redaktion Bw; USH/FMZ: R. Schrader; EAZTrtw 23; Archiv AusbZWiK;

Archive und Agenturen: Archiv Report-Verlag; Bibliothèque nationale de France; Stiftung Hambacher Schloss; Duitdenkwerk; Stadtarchiv Kiel; Bundesarchiv; Konrad-Adenauer-Stiftung; Archiv Deutsches Marine Museum; Archiv Jever: D. Bökhaus, Archiv Bottin; Archiv Deutscher Bundeswehr Verband; Archiv Soldatenhilfswerk; Conti-Press; geschichtsspuren.de; Staatskanzlei NRW; B.Hegert; Archiv Auswärtiges Amt; Bundestagsarchiv; Archiv Gemeinschaft der Heeresflugabwehrtruppe; Mawibo media: W. Bocklet; Stadt Kaufbeuren;

Privatarchive: Dr. F. Heinz; Dr. W. Noreisch; U. Rapreger: S.Petersen, K.Freese; Archiv des Herausgebers.

Danksagung

Dieses Buch ist durch die Mithilfe vieler Unterstützer entstanden. Ihnen gehört mein Dank, allen voran den Herren Dr. Franz Kühnel und Oberst i.G. Sven Lange für ihre Starthilfe.

Einen herzlichen Dank sage ich allen Ko-Autoren, die mir mit Engagement und großer Sachkunde Texte erarbeitet haben. Erfreulich war die Aufgeschlossenheit und Unterstützung aller angesprochenen Schulen und Institutionen, die mir Chroniken, Textbeiträge zur Verfügung stellten und dann ggf. die Entwürfe kontrollierten und überarbeiteten.

Dass Oberst i.G. Prof. Dr. phil. habil. Matthias Rogg das Vorwort formuliert hat, ist für mich eine große Ehre, für die ich besonders danke.

Und schließlich gilt mein Dank auch meinem Bruder, Dr. Ulrich Behrendt, für die lektorierende Kontrolle der Texte und viele Ratschläge, sowie meinem Sohn Jan Peter, der mich als Historiker fachlich beraten hat.

Es war eine Freude, dieses Buch bearbeiten und zusammenstellen zu können.

Hans-Günter Behrendt

DIE TRADITION DER BUNDESWEHR

RICHTLINIEN ZUM TRADITIONSVERSTÄNDNIS

UND ZUR TRADITIONSPFLEGE

1. GRUNDSÄTZE

1.1 Funktion

Die Tradition der Bundeswehr ist der Kern ihrer Erinnerungskultur. Sie ist die bewusste Auseinandersetzung mit der Vergangenheit in gewachsenen Ausdrucksformen. Tradition ist damit Bestandteil des werteorientierten Selbstverständnisses der Bundeswehr mit ihren militärischen und zivilen Anteilen. Sie festigt deren Verankerung in der Gesellschaft. Als geistige Brücke zwischen Vergangenheit und Zukunft verbindet Tradition die Generationen und gibt Orientierung für das Führen und Handeln.

1.2 Wirkung

Mit ihrer Tradition überliefert und pflegt die Bundeswehr die Erinnerung an Ereignisse, Personen, Institutionen und Prinzipien aus der Gesamtheit der deutschen (Militär-)Geschichte, sofern diese vorbildlich und richtungsweisend für ihren heutigen Auftrag wirken. Der innere Zusammenhalt der Bundeswehr beruht auf gemeinsamen Werten und überlieferten Vorbildern, die durch Tradition symbolisiert und bewahrt werden. Tradition dient so der Selbstvergewisserung. Sie schafft und stärkt Identifikation, unterstützt eine verantwortungsvolle Auftragserfüllung und erhöht Einsatzwert und Kampfkraft. Um ihre integrative und motivierende Wirkung entfalten zu können, muss die Tradition der Bundeswehr geistiges Gut aller Angehörigen der Bundeswehr sein. Sie ist im dienstlichen Alltag sichtbar und erlebbar zu machen. Gelebte Tradition spricht nicht nur Kopf und Verstand an, sondern in besonderer Weise auch Herz und Gemüt. Traditionsinhalte können daher auch durch Symbole und Zeremonien anschaulich vermittelt und erlebt werden.

1.3 Eigenschaften

Die Tradition der Bundeswehr bewahrt deren Erbe auf der Grundlage der Werteordnung des Grundgesetzes und, daraus abgeleitet, des Soldaten-gesetzes. Sie ist integraler Bestandteil der Konzeption der Inneren Führung. Tradition bildet sich in einem fortlaufenden und schöpferischen Prozess wertegeleiteter Auseinandersetzung mit der Vergangenheit. Tradition ist nicht Geschichte, sondern eine absichtsvolle und

1.4 Voraussetzungen

Die Tradition der Bundeswehr beruht auf der kritischen Auseinandersetzung mit der Vergangenheit, auf den ethischen Geboten der Konzeption der Inneren Führung und auf ihrer gesellschaftlichen Integration als Armee der Demokratie. Geschichtsbewusstsein und Kenntnis der eigenen Geschichte sind Voraussetzungen für das werteorientierte Traditionsverständnis der Bundeswehr und Grundlage für eine verantwortungsvolle

1.5 Gegenwartsbezug

Traditionsstiftung und Traditionspflege sind dynamisches und niemals abgeschlossenes Handeln, das sich allen Versuchen entzieht, es zentral oder dauerhaft festlegen zu wollen. Sie setzen staatsbürgerliches Bewusstsein sowie Verständnis für historische, politische und gesellschaftliche Zusammenhänge voraus und fordern zur persönlichen Auseinandersetzung auf. Lebendige Tradition muss gegenwarts- und auftragsbezogen sein. Sie ist daher ständig zu überprüfen und fortzuentwickeln. Tradition und Auftrag der Bundeswehr greifen so ineinander.

2. HISTORISCHE GRUNDLAGEN

2.1 Tradition und Geschichte

Die deutsche (Militär-)Geschichte ist geprägt von Brüchen und Zäsuren. Wegen des folgenschweren Missbrauchs militärischer Macht, insbesondere während der nationalsozialistischen Gewaltherrschaft, gibt es keine geradlinige deutsche Militärtradition. Die Bundeswehr ist sich des widersprüchlichen Erbes der deutschen (Militär-)Geschichte mit ihren Höhen, aber auch ihren Abgründen bewusst. Tradition und Identität der Bundeswehr nehmen daher die gesamte deutsche (Militär-)Geschichte in den Blick. Sie schließen aber jene Teile aus, die unvereinbar mit den Werten unserer freiheitlichen demokratischen Grundordnung sind.

2.2 Deutsche Streitkräfte bis 1918

Bis zum 20. Jahrhundert waren deutsche Streitkräfte stabilisierender Bestandteil einer vornehmlich kleinstaatlichen und überwiegend dynastischen Ordnung. Dies begründete ihre herausgehobene Stellung in Staat und Gesellschaft. Ihre vielfältige Geschichte spiegelt die Entwicklung Deutschlands und ist Quelle erinnerungs- und damit bewahrungswürdiger Vorbilder und Geschehnisse der deutschen (Militär-) Geschichte. So entwickelten deutsche Streitkräfte zahlreiche fortschrittliche und richtungsweisende Verfahren, Strukturen und Prinzipien, die noch heute Bedeutung haben, etwa die moderne Stabsarbeit, das Führen mit Auftrag, das Führen von vorne oder das Generalstabswesen.

2.3 Deutsche Streitkräfte zwischen 1919 und 1945

In der Weimarer Republik gab es erstmals gesamtdeutsche Streitkräfte. Die Reichswehr legte ihren Eid auf die Verfassung ab, wahrte jedoch eine weitgehende innere Distanz und blieb Zeit ihres Bestehens zu großen Teilen einem antirepublikanischen Geist verhaftet. Der demokratisch verfassten Weimarer Republik blieb sie fremd und bildete letztlich einen „Staat im Staate".

Mit Wiedereinführung der Wehrpflicht im Nationalsozialismus ging 1935 aus der Reichswehr die Wehrmacht hervor. Die Wehrmacht diente dem nationalsozialistischen Unrechtsregime und war in dessen Verbrechen schuldhaft verstrickt, die in ihrem Ausmaß, in ihrem Schrecken und im Grad ihrer staatlichen Organisation einzigartig in der Geschichte sind. Im Zweiten Weltkrieg wurde sie zu einem Instrument der rassenideologischen Kriegsführung.

2.4 Deutsche Streitkräfte nach 1945

2.4.1 Nationale Volksarmee

Die Nationale Volksarmee (NVA) war eine sozialistische Klassen- und Parteiarmee, die mit ihrer Aufstellung fest in das Bündnissystem der sozialistischen Staaten, den Warschauer Pakt, eingefügt wurde. Ihr Selbstverständnis orientierte sich an der Staatsideologie der DDR. Die NVA wurde von der SED geführt, handelte im Sinne ihrer Politik und trug maßgeblich zu ihrer Herrschaftssicherung bei. Während der Friedlichen Revolution 1989 ging sie jedoch nicht gegen das Freiheitsstreben der Bevölkerung vor. Ausgewählte ehemalige NVA-Angehörige wurden 1990 in die Bundeswehr übernommen und trugen zum Gelingen der Deutschen Einheit bei.

2.4.2 Bundeswehr

Die Bundeswehr ist eine Bündnisarmee unter parlamentarischer Kontrolle und mit unabhängiger Gerichtsbarkeit. Streitkräfte und Bundeswehrverwaltung sind in die demokratische Verfassungsordnung der Bundesrepublik Deutschland eingebunden und die Bundeswehr ist tief in das Nordatlantische Verteidigungsbündnis integriert. Ihr Selbstverständnis vereint militärische Leistungsfähigkeit und soldatische Pflichten mit demokratischen Rechten. Soldatinnen und Soldaten sind mündige Staatsbürgerinnen und Staatsbürger in Uniform. Aus diesen Grundsätzen leitet sich die Innere Führung als ziel- und werteorientierte Konzeption für die Stellung der Streitkräfte in Staat und Gesellschaft ab.

3. DAS TRADITIONSVERSTÄNDNIS DER BUNDESWEHR

3.1 Wertebindung

Grundlage sowie Maßstab für das Traditionsverständnis der Bundeswehr und für ihre Traditionspflege sind neben den der Bundeswehr übertragenen Aufgaben und Pflichten vor allem die Werte und Normen des Grundgesetzes. Zu ihnen zählen insbesondere die Achtung der Menschenwürde, die Wahrung von Rechtsstaatlichkeit und Völkerrecht, der Ausschluss jeder Gewalt- und Willkürherrschaft sowie die Verpflichtung auf Freiheit und Frieden. Die Angehörigen der Bundeswehr sind zudem der Menschlichkeit verpflichtet, auch unter Belastung und im Gefecht.

Die Ursprünge der Werte und Normen des Grundgesetzes reichen weit in die Vergangenheit zurück. In diesem Verständnis lassen sich aus allen Epochen der deutschen (Militär-)Geschichte vorbildliche soldatisch-ethische Haltungen und Handlungen sowie militärische Formen, Symbole und Überlieferungen in das Traditionsgut der Bundeswehr übernehmen.

3.2 Zentraler Bezugspunkt

Zentraler Bezugspunkt der Tradition der Bundeswehr sind ihre eigene, lange Geschichte und die Leistungen ihrer Soldatinnen und Soldaten, zivilen Angehörigen sowie Reservistinnen und Reservisten. Dazu zählen insbesondere

- der Schutz der Bundesrepublik Deutschland und ihrer Bürgerinnen und Bürger,
- treues Dienen in Freiheit, das soldatisches Handeln an das Gewissen bindet und dem Gehorsam Grenzen setzt,
- die Konzeption der Inneren Führung mit ihrem Leitbild des Staatsbürgers in Uniform,
- der gemeinsame Beitrag zur Einsatzbereitschaft der Bundeswehr durch Streitkräfte und Bundeswehrverwaltung,
- der Beitrag der Bundeswehr zum internationalen Krisenmanagement sowie ihre Bewährung in Einsätzen und im Gefecht,
- das Bewahren von Freiheit und Frieden im Kalten Krieg und das Eintreten für die deutsche Einheit,
- das Erbe der allgemeinen Wehrpflicht und die Leistungen der über acht Millionen Grundwehrdienstleistenden,
- die Einbindung in multinationale Strukturen und Verbände der NATO und der Europäischen Union,
- der Beitrag der Bundeswehr zur Aussöhnung Deutschlands mit ehemaligen Kriegsgegnern,
- die erfolgreiche Hilfeleistung in humanitären Notsituationen im In- und Ausland,
- die Integrationsleistung der Bundeswehr bei der Wiedervereinigung Deutschlands.

Diese Geschichte zu würdigen und ihr Erbe weiterzuentwickeln, ist Aufgabe aller Angehörigen der Bundeswehr. Die Bundeswehr verfügt selbst über einen breiten Fundus, um mit Stolz Tradition zu stiften.

3.3 Traditionsstiftendes Verhalten

Historische Beispiele für zeitlos gültige soldatische Tugenden, etwa Tapferkeit, Ritterlichkeit, Anstand, Treue, Bescheidenheit, Kameradschaft, Wahrhaftigkeit, Entschlussfreude und gewissenhafte Pflichterfüllung, aber auch Beispiele für militärische Exzellenz, z.B. herausragende Truppenführung, können in der Bundeswehr Anerkennung finden und in Lehre und Ausbildung genutzt werden. Sie sind jedoch immer im historischen Zusammenhang zu bewerten und nicht zu trennen von den politischen Zielen, denen sie dienten. Die Bundeswehr ist freiheitlichen und demokratischen Zielsetzungen verpflichtet. Für sie kann nur ein soldatisches Selbstverständnis mit Wertebindung, das sich nicht allein auf professionelles Können im Gefecht reduziert, sinn- und traditionsstiftend sein.

3.4 Ausschlüsse

Die Bundeswehr pflegt keine Tradition von Personen, Truppenverbänden und militärischen Institutionen der deutschen (Militär-)Geschichte, die nach heutigem Verständnis verbrecherisch, rassistisch oder menschenverachtend gehandelt haben.

3.4.1 Wehrmacht

Der verbrecherische NS-Staat kann Tradition nicht begründen. Für die Streitkräfte eines demokratischen Rechtsstaates ist die Wehrmacht als Institution nicht traditionswürdig. Gleiches gilt für ihre Truppenverbände sowie Organisationen, die Militärverwaltung und den Rüstungsbereich.

Die Aufnahme einzelner Angehöriger der Wehrmacht in das Traditionsgut der Bundeswehr ist dagegen grundsätzlich möglich. Voraussetzung dafür ist immer eine eingehende Einzelfallbetrachtung sowie ein sorgfältiges Abwägen. Dieses Abwägen muss die Frage persönlicher Schuld berücksichtigen und eine Leistung zur Bedingung machen, die vorbildlich oder sinnstiftend in die Gegenwart wirkt, etwa die Beteiligung am militärischen Widerstand gegen das NS-Regime oder besondere Verdienste um den Aufbau der Bundeswehr.

3.4.2 NVA

Die NVA begründet als Institution und mit ihren Verbänden und Dienststellen keine Tradition der Bundeswehr. In ihrem eigenen Selbstverständnis war sie Hauptwaffenträger einer sozialistischen Diktatur. Sie war fest in die Staatsideologie der DDR eingebunden und wesentlicher Garant für die Sicherung ihres politisch-gesellschaftlichen Systems.

Grundsätzlich ist jedoch die Aufnahme von Angehörigen der NVA in das Traditionsgut der Bundeswehr möglich. Sie setzt ebenfalls immer eine eingehende Einzelfallbetrachtung sowie ein sorgfältiges Abwägen voraus. Dieses Abwägen muss die Frage nach persönlicher Schuld berücksichtigen und eine Leistung zur Bedingung machen, die vorbildlich oder sinnstiftend in die Gegenwart wirkt, etwa die Auflehnung gegen die SED-Herrschaft oder besondere Verdienste um die Deutsche Einheit.

4. TRADITIONSPFLEGE IN DER BUNDESWEHR

4.1 Historische Bildung

Historische Bildung ist Voraussetzung für eine werteorientierte Traditionspflege. Sie vermittelt Orientierungswissen, Identität sowie die Fähigkeit zur kritischen Auseinandersetzung mit der eigenen Geschichte. An den Schulen und Bildungseinrichtungen der Bundeswehr, aber auch im täglichen Dienst ist dem Vermitteln von Traditionsverständnis und Traditionsgut ausreichend Gelegenheit und Zeit zu geben.

4.2 Zweck der Traditionspflege

Die Traditionspflege in der Bundeswehr stärkt das Bewusstsein für ihre eigene Geschichte und den Stolz auf ihre Leistungen. Sie verfolgt insbesondere folgende Ziele:

- demokratisches Wertebewusstsein und Verfassungstreue,
- einen verfassungsorientierten Patriotismus,
- das Bejahen des Auftrags zum Erhalt oder zur Wiederherstellung des Friedens in Freiheit als Grundlage des soldatischen Selbstverständnisses der Bundeswehr,
- das Vermitteln soldatischer Tugenden und soldatischer Haltung,
- Einsatzbereitschaft und den Willen zum Kampf, wenn es der Auftrag erfordert,
- die Identifikation mit der Teilstreitkraft, dem Organisationsbereich, der Truppengattung oder dem Dienstbereich,
- das Auseinandersetzen mit der ethischen Dimension des Dienstes in der Bundeswehr als Voraussetzung für die Bereitschaft und die Fähigkeit zum Kampf sowie für das Tragen der damit verbundenen Belastungen,
- für die zivilen Angehörigen die Identifikation mit der Bundeswehr als staatlicher Institution mit Verfassungsrang unter besonderer Berücksichtigung ihrer nicht-militärischen Aufgaben,
- die Stärkung der Gemeinschaft aller Angehörigen der Bundeswehr unabhängig von Status oder Dienst- und Arbeitsverhältnis.

4.3 Verantwortung und Dienstaufsicht

Traditionspflege und historische Bildung sind Führungsaufgaben. Sie liegen in der Verantwortung der Inspekteure bzw. Inspekteurinnen und Leiter bzw. Leiterinnen der Organisationsbereiche der Bundeswehr sowie insbesondere der Kommandeure bzw. Kommandeurinnen, Dienststellenleiter bzw. Dienststellenleiterinnen und Einheitsführer bzw. Einheitsführerinnen. Diese sorgen für das Beachten und Verwirklichen dieser Richtlinien. Bei der Traditionspflege sollen sie die truppengattungs- und verbandspezifischen Alleinstellungsmerkmale im Grundbetrieb und Einsatz betonen sowie regionale Bezüge oder Besonderheiten hervorheben. Dazu verfügen sie über Ermessens- und Entscheidungsfreiheit vor allem bei regionalen und lokalen Besonderheiten.

Die verantwortlichen Vorgesetzten treffen ihre Entscheidungen auf Grundlage dieser Richtlinien selbständig. Sie sind damit auch für das Einhalten der einschlägigen rechtlichen Bestimmungen verantwortlich.

4.4 Hilfsmittel

Vorgaben und Inhalte der spezifischen Traditionspflege in den militärischen und zivilen Organisationsbereichen erlassen deren Inspekteure bzw. Inspekteurinnen und Leiter bzw. Leiterinnen. Hilfsmittel und Handreichungen zur Traditionspflege auf Grundlage dieses Erlasses sind bis auf die Dienststellen-/ Einheitsebene zu verteilen.

4.5 Regionaler Bezug

Die Traditionspflege in den Standorten und Dienststellen soll regionale Besonderheiten berücksichtigen. Dies entspricht dem föderalen Charakter unserer Verfassungsordnung und der vielfältigen deutschen Landesgeschichte. Regionale Ausstellungen sind besonders geeignet, die Geschichte des Standortes, der Dienststelle und der dort stationierten Verbände und Einheiten zu bewahren.

4.6 Symbole, Zeichen und Zeremoniell

Tradition braucht Symbole, Zeichen und Zeremonielle. Sie prägen das Bild der Bundeswehr in Staat und Gesellschaft. Viele überlieferte Rituale, Sitten und Gepflogenheiten sind nicht Tradition, sondern gehören zum Brauchtum. Sie spiegeln militärische Verhaltensweisen und Formen. Meist haben sie sich vor langer Zeit herausgebildet. Sie stehen stellvertretend für den historischen und militärischen Kontext, der sie hervorgebracht hat oder der ihnen zugeschrieben wird. Als Überlieferung auf vornehmlich emotionaler Ebene können Symbole, Zeichen und Zeremonielle auf das Traditionserbe der Bundeswehr verweisen und dazu beitragen, es zu bewahren.

Besondere Bedeutung in der Traditionspflege der Bundeswehr haben:

- die schwarz-rot-goldenen Nationalfarben als Symbol demokratischen Selbstverständnisses,
- die Nationalhymne als Ausdruck des Bewahrens von Einigkeit, Recht und Freiheit,
- der Adler des deutschen Bundeswappens als Zeichen nationaler Souveränität und der dem Recht dienenden Macht,

- das Eiserne Kreuz als nationales Erkennungszeichen und als Sinnbild für Tapferkeit, Freiheitsliebe und Ritterlichkeit,

- der Diensteid und das Feierliche Gelöbnis der Soldatinnen und Soldaten als öffentliches Bekenntnis und Versprechen, der Bundesrepublik Deutschland treu zu dienen und das Recht und die Freiheit des deutschen Volkes tapfer zu verteidigen,

- das Ehrenkreuz der Bundeswehr für Tapferkeit als höchste Form des Ehrenzeichens der Bundeswehr,

- der Große Zapfenstreich als höchstes Zeremoniell der Bundeswehr,

- das Lied vom guten Kameraden als letztem Abschiedsgruß und Herzstück jeder militärischen Trauerfeier,

- Europahymne und Europafahne als Bekenntnis zur europäischen Verteidigungsidentität.

4.7 Totengedenken, Mahn- und Ehrenmale

Das Einrichten und Pflegen von Gedenkstätten sowie Mahn- und Ehrenmalen für die Toten vergangener Kriege dient der Erinnerung an die Opfer von Krieg und Gewalt. Zentraler Erinnerungsort, um aller militärischen und zivilen Angehörigen der Bundeswehr zu gedenken, die in Folge der Ausübung ihrer Dienstpflichten ihr Leben verloren haben, ist das Ehrenmal der Bundeswehr am Dienstsitz des Bundesministeriums der Verteidigung in Berlin. Es wird durch den Wald der Erinnerung in Geltow ergänzt. Heer, Marine und Luftwaffe gedenken ihrer Toten zusätzlich an eigenen Ehrenmalen und regionalen Gedenkorten.

Die Bundeswehr unterstützt und beteiligt sich an der Arbeit des Volksbundes Deutsche Kriegsgräberfürsorge e.V. sowie an den Veranstaltungen am Volkstrauertag im Sinne eines allgemeinen Totengedenkens. Damit pflegt sie jedoch keine Tradition früherer Streitkräfte.

4.8 Traditionen ehemaliger Verbände der Bundeswehr

Traditionen ehemaliger Verbände der Bundeswehr können von Truppenteilen und Dienststellen der Bundeswehr übernommen werden. Vereine und Organisationen, die der Pflege der Tradition ehemaliger Verbände der Bundeswehr dienen, können gefördert und unterstützt werden. Die Zusammenarbeit ist durch die verantwortlichen Vorgesetzten zu genehmigen.

4.9 Traditionen ehemaliger deutscher Streitkräfte

Traditionen von Verbänden ehemaliger deutscher Streitkräfte werden an Truppenteile und Dienststellen der Bundeswehr nicht verliehen; ihre Fahnen und Standarten werden in der Bundeswehr nicht mitgeführt oder begleitet. Es ist verboten, nationalsozialistische Symbole und Zeichen, insbesondere das Hakenkreuz, zu zeigen. Ausgenommen davon sind Darstellungen, die der Auseinandersetzung mit dem Nationalsozialismus in der politischen oder historischen Bildung dienen, etwa in Ausstellungen, Lehrsammlungen und militärgeschichtlichen Sammlungen sowie im Rahmen von Forschung und Lehre. Dienstliche Kontakte mit Nachfolgeorganisationen der Waffen-SS oder der Ordensgemeinschaft der Ritterkreuzträger sind untersagt.

4.10 Museumswesen

Das Darstellen und Bewahren der deutschen Militärgeschichte in Museen und Sammlungen der Bundeswehr dient der historischen Bildung und auch der Traditionspflege. Geschichtsdarstellung und Traditionspflege sind deutlich voneinander abzugrenzen.

4.11 Verwendung historischer Exponate

Dokumente und Ausrüstungsgegenstände aus der Bundeswehr, etwa Uniformen, Sockelfahrzeuge oder Truppenfahnen aufgelöster Verbände, dürfen gesammelt und ausgestellt werden. Objekte (z.B. Uniformen, Ausrüstungsgegenstände oder Orden) sowie Bilder und Darstellungen früherer Streitkräfte, die zur fachlichen Aus- und Weiterbildung genutzt werden, der historischen Unterweisung oder der Ausschmückung dienen, müssen durch die Betrachter in ihren historischen Kontext einzuordnen sein.

Das Ausschmücken von Diensträumen mit Exponaten und Darstellungen aus der Wehrmacht und der NVA ist außerhalb von Ausstellungen in Militärgeschichtlichen Sammlungen grundsätzlich nicht gestattet, sofern es sich nicht um traditionsstiftende Persönlichkeiten im Sinne von 3.3 handelt. Ausnahmen von dieser Festlegung kann der bzw. die nächste Disziplinarvorgesetzte genehmigen, wenn ein Bezug der Exponate zur betroffenen Einheit oder eine persönliche Bindung gegeben ist (z.B. Bilder enger Familienangehöriger). Die Ausgestaltung darf den Vorgaben dieses Erlasses nicht widersprechen. Im Zweifel und bei Fragen ist die Ansprechstelle für militärhistorischen Rat des Zentrums für Militärgeschichte und Sozialwissenschaften hinzuzuziehen.
Waffen, Sockelfahrzeuge und Munition sind nur schieß- oder funktionsunfähig auszustellen. Kulturgüter, also besonders bewahrens- oder schützenswerte Objekte, müssen hingegen in ihrem historischen Zustand verbleiben.

4.12 Denkmalschutz

Historischer Bauschmuck in Kasernen und Liegenschaften sowie an Gebäuden der Bundeswehr ist nicht Gegenstand der Traditionspflege. Als historische Artefakte ist ihr Erhalt dennoch anzustreben. Eine historische Einordnung, z.B. durch eine Informationstafel, ist erforderlich. Denkmäler in Kasernen müssen den Richtlinien dieses Erlasses entsprechen.

4.13   Diensteid und Feierliches Gelöbnis

Diensteid und Feierliches Gelöbnis unter Anteilnahme der Bevölkerung sind ein
öffentlich abgelegtes Bekenntnis der Soldatinnen und Soldaten zur freiheitlichen
demokratischen Grundordnung. Vereidigungen und Feierliche Gelöbnisse im öffentlichen Raum sind Ausdruck der gesellschaftlichen Verankerung der Bundeswehr und gewachsener Teil ihrer Tradition.

Mit dem Feierlichen Gelöbnis am 20. Juli in Berlin ehrt die Bundeswehr den militärischen Widerstand gegen das NS-Regime und bekundet dessen herausgehobene Bedeutung für die Tradition der Bundeswehr.

4.14   Militärmusik

Militärmusik dient dem Ausgestalten dienstlicher und öffentlicher Veranstaltungen und damit der Repräsentation der Bundeswehr im In- und Ausland. Sie
pflegt überliefertes Kulturgut. Die Begleitung mit Militärmusik entspricht militärischer Gepflogenheit und ist Teil des Zeremoniells der Bundeswehr. Das Singen
in der militärischen Gemeinschaft ist ein alter Brauch, der bewahrt werden soll.
Das Liedgut der Bundeswehr ist ein wichtiger Teil ihrer Identität. Es unterliegt
der Wertebindung der Traditionspflege in der Bundeswehr (vgl. 3.1).

4.15   Traditionsnamen

Das Benennen von Liegenschaften, Kasernen und Verbänden / Dienststellen
stärkt die Identifikation und ist Teil der Traditionspflege der Bundeswehr. Das
Verfahren zum Benennen und Umbenennen von Liegenschaften und Kasernen
ist in der ZDv A-2650/2 festgelegt und bedarf der abschließenden Genehmigung
durch das Bundesministerium der Verteidigung. Über das Benennen von Verbänden und Dienststellen entscheiden die Inspekteure bzw. Inspekteurinnen o-
der die Leiter bzw. Leiterinnen des betroffenen Organisationsbereiches.

Bestehende Benennungen müssen diesem Traditionserlass entsprechen. Bei erforderlichen Überprüfungen und Umbenennungen ist das Zentrum für Militärgeschichte und Sozialwissenschaften der Bundeswehr über das Bundesministerium
der Verteidigung einzubeziehen.

4.16   Beratung

Als Ansprechstelle für militärhistorischen Rat unterstützt das Zentrum für Militärgeschichte und Sozialwissenschaften der Bundeswehr die verantwortlichen
Vorgesetzten im Umgang mit historischen Ausstellungs- und Erinnerungsstü-
cken. Außerdem verfügen die militärischen Kommandobehörden, Bundesämter
und Schulen / Ausbildungseinrichtungen über Historiker bzw. Historikerinnen,
die bei militärhistorischen Fragen im Zusammenhang mit der Traditionspflege
fachlich beraten.

Diese Publikation wurde gefördert durch die Zeitschrift
„Europäische Sicherheit & Technik" des Mittler Report Verlages

Carola Hartmann Miles-Verlag

Schriften zur Tradition

Eberhard Birk, Winfried Heinemann, Sven Lange (Hrsg.), *Tradition für die Bundeswehr. Neue Aspekte einer alten Debatte,* Berlin 2012.

Donald Abenheim, Uwe Hartmann (Hrsg.), *Tradition in der Bundeswehr. Zum Erbe des deutschen Soldaten und zur Umsetzung des neuen Traditionserlasses,* Berlin 2018.

Joachim Welz, *Vom Kontingentsheer zum Reichsheer: Militärkonventionen als Motor der Wehrverfassung,* Berlin 2018.

Donald Abenheim, Uwe Hartmann, *Einführung in die Tradition der Bundeswehr. Das soldatische Erbe in dem besten Deutschland, das es je gab,* Berlin 2019.

Eberhard Birk, Heiner Möllers (Hrsg.), *Die Luftwaffe und ihre Traditionen (aus der Reihe Schriften zur Geschichte der Deutschen Luftwaffe, Band 10),* Berlin 2019.

Erinnerungen

Blue Braun, *Erinnerungen an die Marine 1956–1996,* Berlin 2012.

Klaus Grot, *So war's, damals. Dienstchronik eines Pionieroffiziers im Kalten Krieg 1954–1991,* Berlin 2014.

Gustav Lünenborg, *Bürger und Soldat. Innere Führung hautnah 1956–1993, 1993–2015,* Berlin 2015.

Adolf Brüggemann, *Als Offizier der Bundeswehr im Auswärtigen Dienst. Meine Erinnerungen als Militärattaché in Seoul (Republik Korea) 1978–83 und in Prag (Tschechoslowakei / Tschechien) 1988–1993,* Berlin 2015.

Rainer Buske, *Eine Reise ins Innere der Bundeswehr. Wundersame Geschichten aus einer anderen Welt,* Berlin 2016.

Heinz Laube, *Duell am Himmel,* Berlin 2016.

Viktor Toyka, *Dienst in Zeiten des Wandels. Erinnerungen aus 40 Jahren Dienst als Marineoffizier 1966-2000,* Berlin 2017.

Hans-Eckhard Tribess (Hrsg.), *Im Leben unterwegs – für den Frieden. Festschrift für Wolfgang Altenburg zum 90. Geburtstag am 22. Juni 2018,* Berlin 2019.

Kurt Graf v. Schweinitz, *Notizen im Transit von Krieg und Frieden,* Berlin 2020.

Militärgeschichte

Eberhard Kliem, Kathrin Orth, *"Wir wurden wie blödsinnig vom Feind beschossen". Menschen und Schiffe in der Skagerrakschlacht 1916,* Berlin 2016.

Hans Frank, Norbert Rath, *Kommodore Rudolf Petersen. Führer der Schnellboote 1942–1945. Ein Leben in Licht und Schatten unteilbarer Verantwortung,* Berlin 2016.

Eckhard Lisec, *Der Völkermord an den Armeniern im 1. Weltkrieg – Deutsche Offiziere beteiligt?,* Berlin 2017.

Ingo Pfeiffer, *Heinz Neukirchen. Marinekarriere an wechselnden Fronten,* Berlin 2017.

Joachim Welz, *Erfolgsstory oder Trauma – die Übernahme von Armeen. Lehren aus der Übernahme des österreichischen Bundesheeres in die Wehrmacht 1938 und der Reste der NVA in die Bundeswehr 1990,* Berlin 2018.

Joachim Hoppe, Manfred Wilde (Hrsg.), *Die Unteroffizierschule des Heeres, Die militärische Meisterschule,* Berlin 2016.

Georg Neuhaus, *Am Anfang war ein Speer. Eine Chronographie der Kriegs- und Militärtechnologien,* Berlin 2018.

Hans-Werner Ahrens, *Die Transportflieger der Luftwaffe 1956 bis 197. Konzeption – Aufbau – Einsatz, (Reihe Schriften zur Geschichte der Deutschen Luftwaffe, Band 8),* Berlin 2019.

Jobst Reller, *Die Anfänge der evangelischen Militärseelsorge,* Berlin 2019.

Eberhard Frhr. v. Senden, Friedrich Frhr. v. Senden, *Der Erste Weltkrieg 1914–1918. Erlebnisse eines jungen Leutnants,* Berlin 2020.

Einsatzerfahrungen

Artur Schwitalla, *Afghanistan, jetzt weiß ich erst… Gedanken aus meiner Zeit als Kommandeur des Provincial Reconstruction Team FEYZABAD,* Berlin 2010.

Rainer Buske, *KUNDUZ. Ein Erlebnisbericht über einen militärischen Einsatz der Bundeswehr in AFGHANISTAN im Jahre 2008,* Berlin ²2016.

Militär und Gesellschaft

Hans-Christian Beck, Christian Singer (Hrsg.), *Entscheiden – Führen – Verantworten. Soldatsein im 21. Jahrhundert,* Berlin 2011.

Wolf Graf von Baudissin, *Grundwert Frieden in Politik – Strategie – Führung von Streitkräften,* hrsg. von Claus von Rosen, Berlin 2014.

Marcel Bohnert, Lukas J. Reitstetter (Hrsg.), *Armee im Aufbruch. Zur Gedankenwelt junger Offiziere in den Kampftruppen der Bundeswehr,* Berlin 2014.

Phil C. Langer, Gerhard Kümmel (Hrsg.), *„Wir sind Bundeswehr." Wie viel Vielfalt benötigen/vertragen die Streitkräfte?,* Berlin 2015.

Eberhard Birk, Peter Andreas Popp (Hrsg.), *Luftwaffenoffizier 21. Das Selbstverständnis des Luftwaffenoffiziers zu Beginn des 21. Jahrhunderts, (aus der Reihe Schriften zur Geschichte der Deutschen Luftwaffe, Band 5),* Berlin 2016.

Alois Bach, Walter Sauer (Hrsg.), *Schützen.Retten.Kämpfen. Dienen für Deutschland,* Berlin 2016.

Marcel Bohnert, Björn Schreiber (Hrsg.), *Die unsichtbaren Veteranen. Kriegsheimkehrer in der deutschen Gesellschaft,* Berlin 2016.

Angelika Dörfler-Dierken (Hrsg.), *Hinschauen! Geschlecht, Rechtspopulismus, Rituale: Systemische Probleme oder individuelles Fehlverhalten?*, Berlin 2019.

Jahrbuch Innere Führung (seit 2009)

Uwe Hartmann, Claus von Rosen (Hrsg.), *Jahrbuch Innere Führung 2017. Die Wiederkehr der Verteidigung in Europa und die Zukunft der Bundeswehr,* Berlin 2017.

Uwe Hartmann, Claus von Rosen (Hrsg.), *Jahrbuch Innere Führung 2018. Innere Führung zwischen Aufbruch, Abbau und Abschaffung: Neues denken, Mitgestaltung fördern, Alternativen wagen,* Berlin 2018.

Uwe Hartmann, Claus von Rosen (Hrsg.), *Jahrbuch Innere Führung 2019. Bundeswehr im Aufbruch. Hindernisse von den verteidigungspolitischen Vorstellungen der AFD bis zu den sicherheitspolitischen Meinungen in der Zivilgesellschaft,* Berlin 2019.

Standpunkte und Orientierungen

Daniel Giese, *Militärische Führung im Internetzeitalter,* Berlin 2014.

Dirk Freudenberg, *Auftragstaktik und Innere Führung. Feststellungen und Anmerkungen zur Frage nach Bedeutung und Verhältnis des inneren Gefüges und der Auftragstaktik unter den Bedingungen des Einsatzes der Deutschen Bundeswehr,* Berlin 2014.

Hartwig von Schubert, *Integrative Militärethik. Ethische Urteilsbildung in der militärischen Führung,* Berlin 2015.

Uwe Hartmann, *Hybrider Krieg als neue Bedrohung von Freiheit und Frieden. Zur Relevanz der Inneren Führung in Politik, Gesellschaft und Streitkräften,* Berlin 2015.

Klaus Beckmann, *Treue.Bürgermut.Ungehorsam. Anstöße zur Führungskultur und zum beruflichen Selbstverständnis in der Bundeswehr,* Berlin 2015.

Florian Beerenkämper, Marcel Bohnert, Anja Buresch, Sandra Matuszewski, *Der innerafghanische Friedens- und Aussöhnungsprozess,* Berlin 2016.

Martin Sebaldt, *Nicht abwehrbereit. Die Kardinalprobleme der deutschen Streitkräfte, der Offenbarungseid des Weißbuchs und die Wege aus der Gefahr,* Berlin 2017.

Christian J. Grothaus, *Der „hybride Krieg" vor dem Hintergrund der kollektiven Gedächtnisse Estlands, Lettlands und Litauens,* Berlin 2017.

Uwe Hartmann, *Der gute Soldat. Politische Kultur und soldatisches Selbstverständnis heute,* Berlin 2018.

Christian Bauer, Marcel Bohnert, Jan Pahl, *Vitalis Innere Führung! Zum Status Quo der Führungskultur in den deutschen Streitkräften,* Berlin 2018.

Helmut Jermer, *Innere Führung kompakt. Eine Zusammenschau als Lehr- und Lernhilfe,* Berlin 2019.

www.miles-verlag.jimdo.com